数字化时代
职业心理测评及应用

文革◎著

西南财经大学出版社

中国·成都

图书在版编目(CIP)数据

数字化时代职业心理测评及应用/文革著.--成都：
西南财经大学出版社,2024.11.--ISBN 978-7-5504-6442-1

Ⅰ.C913.2

中国国家版本馆 CIP 数据核字第 2024N4879F 号

数字化时代职业心理测评及应用

SHUZIHUA SHIDAI ZHIYE XINLI CEPING JI YINGYONG

文革　著

责任编辑:李思嘉
责任校对:李琼
封面设计:墨创文化
责任印制:朱曼丽

出版发行	西南财经大学出版社(四川省成都市光华村街 55 号)
网　　址	http://cbs.swufe.edu.cn
电子邮件	bookcj@swufe.edu.cn
邮政编码	610074
电　　话	028-87353785
照　　排	四川胜翔数码印务设计有限公司
印　　刷	四川五洲彩印有限责任公司
成品尺寸	170 mm×240 mm
印　　张	20
字　　数	324 千字
版　　次	2024 年 11 月第 1 版
印　　次	2024 年 11 月第 1 次印刷
书　　号	ISBN 978-7-5504-6442-1
定　　价	88.00 元

前　言

在数字化时代的浪潮中，职场环境正经历着翻天覆地的变化，工作方式日趋灵活多样，而人们的职业兴趣、价值观和心态情绪也在潜移默化中被重塑。这一时代的巨变，对职场人士、人力资源管理者以及各专业领域的管理者提出了新的挑战：如何敏锐捕捉并适应这些变化；如何在日新月异的职场中保持甚至提升自身的竞争力；又该如何有效利用这些变化，提升个人与组织的整体效能。

在我们漫长的人生旅程中，工作占据了近三分之一的时间，成为我们生活的重要组成部分。职业，作为个体在这个世界上赖以生存和发展的基石，承载着我们的梦想、追求与价值。进入高中阶段，我们便面临着诸多关于未来职业选择的问题：适合从事什么职业；应该进入哪个行业或专业领域；工作后，我们又会面对：能否游刃有余地应对各种挑战；当遭遇工作中的困境时，应如何客观评价并寻求突破；又该如何有效地管理自己的职业心态与情绪，以保持最佳的工作状态。

对每一位人力资源管理者而言，他们时常需要面对更为复杂的抉择：如何在众多求职者中挑选出最合适的人才；如何在保证工作质量的前提下，最小化人力成本，从而实现效益的最大化；这些问题不仅考验着他们的专业素养，更对他们的洞察力和决策能力提出了高要求。

而对于身处管理岗位的领导者来说，如何合理用人、如何让下属高效完成任务，成了他们日常工作的核心议题。他们不仅需要关注下属的工作表现，还要深入了解其心理状态，以激发团队的最大潜能。

本书致力于将前沿的研究成果与丰富的实践案例相融合，以科学性和实用性为双重导向，深入剖析职业心理对个体及组织的深远影响。本书在数字化时代背景下，详细探讨了职业的新常态，揭示了职业心理在快速变化的工作环境中的重要性；系统地梳理并研究了职业人格测评和职业兴趣测评的多种常用工具，以及它们在不同应用场景中的实际效用；深入分析了职业心态与职业情绪的测评与管理方法；创新性地提出了将 EAP（员工帮助计划）应用于职业心理的管理中。EAP 作为一种全面的员工支持系统，旨在帮助员工解决工作和个人生活中的问题，从而提高其工作效率和生活质量，这一部分的探讨，无疑为现代组织管理提供了新的视角和思路。本书具有完整性、实用性、独立性以及时代性四个特点。

完整性：对于每一个测评工具，都从起源、理论依据、量表、计分方法到最终的应用场景进行了全面系统的梳理与分析。这种全方位、多角度的探讨，不仅帮助读者对测评工具形成系统而深刻的认识，更为他们在实践中的运用提供了坚实的理论支撑和具体的操作指南。

实用性：理论的价值在于其能够指导实践，因此本书注重将测评理论与实际应用相结合，对每一个测评的应用场景做了比较深入的研究。例如，同样是应用于团队建设，大五人格测评是为了分配任务、解决冲突；而 DISC 测评是要促成互补、减少内耗。因此，大量的测评应用场景和详细的案例描述，能够让读者更好地理解和掌握测评工具的使用，同时也为人力资源管理者提供了识才、选才、育才的实战依据。

独立性：每一章内容相对独立，读者可以根据需要随时翻开任何一章开始阅读，适应了当下快节奏、碎片化的学习需求。无论是对职业心理测评感兴趣的学者，还是希望在职场中有所建树的管理者或职场人士，都可以根据自己的需求和兴趣选择相应的章节进行阅读和学习。

时代性：将数字化时代的特点融入了每一章的内容之中。从数字化时代的职业新常态到数字化对职业人格、职业兴趣、成就动机、自我效能感的影响，再到数字化压力、焦虑、孤独感以及职业倦怠的分析，本书都给出了独到的见解，这不仅让本书更加贴近当下的职场现实，也为读者提供了前瞻性的思考和探索基础。

在本书的写作过程中，黄聪、葛丽萍、魏治清、程睿躏、刘雪、王宇凡、彭宇、郑烨、朱迪等人员参与了数据资料的收集、分析与整理。

本书不仅可作为各类型组织在人力资源管理实践中的参考用书，还可作为本科生与研究生在职业心理学、人力资源管理、人才测评以及人生规划课程学习中的辅助资料。同时，对于那些对人才测评和职业心理学抱有浓厚兴趣的人士，或渴望深入了解自身职业人格、职业兴趣、职业心态及职业情绪的人员，本书也是不可多得的参考读物。通过研读本书，读者能够更全面地掌握职业心理学的理论知识，更准确地运用人才测评工具，从而为个人职业发展和组织人才管理提供科学指导。

文革

2024 年 7 月

目　录

1

职业心理对个体与组织的影响

在职业活动中，不同的心理过程体现了不同的人的个性差异。随着职业生涯的推进，各个阶段都会呈现出独特的职业心理特征，而这些特征也在潜移默化中影响着我们的生活。在数字化背景下，职业心理健康正经历着前所未有的挑战。新的工作环境和变数对从业者的心理素质提出了更高要求，职业心理健康管理因此也展现出新的发展动向。

1.1 职业心理的概念

职业心理是人们在职业活动中表现出的认知、情感、意志等相对稳定的心理倾向或个性特征。每个人的性格影响着其对职业的兴趣与适应性，不同性格的人适合从事具有不同特点的职业；同时，不同的职业对个体也有不同的性格要求。通常职业活动伴随有共同的心理过程，职业活动中不同个性的人表现出较大差异，不同的职业心理特点对人们的生活产生深远影响。一个人的职业心理与受教育的程度有很大关系，会随着年龄、工作经历及生活阅历而逐渐得到发展。

职业过程是人与提供职业的组织、社会文化相互作用的过程，在这三个相互关联的系统中，各种因素构成复杂的相互作用网络，使职业现象充满不确定性和挑战性。从关注职业组织的发展与其中员工发展的角度出发，从职业心理学视角来看，应重点关注五个方面的问题：一是个体差异、个体职业选择与职业选择的指导，大部分人在一开始选择职业时是盲目、随大流的，不会将自己的个性特点与职业的特点结合起来考虑；二是组织的人员选拔，不但要选择个性特点适合岗位的人员，还要选择对岗位有一定认知与了解的人员；三是职业培训、职业适应与职业生涯管理，帮助员工了解相关工作内容及要求，快速适应职业的要求，并针对组织的需要以及职业的特点，规划自己未来的职业发展；四是职业心理咨询，员工在工作过程中难免会感觉到压力，工作时间长了也不免会产生倦怠，这时就需要对员工的压力情况、倦怠原因进行分析，改善员工的职业心理状况；五是职业环境优化与职业满意感、个人职业成长与职业成就的管理，保持员工对职业有较高的认同感。

1.2 职业心理的结构

职业心理结构是人们对自我、职业和社会的认识基础之上，所形成的对待职业和职业行为的一种心理系统。它不仅包括个体自身有关职业的一些特质和特点，而且包括在对其认识的基础上所产生的对待职业的某种价值取向、兴趣和态度。通常，个体的职业心理结构包括职业导向系统、职业动力系统及职业功能系统三个相辅相成的系统，如图 1-1 所示。

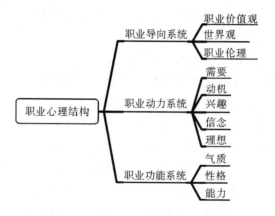

图 1-1 职业心理结构的三个系统

1.2.1 职业导向系统

职业导向系统包括职业价值观、世界观、职业伦理。职业导向系统中的各种成分引导个体去选择特定的职业，追求特定的职业目标，接受和内化职业价值，确立正确的职业角色，评价自己和别人的职业行为，努力争取职业成功。例如，在过去人们都重视找到一份稳定的工作，青年人找工作时特别看重职业的稳定性，比如签多长时间的合同，想找一份"固定的"工作。而随着数字经济、平台经济的发展，部分青年人对职业的理解有了新的认识，找稳定工作的执念变成找比较"自由"的工作，可以由自己支配时间，大家纷纷在各种平台上就业，从事灵活就业的工作。

1.2.2　职业动力系统

职业动力系统包括需要、动机、兴趣、信念、理想。职业动力系统中的各种成分推动和维持个体去努力实现职业目标，推动个体积极树立职业目标，克服各种各样的困难，坚持不懈地争取职业和人生的完善。当一个人的主导需要是发展型需要时，他就会选择发展机会较好的工作，并且在工作中不断虚心地学习新知识、新技能，不断积累自己的经验，从而发挥自己的特长，力争在工作中获得最大的发展。但是，当一个人的主导需要是享受型需要的时候，他就会选择比较舒适的工作，并且工作热情也不会很高，他的目标就是只要生活得舒适就好了，不会努力争取获得更大的发展。

1.2.3　职业功能系统

职业功能系统包括气质、性格、能力。职业功能系统中的各种成分能够保证个体胜任特定的职业，同时，在努力胜任工作的过程中，个体的心理功能也得到磨砺、发展和加强。一个人的气质、性格和能力特点往往决定了一个人适合从事的职业。例如，如果一个人具有特殊的绘画创意才能，那他就适合从事与创意设计有关的职业。当然，职业也会在一定程度上塑造一个人的气质、性格和能力。一个比较内向的人在从事一段时间的公关工作后，可能会变得活泼开朗、性格外向。因此，职业功能系统影响着一个人从事的职业，一个人所从事的职业也会影响和塑造一个人的个性。

1.3　人生与职业心理发展

1.3.1　生命发展规律

丹尼尔·J. 莱文森（Daniel J. Levinson，1978）提出，人的生命周期有四个时期：成年前期、青年期、中年期、老年期，每个时期都由稳定期和转型期交替组成。稳定期通常持续6~7年，人们追求能实现其人生重要价值的使命。稳定并不是指安静不变，而是指人们试图建立满意的生活结构。生活结构不可能永远合乎心意，因此就需要有一个转型期，对已经建立的生活结构质疑，重新进行评价，考虑生活中的各个部分并做出改变。这个时期一般持续4~5年。莱文森的生命周期理论如图1-2所示。下面主要说明青年期、中年期和老年期。

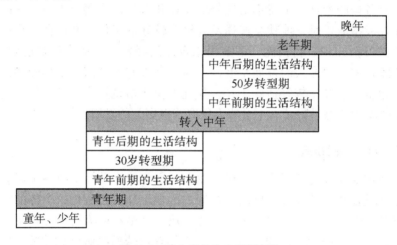

图1-2 莱文森的生命周期理论

1.3.1.1 青年期

青年期始于17岁，包含早期转变过程，止于向中年转变的40~45岁。前期的转变过程17~22岁中，人们走出少年时代，正试图为自己在成人社会中找到一个合适的位置。年轻人想脱离父母开始新历程。通常，他们会离开家，在经济上、情感上减少对父母的依赖。要进入成人世界，年轻人必须进行一些尝试，比如，想象自己已经是一个成年人，甚至尝试扮演某一成人角色。

青年前期22~28岁的生活结构是稳定的。在这一时期，青年人刚进入成人世界，面临两个可能是互相矛盾的使命：一是尝试不同角色，即工作、人际关系，体验成人期，同时又要保留自由选择的权利。二是建立一个稳定的生活结构。有些青年人强调，这只是试探性的使命，不会真正形成对他人和组织的实际承诺；而另一些青年人却由此形成了可以确保将来一帆风顺的人际关系。但不管他们如何决策，在这个过程中肯定会有问题产生，因此，那些强调选择权和试探的人可能把握不准自己能否发展出有意义的人际关系。而强调稳定，强调对工作、组织及其他人承诺的年轻人，对于承诺是否过于死板、不够成熟也毫无把握。

无论属于两种情况中的哪一种，到30岁这个转型期都会刺激人们对自己的生活结构进行再评价。莱文森（1986）说："人的内心深处有个声音告诉自己：如果我想改变我的生活，有哪些地方是需要更改或放弃的，或者是以往需补充的，我就必须从现在开始，否则就太迟了。"如同所有的转型期一样，存在于30岁转型期中的上述感觉给沉思、成长和生活的再定位提供了机会。

沉思、成长、生活，这三个阶段构成了青年时期的"新手"阶段。在这个阶段中，年轻人拼命想变成一个"真正"的成年人。此时的主要使命就是形成、定义和追逐他的梦想——关于他或她应当如何生活得强有力的想法。这个梦想经常是职业方面的使命，比如成为一名科学家或者一名企业家，不过，它也能超越工作，扩展到家庭、团队或是更大圈子的社会中去。

30岁转型期后，人们进入青年期中第二个稳定时期30~40岁。作为青年期的最后阶段，人们此时的生活结构有两个主要使命：一是在成人社会各主要生活领域（工作、家庭、休闲）中为自己找到合适的环境，这对个人来说很重要；二是"实现梦想"，努力与时俱进，开始更好地生活。30~40岁属于获得职业成功的典型时期，这个时期的生活结构基本上是实现自己的梦想。莱文森认为，在36~40岁这个时期，人们想实现自己梦想的需要变得比以往更加强烈。该时期结束的时候，人们已达到自卫/自立的目的，成为自己。

1.3.1.2　中年期

中年期始于生命中期的转型期40~45岁。在此之前一段时间中，每个个体已经反复评价了自己所追求的生活结构，这种评价通常伴随着巨大的混乱和苦恼："我这些年都做了些什么？我到底从妻子（或丈夫）、孩子、朋友、工作、社会那里得到了什么？我为他们又为自己做过些什么？"莱文森和他的同事的结论是，样本中80%的男性和85%的女性在中年转型期时或多或少都经历过上述思想危机。

为什么一些人会在40多岁时经历这种痛苦的再评价过程呢？莱文森指出

了三个重要的相关因素。

第一，人在 40 岁左右时，身体机能即使下滑得不多，也有可能被视为失去了青春活力，这种改变使人们增加了对死亡的注意力。而一旦意识到生命已经过去了一半，人们就会减少对外界的持续性"贡献"。

第二，40~50 岁的人通常会发生"代"的转换。二三十岁的人容易把 40 多岁的人看成"老一代"。到了自己 40 多岁的时候，孩子可能已经十几岁了，父母可能生病或去世，这时，四五十岁的人们就会感到自己被推入了成人世界中的老一辈人的境地，青春已经结束了。

第三，40 多岁的人经历过的人生已经足以对年轻时候的梦想做出评价。没有实现梦想的人必须面对失败，重新为未来做出选择。而在事业阶梯上成功攀登的人也会开始怀疑以前做的选择是否正确。人在 30 岁的时候，所做的选择更强调"自立"的某些方面，如成功、成就、权利、竞争，而超过了对友谊、照顾老小、精神发展等方面的重视。或许，按时完成工作、出差、整天忙忙碌碌已经成为生活的一部分，然而，这却是以牺牲其他的生活方面为代价的，此时那些被遗忘的方面急须发泄，于是人们就得对自己的人生重新评价一番。

中年转型期后的 45~50 岁是一个稳定时期，人们必须尝试为中年构建一个令人满意的生活状态。道格拉斯·霍尔（Douglas Hall）、菲利普·莫尔维斯（Phillips Mirvis）建议，中年人应当从事多样化的事业。具有灵活性和自主性使中年人比他/她的年轻同行更适应工作，有更多的选择。

这个阶段过了就是 50 岁后的转型期 50~55 岁，这时的生活目的就是要解决在中年时期出现的问题及承担新的发展使命。再往下又是一个稳定的阶段，即中年最后的阶段 55~60 岁，此时人们须另外构建一个适合自己的生活方式。

1.3.1.3 老年期

老年转型期 60~65 岁前承中年期，后接老年期。此时，身体的衰退更加明显，疾病和死亡开始发生在家人和朋友之中。面临退休，同时伴随着地位和权力的丧失。莱文森在论及老年人的工作发展时认为，必须在此时实现生命的完整感——不仅仅是德行和成就，也是生命作为一个整体的完整感。假如做到了这些，他就能在老年期享受没有多少痛苦和失望的生活。尽管也有不完美，却能在面对死亡时找到这一生的意义和价值。尽管人们在老年时应当为最后的生命时光做准备，很多人还是采取了一种新的生活方式，这种生活方式也许与工作有关，也许无关。老年人并不认为自己老，只要在一些有意义的方面还有活动能力和生产能力，他们的家人和朋友也不认为他们就老了。保持持续的生产力也许是成功进入老年的途径。与生产能力较低或一般的老年人相比，生产能力较高的老年人能做三倍的家务劳动，多一倍的庭院劳动、三倍的有偿劳动、接近四倍的志愿工作（任远，2023）。这些研究使人越来越意识到，老年人从正常的工作角色中退出后，仍然能够而且的确保持着高效的生产能力。

1.3.2　人生的三个重要周期

艾德佳·H. 雪恩（Edgar H. Schein，1978）认为，人的一生交织在生命周期、生活周期与职业周期构成的心理、社会生活空间当中，三个周期交叉重叠，相互影响，如图1-3所示。如孔子所说的"吾十有五而志于学，三十而立，四十而不惑，五十而知天命，六十而耳顺，七十而从心所欲，不踰矩"，就体现了三个周期的相互影响，以及不同周期所体现出的特点。

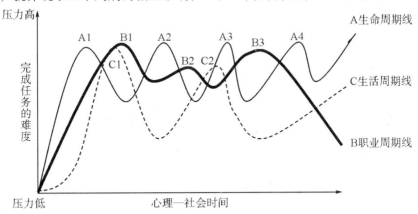

A1：青少年期危机　　A2：30岁而立之年的危机

A3：中年危机　　A4：晚年危机

B1：进入职业组织　　B2：职得职位　　B3：适应退休

C1：结婚、生子　　C2：子女成长、离家

图1-3　人生发展周期应激曲线

在每一个生命周期的历程中，个体在不同阶段都要完成一些关键性的重要人生任务，这些任务具有极大的挑战性，会给人带来较大的压力，需要个体尽最大的努力去应对。应对得当，个体就能得到发展，并对下一阶段产生积极的效果；应对不得当，就会形成问题，对下一阶段产生不利影响。在人生发展周期应激曲线上，波峰意味着发展的一个选择点，标志着人生的一个重要任务。

在两条曲线同时处于波峰时，个体一般倾向于减少在某一方面的投入，降低对某一周期的参与程度；但是，这样做一般会加大各方面的压力。例如，结婚、生子与工作之间发生冲突时，若采取对家庭生活减少参与的策略，必然会导致家庭关系的紧张；若采取对工作减少的策略，工作上的矛盾和压力就会加重。

有效解决生命周期中的各种冲突和矛盾，需要个体素质与社会支持两个方面的条件，如图 1-4 所示。其中，个体素质包括身体素质、童年期体质与情感方面的经验、社会化程度等。社会支持包括职业组织以人为中心的管理氛围、同辈人的帮助、家庭关系等。

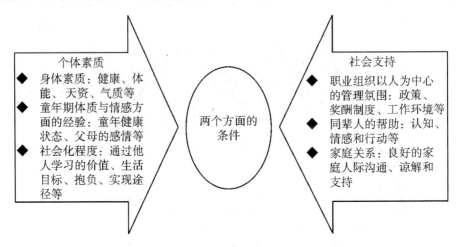

图 1-4　解决生命周期中的冲突和矛盾的两个方面的条件

1.3.3 不同职业生涯阶段的职业心理

整个职业生涯可分为若干阶段，不同阶段所面临的问题、任务不同，职业心理也不一样。由于研究视角不同，学者们对职业生涯阶段的划分也有所不同。

格林豪斯从不同阶段所面临的主要任务的视角度划分职业生涯，将其分为职业准备阶段、进入组织阶段、职业生涯初期、职业生涯中期和职业生涯后期五个阶段。施恩根据人在不同时期的特点和所面临的问题，将职业生涯分为成长、幻想、探索、进入工作世界、基础培训、早期职业的正式成员资格、职业中期、职业中期危机、职业后期九个阶段。萨柏从发展的视角，将职业生涯分为成长、探索、确立、维持和衰退五个阶段。

由于萨柏的职业生涯五阶段理论是 1953 年提出的，根据现行平均的受教育时间及初次参加工作时间，本书在萨柏的五阶段划分基础上，将每个阶段及年龄划分做了微调。

1.3.3.1 职业意识成长阶段（0~17 岁）

在这个阶段，孩童开始发展自我概念，学会以各种不同的方式来表达自己的需要，且在学习中开始接触职业知识和职业技能，逐渐开始考虑自身的职业能力、兴趣、性格、好、人生观、价值观、理想和社会的现实，并经过对现实世界不断地了解与尝试，调整他自己的角色。在这一阶段还会经历职业的幻想、职业兴趣建立以及职业能力建立等过程。

1.3.3.2 职业探索阶段（18~26 岁）

职业探索阶段属于学习打基础、职业起步的阶段，该阶段的青年通过学校的活动、社团休闲活动、打零工等机会，对自我能力及角色、职业作了一番了解与探索，此时的职业心理面临着从学校到社会，由学生变成员工的过程。此阶段的个体刚刚融入职业不久，开始慢慢适应职业，学习有效工作，学会处事、处世、建立职场友谊，以及应对工作中的成功感或失败感。

1.3.3.3 职业确立与发展阶段（27~45 岁）

经过了一段时间的适应和学习之后，进入这个阶段的个体积累了一定的经验，能够独立地开展自己的工作。这一阶段是事业取得成就的黄金时期，也是一个人大显身手的黄金时期，处于人生发展与上升期。此阶段一些个体会出现与自己的同学、同事对比的情况，所承受的心理压力相对较大。

1.3.3.4 职业维持阶段（46~55岁）

维持阶段属于升迁和专精阶段，是人生的收获季节，个体离开现专业的可能性变少，有较高的稳定性，在继续维持属于他的工作职位同时，寻求上升的空间，并逐渐达到顶峰，成为某一领域里的专家、行家。同时，也会面临后起之秀的挑战，有一定的心理压力，由于自己前期打下了坚实基础，或者对升迁发展没有太大期望，心理压力相对前一阶段小。

1.3.3.5 职业退出阶段（56~60岁）

由于生理及心理机能日渐衰退，个体不得不面对现实，从积极参与到隐退。尽管进入这一阶段的个体无论从体能、智能还是工作能力等方面都有了明显的退化，但是与年轻的员工相比，其自身仍具有一定的优势：一是具有丰富的实践经验；二是有较高的社会地位和影响力。这一阶段往往注重发展新的角色，寻求不同方式以替代和满足需求。无论是在事业上继续发展，还是准备退休，都面临着转折问题，会产生职业心理上的不适感，必须有充分的思想准备。

1.4 个体对职业社会化的适应

职业社会化是指人一生与各种各样的职业打交道，获得对各种职业的认识，选择适合自己的职业，在职业中获得成功，受到周围生活环境中有关职业的价值观和行为规范影响的过程。

个体职业社会化是指个体在与职业相关的社会环境中进行的社会化过程，包括学习与职业有关的知识，形成一定的职业意识，最终有效选择和适应职业角色，有效应对失业和退休后的生活方式的适应与再适应的整个历程。

个体职业社会化的结果是个体对职业社会的适应以及个体在职业生涯中获得成就感和满意感。个体对职业社会的适应是通过职业角色的胜任来实现的；因此，在职业社会化过程中形成什么样的职业意识、职业态度、职业兴趣，发展什么样的职业能力和个性，将影响到其对职业从选择到适应的整个职业生涯。

个体职业社会化的内容主要包括职业意识、职业需要与职业动机、职业态度与职业价值观三个方面构成，如图 1-5 所示。

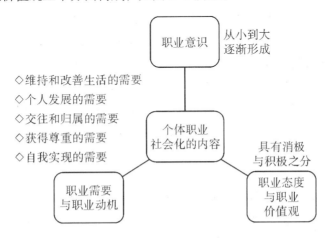

图 1-5　个体职业社会化的内容

1.4.1　职业意识

职业意识主要是指个体对不同职业的看法和认识。不同的人既可能对不同的职业有相似的看法，也可能对同一职业有不同的看法。职业意识对人们选择职业有很大的影响，正是因为具有一定的职业意识，才会使得一个人选择某种职业而不是其他职业。

职业意识受到社会文化、家庭、学校、同辈群体、大众传媒等的影响。职业意识是随着个体的成长逐渐形成的。幼儿在学习语言的过程中，首先接触到各类职业的名称，他们通过诸如老师、医生、驾驶员等词汇的获得，对这些一般性的职业有了模糊的印象。在儿童期，促进职业意识发展的主要是角色游戏，这种角色游戏通常被称为"过家家"。在游戏中，儿童利用道具凭想象扮演各种职业角色，如驾驶员、快递员、医生等，而且模仿成人的职业行为。这样，儿童就了解了这些职业的大致概念和内容，知道这些职业是做什么的，也对不同职业的选择有了一定的倾向性，即产生了职业意识的萌芽。

进入中学阶段，个体通过以往的经历及各种信息来源，对具体职业及职业本身已比较了解，建立了对不同职业的价值判断和不同的态度，对某些职业产生了兴趣并有了对职业的理想。可以说，在这一阶段，个体的职业意识初步形成了，但个体的这种职业意识还不完整，很大程度上带有片面性、幻想性、不稳定性，他们往往不考虑自己的实际情况而对未来充满了不切实际的期望，这样的理想并不具有现实意义。直到大学阶段，个体结合自己所学习的专业，更加具体地思考自身的状况与职业之间的关系，能够从更全面、更理智、更实际的角度看待各种职业并思考自己将来所要从事的职业，形成了具有现实意义的理想。这时，个体的职业意识才开始完全形成。

1.4.2　职业需要与职业动机

需要是人脑对生理和社会要求的反应。需要是个体的一种内部状态、一种倾向。需要是个性心理倾向性的基础，它通常以动机等形式表现出来。需要是个体行为积极性的源泉，是人活动的动力。在人的活动中，需要不断被满足，又不断产生新的需要，从而不断推动人类活动向前发展。

需要指向职业活动时，就是职业需要了。职业需要对职业活动意义重大，它是个体从事职业活动和积极工作的动力来源。职业需要是由多种因素交织在一起的具有多种类、多层次特点的复杂心理倾向。职业需要可以分为以下五种：

第一，维持和改善生活的需要。在现代社会中，人们除维持生存和繁衍后代之外，还有种种对更好生活的需求，比如在衣、食、住、行、娱乐等方面不断改善的要求。职业能提供经济报酬，个体通过工作就能满足维持和改善自己及家人生活的需要。

第二，个人发展的需要。人们在职业活动中不断地学到新的东西，努力适应自己的职业角色，发展和完善自我。同时，从事职业活动也促进了个体社会化的发展。

第三，交往和归属的需要。每个人通过与他人的交往来满足社会性的需要，职业活动提供了更广泛的与人交往的机会。人们在职业活动中结交各种各样的人，参与到一定的群体之中，从而获得归属感。

第四，获得尊重的需要。社会通常要求其中的个体通过职业活动来尽一份职责，使得社会自身能够向前发展。而人们也需要通过职业从社会中取得相应的形象和地位，使自己受到他人的认可与尊重，从而满足自尊的需要。

第五，自我实现的需要。自我实现是一个人最高层次的需要。人们希望自己特有的潜能得到极致发挥，并追求实现理想，做一些自己认为有意义的事情。只要从事适合自己的职业，个体就可能实现人生价值，满足这一需要。

职业需要的直接表现形式是职业动机，是人们从事职业活动的推动力。职业动机的重要作用在于它决定职业选择的方向，并发动、维持、激励或阻碍人进行工作。人们的职业需要和职业动机通常不会只存在一种，而是集中并存且相互交叉的。而且，不同的人或同一个人在不同的情况下，各种职业需要和动机强度的比例会有所差异。职业在满足人们需要的程度上也会有所差异，人们总是会选择适合自己的职业，以实现职业与需要的匹配。

而实际上，尽管人们总是追求自身需要的同时满足，但职业需要有时还是会和职业实践产生一定的矛盾。首先，社会就业会出现求大于供的情况，使得人的职业需要同各种职业所需求的工作者的数量之间出现不平衡，并不是想从事某一职业就一定能如愿以偿；其次，任何一种职业对其工作人员的资格、资历一定的要求，甚至有些职业的要求非常高，即使个人有对某种职业的需要，但如果不能满足该职业所要求的任职条件也是无法从事该职业的。由于上述两个原因，需要与职业不能达到完全的匹配。因此，为解决这些矛盾，使个人的职业需要能够与职业相匹配并得到健康发展和充分满足，个人在进行职业选择和从事职业活动的过程中，应培养适合职业需要的素质，并且不时地调整和强化自己的职业需要。

1.4.3 职业态度与职业价值观

态度是个体对某一对象所持的评价和行为倾向，是一个比较稳定持久的个体的内在结构。态度的特征包括对象性、持续性、复杂性、社会制约性和内在倾向性。当态度的对象指向职业时就是职业态度了。职业态度的中心是认知体系，是对职业的评价，也就是职业价值观。

职业态度的意向是人们在职业选择过程及工作积极性和忍耐力中表现出来的行为倾向。职业态度的情感成分则是伴随着评价与行为倾向的喜欢或厌恶、热情或消沉等情绪情感。职业态度同态度一样有积极和消极之分，对人的职业行为的影响也不同。人们对抱有积极态度的职业评价很高，乐于参与其中，积极工作并往往取得高效率和好成绩；反之则不愿意从事抱有消极态度的职业，即使从事该项工作也不易发挥出好的水平。

值得说明的是，职业态度与职业行为、工作效率之间并不是正相关的，在现实情况下，决定人们工作积极性的除态度外还有很多情境因素，如当时的身体健康状况、心境、动机以及工作的难度、强度等主观和客观因素，但职业态度仍起着较为稳定和主要的影响作用。

要使态度、价值观与职业匹配，就要使人对所从事的职业抱有积极的态度和正确的价值观。职业态度不是一成不变的，可以在家庭、职业教育、职业实践等环境中受父母、老师、同事等人的影响，经过服从、认同、内化的过程而改变。对个体来说，其可以通过增加与职业对象的接触、提高理性认识、通过虚心听取意见、客观评价不同意见、遵循有关社会规范和团体规定等方式，形成积极的职业态度体系。

1.5　职业心理健康

心理健康是指心理的各个方面及活动过程处于一种良好或正常的状态。心理健康的理想状态是保持性格完好、智力正常、认知正确、情感适当、意志合理、态度积极、行为恰当、适应良好的状态。心理健康是一种持续且积极发展的心理状态，在这种状态下，主体能做出良好的适应，并且充分发挥其身心潜能。

职业心理健康是指从业者有明确的职业目标，并能在从业过程中体会到实现职业社会价值的快乐，在职场中，人际关系融洽，适应力强，能积极采取有效策略，应对职业变化，促进职业发展。每个人的职业发展和他们的生活质量密切相关，处理好工作场所的生活事件和人际关系，完成职业角色规定的任务，就会产生因胜任而愉快的感觉。许多心理健康的人热爱自己的职业，创造性地应对自己面临的挑战，出色地完成工作任务。在他们看来，工作不仅不会让他们厌烦，反而成了他们生活乐趣的来源。当然，在工作中也充满了压力及引起紧张情绪的一系列要素。

1.5.1 职业心理的四种状态

职业心理从健康状态到心理疾病的分为健康状态、不良状态、严重心理问题以及心理疾病四个等级，如图1-6所示。

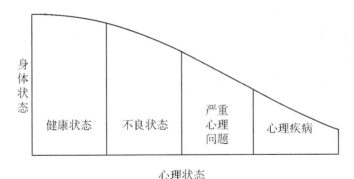

图1-6 职业心理的四种状态

1.5.1.1 健康状态

当职业心理处于健康状态时，个体在工作时感受到的快乐多，痛苦少；不会与周围环境格格不入；社会功能良好。

1.5.1.2 不良状态

职业心理的不良状态是介于心理健康与存在严重心理问题之间的一种亚健康状态，处于这种状态时，会出现活力减少，反应能力减退，感到身心疲惫、易感冒等，看待问题时变得缺少理性，甚至无缘由地脾气变坏，出现焦虑、烦躁、睡眠不佳等状况。其特点是：持续的时间比较短暂、对身心的损害轻微，通常能自己调整。

1.5.1.3　严重心理问题

由于个人及外界因素造成心理状态的某些发展的超前、停滞、延迟、退缩或偏离，表现为思维活动中出现妄想，如感觉别人说话针对他、要害他；情感活动异常，如情感淡漠，与人缺乏情感交流，情绪高涨或低落；或者出现一些怪异、不可理解的行为，说一些比较偏离正常逻辑的话，甚至出现敌意、攻击性行为，或者意志活动缺乏、减退，对工作、生活缺乏主动要求、计划或打算等。其特点是：身心功能的不协调性，自己能感觉到问题，但不能通过自我调整获得解决，需要求助于心理咨询师。

1.5.1.4　心理疾病

个人及外界因素引起个体强烈的心理反应，并伴有明显的躯体不适。表现为感知和识别能力缺失、错觉、幻觉；记忆增强、记忆减退、记忆错乱；思维形式障碍如思维奔逸、思维迟缓、思维贫乏、思维中断、联想散漫；出现关系妄想、被害妄想、影响妄想、夸大妄想、自罪妄想、嫉妒妄想、疑病妄想；注意力增强、涣散、减退、转移；情绪高涨低落、焦虑、情感淡漠、情感倒错、情感暴发、易激怒。其特点是：有强烈的心理反应、明显的躯体不适，有自残行为，自杀倾向，对身心损害大，需要通过心理治疗才能解决问题。

1.5.2　常见职业心理问题

1.5.2.1　职业倦怠

职业倦怠（job burnout）最早由美国纽约临床心理学家弗洛登伯格于1974年在《职业心理学》杂志上提出，该研究一经提出，就受到了全世界的普遍重视。20世纪80年代的研究发现，职业倦怠不仅是一个研究课题，也是每个人必须面对的问题。由于职业倦怠，个人、家庭、组织及社会付出了相当大的代价。1979年，美国教育协会（National Educational Association，NEA）将职业倦怠作为教育年会的中心议题；1980年，第一届国际职业倦怠研讨会召开，职业倦怠即被视为20世纪80年代的危机和现代生活的疾病。

职业倦怠研究最初涉及的职业主要是服务业和卫生保健业，这些职业的核心特征是提供帮助者与接受帮助者的关系。因此，从一开始，职业倦怠这一概念所指的就不是单纯的个人压力问题，而是在工作情境中的互动关系。

职业倦怠是职业从事者在工作的重压之下所体验到的身心俱疲、能量被耗尽的感觉，这与肉体的疲倦劳累是不一样的，而是源自心理的疲乏，是一种由工作引发的心理枯竭现象，往往伴随职业从事者心理上的不健康状态。

职业倦怠一般包括以下三个方面：

情感衰竭：没有活力，缺乏工作热情，感到自己的感情处于极度疲劳的状态。

去人格化：刻意在自身和工作对象间保持距离，对工作对象和环境采取冷漠、忽视的态度，对工作敷衍了事，个人发展停滞，行为怪癖等。

无力感或低个人成就感：倾向于消极地评价自己，并伴有工作能力体验和成就体验的下降，认为工作不但不能发挥自身才能，而且是枯燥无味的繁琐事物。

职业倦怠因工作而起，直接影响到工作状态，对工作具有极强破坏力，因此，如何有效地消除职业倦怠，对于稳定员工队伍、提高工作绩效有着重要的意义。本书的第 6.5 节有关于职业倦怠的测评诊断及改善职业倦怠的方法。

1.5.2.2　职业抑郁

职业抑郁又被称为职场抑郁症，是在日本职场中普遍存在的一种心理疾病，并且日本情绪障碍症协会（Japan Society of Mood Disorders）介入对这一职业病的研究和关注。

职业抑郁并不是严格意义上的抑郁症，而是身处职场的苦闷焦虑的心情，是一种以情绪低落为主要特征的情绪障碍，称为精神病学中的"感冒"。

从个体的视角看，自卑、自责、悲观的人以及工作狂通常更容易产生职业抑郁，而从工作性质与工作环境的视角看，具有时间压迫及人际竞争性的工作，缺乏工作伙伴、独自承担压力与责任、容易积累压力，需频繁调动工作地点或内容的工作，要不断适应新环境与新同事，造成生活压力，缺乏社会认同感、社会价值观评价较差的工作以及作息时间不正常的工作更容易导致职业抑郁。

有研究认为，如果你中了一半下述八种症状，就要警惕自己可能已有职业抑郁。

➤对自己目前从事的工作认同感较低、看低自己；

➤不愿意和周围的同事有积极互动、合作；

➤工作时间精神萎靡、情绪沮丧或易怒；

➤职业倦怠、对工作结果不再关心或持续焦虑；

➤对工作中的大多数事物怀有抵触情绪，比如领导、企业文化、办公环境等；

➤下班后也会因为工作上的事焦虑、担心；

➤因为工作而产生生理疼痛，比如头痛、胃痉挛、肠绞痛、头晕；

➤记忆力和反应力下降、进食过量或厌食、睡眠障碍。

1.5.2.3　职业心理问题与压力

职业倦怠与职业抑郁都有压力因素的作用，压力是在动态的条件下产生的，条件的动态性使个人视为非常重要的愿望的实现具有不确定性，从而造成的一种生理和心理上的紧张。

压力对职业心理的影响是什么？我们可以通过著名的耶克斯-道德森定律来分析，该定律指出，各种活动都存在一个最佳的动机水平。动机不足或过分强烈，都会使工作效率下降。研究还发现，动机的最佳水平随任务性质的不同而不同。在比较容易的任务中，工作效率随动机的提高而上升；随着任务难度的增加，动机的最佳水平有逐渐下降的趋势，也就是说，在难度较大的任务中，较低的动机水平有利于任务的完成。

在图1-7中，我们可以把动机理解为压力。可见，压力强度与工作效率之间的关系不是一种线性关系，而是倒"U"形曲线关系。适度的压力能使个体做事更专注，更有激情，而过度的压力会使一个人在完成任务时发挥失常，甚至崩溃。当压力没超过个人应对能力时，压力产生动力，会积极地促进个人发展；当压力超过个人应对能力，超负荷时，会产生消极影响，阻碍个人发展。

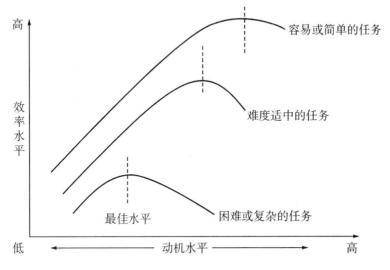

图 1-7 耶克斯-道德森定律

心理学研究表明：持续、过重的压力，易使人长期处于紧张、忧虑状态，从而造成员工缺勤、离职、事故率较高以及情绪低落、精神恍惚、焦虑等心理问题，直接或间接影响组织的绩效和个人职业的发展。本书的第 6.2 节有关于职业压力的测评与诊断以及管理压力的方法。

2

数字化时代的职业新常态

数字化浪潮下，数字职业崭露头角。数字化催生了新型就业形态，

特点在于多重职业身份、多元雇佣关系、灵活工作场所与弹性工作时间。

传统的同事角色被重新定义，不再局限于人类。"永久性连接"的状态使

得工作与生活的界限日趋模糊，为职场人带来了前所未有的挑战与机遇，

这种新模式不仅改变了我们的工作方式，更重塑了职业发展的未来。

2.1 数字职业应时而生

数字职业是指在数字经济和数字化发展中，以数字技术应用为主要特征的职业。随着数字技术的不断发展和应用，数字职业也在不断涌现和变化。

2022 年 9 月 28 日，人力资源和社会保障部（以下简称"人社部"）举行《中华人民共和国职业分类大典（2022 年版）》（以下简称《职业分类大典》）网上新闻发布会。2022 年《职业分类大典》中的职业包括 8 个大类、79 个中类、449 个小类、1 636 个细类（职业）。与 2015 版大典相比，增加了法律事务及辅助人员等 4 个中类，数字技术工程技术人员等 15 个小类，碳汇计量评估师等 155 个职业。

在 2015 版大典中，专业技术人员大类已经发布了 15 个新职业，包括人工智能、物联网、大数据、云计算、智能制造、工业互联网、虚拟现实、区块链、集成电路、机器人、增材制造、数据安全工程技术人员等。除此以外，2022 版大典还增设了密码工程技术人员、数字孪生应用技术员等 29 个新的职业，并首次对数字职业做了标注。

在专业技术人员大类中新增的职业主要集中在数字技术领域，特别是专门增设了数字技术工程技术人员小类，下设 13 个数字技术职业。

新职业是在面向社会公开征集的基础上，经专家评审、征求相关部门意见、向社会公示后，由人社部、市场监管总局、国家统计局联合发布。新职业的评审标准主要包括职业的社会性、技术性、稳定性等。社会性主要考察新兴职业对社会、经济的影响程度，是否能够带动更多的劳动力就业；技术性则观察新职业是否能反映新产业、新业态；稳定性则考量新职业现在的从业人员规模以及未来的发展活力。

《职业分类大典》中标注了 97 个数字职业，分布于 4 个不同的大类、17 个中类、35 个小类中。

97 个数字职业

2.2 数字化衍生新的就业形态

以信息化、数字化、智能化、网络化为支撑的数字经济催生了各种新就业形态，创造出相较于传统就业而言，更加自主自由、更加弹性灵活的工作机会。新就业形态实现了三种转变，即从在职员工向在线个体的转变、从一人一职到一人多职的转变、从单位人向社会人的转变。全国总工会的第九次全国职工队伍状况调查显示，网约车司机、快递员、外卖配送员等新就业形态劳动者不断发展壮大。

2.2.1 多重职业身份

在传统的就业中，人们大多拥有固定的、单一的职业身份，每个劳动者从事一份特定的工作。进入移动互联网时代后，灵活就业开始高速增长，依托于互联网平台和数字技术，人们可以充分挖掘并发挥多样化的个人能力，同时从事多份不同行业、不同类型的工作，或者将自己闲置的资源在市场中进行交易，获得额外收入。例如你是做广告设计的，在业界有了一定的名气，积累了丰富的经验，就可以利用工作之余将自己的工作经验、知识或想法梳理出来、写下来，形成文稿发布到网络平台上去，做专栏作家；可以形成一套教程到培训机构去开展相关领域的教学，兼职做培训师；可以利用业余时间开直播。

虽然灵活就业由来已久，但从来没有像进入数字化时代的今天，辐射这么广、影响这么深。灵活就业涉及的行业范围不仅有电商、快递、餐饮、交通、住宿等生活性服务业，也包括教育、传媒、设计等生产性服务业。调查显示，越来越多的人以兼职的方式追求自己的兴趣或者是多打一份工、多获得一份收入。

2.2.1.1 职业发展机遇

多重职业身份为职场人士带来了有利于职业发展的机遇。首先是提供了更广阔的职业发展空间，通过拥有多重职业身份，职场人士可以接触到更多行业和领域，从而拓宽自己的职业发展道路。他们可以寻求不同的职业机会，并找到最适合自己的发展路径。其次，可以增加收入来源，多重职业身份为职场人士提供了更多赚取收入的机会。他们可以通过兼职增加收入来源，从而增强自己的经济稳定性和提高生活质量。最后，可以创立个人品牌、提升职业价值。通过展示自己在不同职业领域的才能和成就，职场人士可以建立强大的个人品牌，并提升自己的职业价值，这有助于他们在职场中获得更多的机会和认可。

个人发展方面，首先，可以提高职业技能。多重职业身份要求职场人士不断学习和提升自己的技能，通过不断学习和实践，他们可以持续增强自己的职业能力和竞争力，为未来的职业发展打下坚实的基础。其次，增加工作灵活性和自主性。多重职业身份为职场人士提供了更多的工作灵活性和自主性，他们可以选择适合自己的工作时间和地点，更好地平衡工作和生活，同时保持对工作的热情和动力。最后，拓展人脉和资源。通过与不同行业和领域的人合作和交流，职场人士可以拓展自己的人脉和资源。这有助于他们在职场上获得更多的机会和资源支持，促进个人职业发展。

2.2.1.2 需要应对的挑战

（1）时间管理。多重职业身份意味着一个人要同时扮演多个角色，每个角色都有自己的任务、职责和期望。管理多个职业身份意味着需要有效地分配时间，以确保每个角色都能得到充分的关注，满足其需求。同时，良好的时间管理还可以为个人留出休息和放松的时间，维护身心健康。

（2）精力分散。当一个人同时从事多个职业时，需要处理的任务和职责也会变得多样化。每个职业角色都有其特定的要求，这可能导致个人需要在不同的任务与不同需求满足之间进行切换，由此会分散精力，使得每个角色都难以充分投入，从而影响工作效率和质量。

（3）职业冲突。不同的职业角色可能具有不同的价值观和目标，当这些价值观和目标发生冲突时，多重职业身份的人可能会面临困境，难以做出决策。例如，一个人的主要职业可能强调创新和冒险，而另一个职业可能更加注重稳定和保守。这种价值观和目标的不一致就会导致冲突。

（4）更高的技能提升要求。多重职业身份意味着个人需要适应不同职业领域的需求和变化。每个职业领域都有其特定的技术要求和标准，因此，个人需要不断学习和提升自己的技术能力，以满足不同职业角色的需求。

相对于单一职业来说，多重职业身份面临的职场情绪更复杂，当看到自己在多个职业角色中取得成就时，也会感到满足和自豪；面对时间管理、精力分散和职业冲突等挑战时，可能会感到焦虑和不安；当多重职业身份导致了工作和生活之间的界限模糊时，会增加心理压力；同时处理多个职业角色可能会使人感到身心疲惫，缺乏休息和放松的时间。

> **案例　王佳的多重职业身份**
>
> 　　王佳是一位数字营销专家，她拥有超过十年的营销经验，熟悉多个行业和市场。她不仅在传统的广告公司有丰富的工作经验，还经营着一家数字营销咨询公司。
>
> 　　王佳在一家知名广告公司担任高级营销顾问，她负责为客户提供市场策略、广告创意和数字营销方案，这家公司为她提供稳定的薪资和福利，如医疗保险和年假。
>
> 　　王佳还经营着自己的数字营销咨询公司，她利用业余时间为客户提供定制化的数字营销解决方案。她的公司经常与初创企业和中小企业合作，帮助它们提高品牌知名度和扩大在线市场份额。
>
> 　　除了上述两个职业身份，王佳还经常在自由职业市场上接受项目，如撰写营销文章、制作营销视频或参与线上营销活动等。这些项目通常是短期的，但为王佳带来了额外的收入。
>
> 　　王佳说，自己管理多个职业身份的时间和任务是一项挑战，需要在多个任务之间灵活切换，需要在不同的组织和文化中适应不同的工作方式和沟通风格，有时因为没有处理好某些时间或关系，自己也会感到焦虑与压力。虽然几份职业都是自己喜欢的，也能带来较好的回报，但有时会因长期不间断的工作而感到疲惫，甚至会产生放弃的想法。

2.2.2 多元雇佣关系

多元雇佣关系指的是组织和员工之间存在的多样化的工作安排和雇佣形式。传统的全职、长期、单一雇佣关系正逐渐被灵活、多样的工作形式所取代。这种转变是由技术进步、工作方式的变化和劳动力市场需求的多样化推动的。

多元雇佣关系还体现在雇佣模式的灵活性上。与传统的单一雇佣模式不同，多元雇佣包括链条式雇佣或一对多的雇佣关系。链条式雇佣是基于平台经济的，员工可能并不与雇主直接形成一对一的雇佣关系，而是通过平台与多个商家或项目对接。一对多的雇佣关系则意味着一个员工可能同时拥有多重身份，为多个雇主提供服务（上一节所描述的多重职业身份）。多元雇佣关系的表现形式如图 2-1 所示。

多元雇佣关系指的是组织和员工之间存在的多样化的工作安排和雇佣形式	
平台经济	允许个体通过数字平台提供服务或商品，直接与客户对接。打破了传统的雇佣关系，更加分散和多样化
零工经济	通过数字平台提供短期、灵活的工作安排。按任务或项目工作，而不是按固定时间或长期合同
人才共享与合作	组织之间共享专业人才，应对短期或特定技能需求。有助于优化资源利用，增加员工的职业发展机会
兼职和弹性工时	员工可以选择部分时间工作或根据个人需求设定工作时间，更易平衡工作与生活
远程工作和混合办公	打破了传统的办公室工作模式。员工可以在家、在咖啡馆，甚至在不同国家工作，组织也在全球范围内招募
自由职业和临时工	许多人选择成为独立承包商、顾问或通过平台工作。有更强的灵活性，雇主和员工之间的关系更加松散

图 2-1　多元雇佣关系的表现形式

数字技术是职场雇佣关系变更的主要推动力。一方面，随着互联网、大数据和云计算等技术的发展，许多传统行业的生产和服务过程被分解，原本由单一实体完成的一系列任务，现在可以由多个个体或组织共同完成。例如，电商销售不再仅仅由商家完成，而是涉及生产、广告提供、交易、售后服务、配送等多个环节，每个环节都可以由不同的群体或个体来完成。这种分解使得更多人可以参与到这些过程中，为多元雇佣关系的产生提供了可能。同时，数字技术的应用和普及，降低了就业门槛，使得更多人可以参与到数字经济中。例如，外卖骑手只需要一辆电动自行车就可以参与外卖配送，提供服务并获得收入。这种低门槛的就业方式，使得人们可以更加灵活地选择自己的工作方式，从而促进了多元雇佣关系的产生。另一方面，平台经济通过互联网、大数据等技术手段，实现了供需双方的高效匹配。这使得雇主能够更快速地找到适合的雇员，而雇员也能够更容易地找到合适的工作机会。这种匹配方式打破了传统雇佣关系中地域和行业的限制，使得雇佣关系更加灵活和多样化。平台经济通过提供标准化的服务流程和评价体系，降低了雇主和雇员之间的交易成本。雇主不需要花费大量时间和成本去寻找、筛选和培训雇员，而雇员也不需要花费大量时间和精力去寻找合适的工作。这种降低的交易成本使得更多的雇主和雇员愿意尝试多元雇佣关系。

研究发现，多元雇佣关系至少带来了八个方面的挑战（见图2-2）。

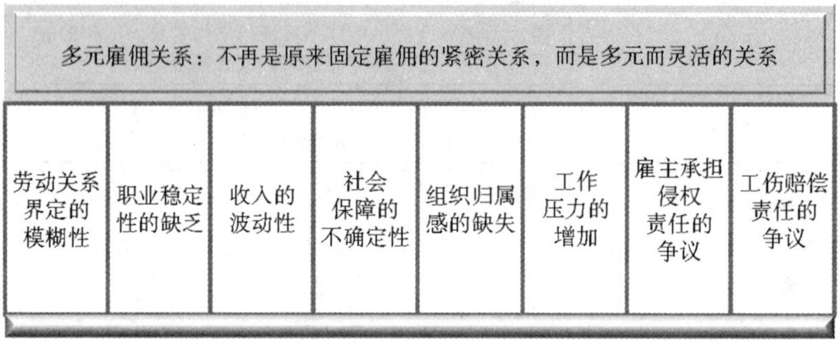

图 2-2　多元雇佣关系下的挑战

2.2.2.1　劳动关系界定的模糊性

从业者与平台之间的劳动契约关系常常缺乏清晰明确的界定，这不仅在权益保护方面引发了诸多问题，还在责任归属和划分上造成了不小的困扰。这种劳动关系的模糊性可能导致从业者在遭遇工作伤害、薪酬纠纷或其他劳动问题时，难以有效地维护自身合法权益。同时，对于平台而言，不明确的劳动关系也可能增加其运营风险和潜在的法律风险。

2.2.2.2 职业稳定性的缺乏

传统上，全职员工通常享有相对稳定的职业前景和晋升路径，多元雇佣关系则打破了这一常规。从业者在这种模式下，往往难以获得长期、稳定的工作合同，他们的职业轨迹可能充满变数。这种不确定性不仅影响从业者的日常生活和经济状况，还可能对他们的职业成长和长期发展产生深远影响。

职业稳定性的缺乏可能导致从业者难以积累足够的工作经验和技能，进而影响他们在职业生涯中的晋升和竞争力。此外，频繁更换工作也可能破坏从业者的社交网络和职业关系，使他们更难在行业内建立稳固的地位。

2.2.2.3 收入的波动性

多元雇佣模式下，从业者的收入往往与其工作量直接相关，而工作量的不确定性则可能导致收入出现较大的波动，进而影响从业者的经济安全感。

传统上，全职员工通常享有相对稳定的薪资和福利，多元雇佣关系则打破了这一常规。从业者在这种模式下，可能面临工作量的不稳定，从而导致收入也呈现出较大的不确定性。这种收入波动性不仅影响从业者的日常生活和经济状况，还可能对他们的长期经济规划和职业发展产生深远影响。

收入的波动性可能导致从业者难以进行长期的经济规划和储蓄，进而影响他们的购房、教育、养老等长期生活目标的实现。同时，经济安全感的缺乏也可能使从业者更加谨慎和保守，在职业发展和创新方面缺乏足够的动力和信心。

2.2.2.4 社会保障的不确定性

在传统全职员工模式下，从业者通常能够享受到完善的社会保险和福利待遇，这为他们的生活提供了稳定的保障。然而，在多元雇佣关系中，从业者的工作性质和雇佣关系发生了显著变化，他们可能同时与多个雇主建立联系，或者以项目制、兼职等灵活形式提供服务。这种特殊性导致从业者难以像传统全职员工那样，享受到稳定且全面的社会保险和福利待遇。

社会保障的不确定性给从业者的生活带来了极大的影响，他们可能面临医疗、养老、失业等方面的风险。这不仅影响了从业者的生活质量，也可能对他们的职业发展产生负面影响，因为他们可能无法像传统全职员工那样，享受到稳定的职业发展机会和福利待遇。

2.2.2.5 组织归属感的缺失

多元雇佣模式下，从业者不属于任何一个固定的组织，他们可能会频繁地为不同的雇主或项目工作，这种不稳定性往往导致他们缺乏归属感和组织认同感。

在传统的全职雇佣关系中，员工通常与雇主建立长期、稳定的关系，并逐渐融入组织的文化中，形成强烈的归属感和认同感。然而，在多元雇佣关系下，从业者缺乏这种稳定的组织联系，他们可能难以感受到自己是某个组织的一部分，也难以体验到组织带来的归属感和认同感。

组织归属感的缺失可能对从业者的心理健康和工作满意度产生负面影响。他们可能感到孤独、无助和不被理解，缺乏与同事和上级的深厚联系。这种心理状态不仅影响从业者的个人幸福感，还可能降低他们的工作积极性和绩效。

2.2.2.6 工作压力的增加

多元雇佣模式下，从业者要适应不断变化的工作需求和竞争环境，往往会感受到更大的工作压力和心理负担。

在传统的全职雇佣关系中，员工通常面对的是相对稳定的工作职责和工作环境，从而在一定程度上减轻心理压力。然而，在多元雇佣关系下，从业者可能需要同时为多个雇主工作，或者频繁地更换工作岗位和项目，这要求他们不断适应新的工作环境、工作任务和人际关系，这无疑增加了他们的工作压力和心理负担。

这种持续的高压力状态可能对从业者的身心健康产生负面影响。他们可能会感到焦虑、疲惫和不安，甚至出现工作效率下降、职业倦怠等问题。长期处于高压状态还可能引发更严重的心理健康问题，如患抑郁症等。

2.2.2.7 雇主承担侵权责任的争议

在多元雇佣关系中，侵权责任的划分问题尤为复杂。由于从业者可能与多个雇主存在雇佣关系，当权益受损时，很难确定具体应由哪个雇主承担责任。此外，第三方服务或管理的介入也使得责任归属更加模糊。这种情况下，从业者往往面临维权难的困境，无法及时获得应有的赔偿和救济。

2.2.2.8 工伤赔偿责任的争议

（1）工伤范围的模糊界定。在多元雇佣关系中，从业者的工作不再局限于传统的固定时间和地点，他们可能以项目制、兼职、远程工作等多种形式提供服务。这种灵活性使得工伤的认定变得尤为困难。如何界定"工作时间"和"工作场所"，进而确定工伤的范围，成为争议的首要焦点。一些非传统工作环境下发生的伤害，如远程工作时在家中的意外，是否应被纳入工伤范畴，往往引发广泛讨论。

（2）责任归属的复杂性。多元雇佣关系下，从业者与雇主之间的关系可能不再单一明确。一个从业者可能同时与多个雇主建立雇佣关系，或者通过平台经济、劳务派遣等形式参与工作。在发生工伤时，责任归属问题变得异常复杂。不同雇主之间如何分担责任，平台经济与直接雇主之间的责任界限如何划分，都成为亟待解决的问题。此外，当工伤由第三方造成时，赔偿责任的归属更是扑朔迷离，需要综合考虑多方因素来进行判定。

2.2.3 灵活的工作场所

在工业经济时代，员工是以机器为中心的社会化大生产的组成部分之一，也是高度专业化分工中的一个环节。企业为了适应社会化大生产的要求，实现规模经济、提高沟通效率，需要将员工安排在工厂、办公室等固定的经营地点工作，协调配合操控机器，实现生产线的运转。

数字技术打破了社会化大生产条件下机器和社会分工对物理工作空间的限制，员工之间、员工与客户之间的面对面交流，以及员工与组织提供的生产设施、设备的直接接触不再必需，员工可以远程监控设施设备的运行情况，并且能够远程操控；同时，也可以通过线上交流工具，远程与客户沟通。例如，云计算和存储技术的发展使得数据可以随时随地被访问和共享，员工无须担心文件存储和传输的问题，可以随时随地处理工作，不再受限于固定的物理工作空间。

2.2.3.1 灵活工作场所成为一种趋势

在数字化时代，灵活的工作场所成为一种趋势，这主要归因于以下七个方面的因素（见图2-3）。

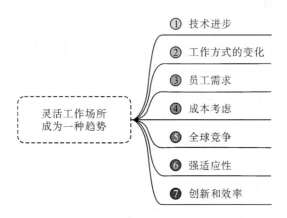

图 2-3　灵活的工作场所成为一种趋势的主要归因

（1）技术进步。互联网和移动通信技术的飞速发展使得远程工作和移动办公成为可能。高速互联网连接、云计算、移动设备、视频会议软件和协作工具等技术的普及，为员工提供了不受地理空间限制的工作环境。

（2）工作方式的变化。随着工作性质的变化，完成许多任务不再需要员工亲自到场。知识工作、创意工作和项目管理等可以通过远程协作来完成，这推动了灵活工作场所的出现。

（3）员工需求。现在员工越来越重视工作与生活的平衡，追求更多的工作灵活性。灵活的工作场所能够满足员工对自主性和工作灵活性的需求，提高工作满意度。

（4）成本考虑。组织可以通过减少办公空间的需求来降低运营成本。灵活的工作场所可以减少对固定办公室的依赖，从而节省租金、装修和维护费用。

（5）全球竞争。在全球化竞争中，组织需要吸引和保留最优秀的人才。

灵活的工作场所能够帮助组织跨越地理界限，吸引全球范围内的优秀人才。

（6）强适应性。灵活的工作场所使组织能够更快速地适应市场变化和业务需求，因为员工可以随时随地工作，不受物理空间的限制。例如，如果一个企业需要迅速扩展其服务范围，它可以通过招募远程员工来实现，而不必担心招聘和培训过程中的地域限制。

（7）创新和效率。灵活的工作场所鼓励创新思维，因为它允许员工在不同的工作环境中寻找灵感和效率，这种环境有助于打破传统的工作模式，促进新的工作方法和流程的产生。

2.2.3.2 可能导致的问题

尽管灵活工作场所正在成为一种趋势，但是可能导致以下一些问题（见图 2-4）。

（1）信息安全。随着远程工作和灵活工作场所的普及，数据安全和隐私保护成为重要问题。员工可能在不同地点、使用不同设备处理工作，这增加了数据泄露和误用的风险，组织需要采取严格的安全措施来保护敏感信息。

（2）孤独感和社交隔离。灵活的工作场所可能导致员工感到孤独和社交隔离。缺乏面对面的交流和团队合作，可能影响员工的归属感和工作满意度，组织需要关注员工的社交需求，提供线上社交和团队建设的机会。

（3）工作效率和自律性考验。在没有固定工作场所的情况下，员工需要更强的自律性来保持高效工作。缺乏固定的工作时间和环境可能导致分心和拖延，组织需要提供引导、激励和支持，帮助员工建立有效的工作习惯和自律性。

（4）设备和技术支持依赖。灵活的工作场所要求员工使用各种设备和技术来完成工作。然而，设备故障、技术兼容性和网络安全问题可能影响工作效率，组织需要提供可靠的设备和技术支持，确保员工能够顺利完成工作。

（5）管理和监督挑战。对于管理者来说，监督和管理在灵活工作场所的员工可能更具挑战性。他们需要适应新的管理方式和工具，以确保团队的有效协作和绩效。同时，随着技术和工作方式的快速变化，员工需要不断更新技能，组织也需要提供培训和发展机会，帮助员工适应新的工作环境和要求。

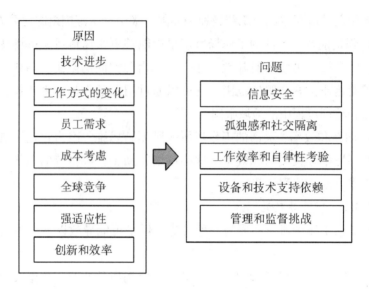

图 2-4　灵活的工作场所产生的问题及问题产生的原因

2.2.4　弹性的工作时间

在传统的组织中，由于工作的开展需要依赖于组织提供的生产资料，必须在现场与其他人一起进行分工协作；因此，员工的工作时间由组织根据生产与市场订单的需要以及岗位的特点等进行安排，有些需要 24 小时配合设备运转的岗位，则安排对应的轮班制。

弹性工作的概念起源于 20 世纪 50 年代末的联邦德国，提出的背景是组织者为了解决员工上下班交通拥挤的问题，允许员工灵活调整自己的工作时间。20 世纪 70 年代，西欧和拉美地区的一些国家的企业主进一步将弹性工作时间制应用得更加成熟。

随着数字化的发展，弹性工作会变得越来越普遍，组织可以根据项目需求、员工能力和工作负荷等因素，灵活调整员工的工作时间和任务分配。员工也可以根据自己的需求和能力，自主安排工作时间和任务，从而更好地平衡工作和生活。例如，对于外卖骑手，平台将工作内容、工作时间、工作报酬等要素直接呈现，从业者可以根据自己的情况自由选择，通过 App 或小程序抢班，在工作时间的安排上更加灵活。从业者不必接受来自组织的强制工作指令和时间安排，而是可以根据自己的爱好、习惯、身体状况、社会活动等情况安排工作时间，选择某一天是否工作、在哪个时间段工作、做哪一种工作、为哪个平台工作。从业者工作的自主性、工作时间的自由度显著提高。

弹性的工作时间可以让员工根据自己的生物钟、工作习惯和生活需求来安排工作时间，从而提高工作效率和生活质量，同时，员工可以选择在非高峰时段或远程工作，从而减少通勤时间和交通压力；弹性的工作时间使员工能够更好地平衡工作和个人生活，有更多时间陪伴家人、进行休闲活动或自我提升。

弹性的工作时间需要员工具备较高的自律性，在没有固定的上下班时间的情况下，员工需要更强的自律性来确保工作的高效完成，同时弹性工作时间会导致以下一些问题：

第一，工作和生活的界限模糊。弹性的工作时间可能使员工难以区分工作和个人时间，导致工作和生活的界限变得模糊。员工可能会在非工作时间接收到工作相关的信息或电话，从而无法充分放松和休息。

第二，沟通和协作困难。在弹性的工作时间下，团队成员可能在不同的时间段工作，这可能导致沟通和协作的困难。团队成员没有及时沟通或共享信息，可能会导致工作完成延误或出现错误。

第三，工作负担不均衡：有些员工可能会选择承担更多的工作时间，而另一些员工可能选择较少的工作时间。这可能导致一些员工过度劳累，而另一些员工可能过于轻松。

第四，工作效率下降。在弹性的工作时间下，员工可能会受到家庭、社交或其他外界因素的干扰，从而降低工作效率。此外，缺乏固定的工作时间和规律的工作节奏可能导致员工难以保持高效的工作状态。

第五，管理难度增加：弹性的工作时间可能增加管理的难度。管理者需要更加灵活地管理员工的工作时间和任务分配，并确保团队成员之间的协作和沟通。这需要管理者具备更高的管理技能和协调能力。

2.3　同事角色已不再受限于同类

在数字化时代，AI 机器人作为同事与人类一起工作，这是技术进步对职场的深刻影响和转型。AI 机器人被设计用于执行特定任务，特别是那些可以自动化、数据驱动或高度重复的工作。这种分工有效实现了人机互补，AI 机器人可以处理大量数据、执行复杂计算和完成重复性任务，而人类则擅长于创意、复杂决策和人际交流。两者之间的合作能够提高整体效率和生产力；同时，这种分工也实现了合作与协同，AI 可以为人类提供数据分析、预测结果、自动化流程等支持，使得人类能够专注于更具战略性和创造性的工作。比如，AI 可以在医疗领域帮助医生分析患者数据，从而更快地做出诊断决策。

2.3.1　AI 机器人能够从事的工作

AI 机器人已经渗透到各行各业，承担了从重复性劳动到高端数据分析、从客户服务到科学研究的多种工作。随着技术的进步和应用的深入，AI 机器人的功能和工作范围还将继续扩展，如图 2-5 所示。下面主要说明当下 AI 机器人能实现的功能与工作。

（1）自动化与重复性任务。首先是制造与装配，在制造业中，AI 机器人常被用于生产线上的装配、焊接、喷涂、检测等任务。它们可以在高度重复性和精度要求高的工作中表现出色，如汽车制造、电子设备组装等；其次是物流与仓储，AI 机器人被广泛用于仓库管理，包括物品的分拣、搬运、存储和检索等任务。亚马逊等电商公司已经在使用自动化机器人来提高仓库效率，减少人工错误。

（2）数据处理与分析。一是金融分析，AI 系统能够快速分析大量的金融数据，为投资决策、风险管理、市场预测等提供支持。这些机器人还可以进行实时的交易执行，自动化金融操作；二是大数据分析，AI 可以从大量非结构化数据中提取有价值的信息，帮助企业进行市场分析、客户行为分析、产品优化等。AI 机器人在数据清理、模式识别和预测分析等方面非常有效。

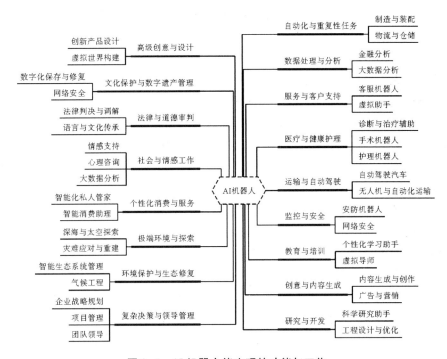

图 2-5　AI 机器人能实现的功能与工作

（3）服务与客户支持。AI 机器人已经广泛应用于客户服务领域，提供 7
天 24 小时的自动化客服支持。这些机器人能够通过自然语言处理技术理解客
户问题，并提供解决方案，处理常见的查询和投诉；同时智能虚拟助手如
Siri、Alexa 和 Google Assistant 可以帮助用户进行日常任务，如设定提醒、查找
信息、控制智能家居设备等。

（4）医疗与健康护理。首先是诊断与治疗辅助，AI 机器人可以辅助医生
进行疾病诊断，尤其是在影像分析、基因分析和诊断决策支持系统中。它们
可以通过分析医疗数据提供治疗建议，提高诊断的准确性和效率。其次是手
术机器人，AI 机器人在外科手术中已经开始发挥重要作用，如达·芬奇 Xi 手
术系统，能够帮助外科医生进行更精确的微创手术；最后是护理机器人，用
于帮助照顾老年人或行动不便的患者，提供如提醒吃药、健康监测、物理治
疗等服务。

（5）运输与自动驾驶。AI 驱动的自动驾驶汽车正在改变交通行业。自动驾驶技术可以减少交通事故、优化路线、提高运输效率。特斯拉、Waymo 等公司在这一领域已经进行了广泛的测试和应用；同时，AI 机器人被用于物流运输中的无人机配送，能够在偏远或难以到达的地方进行货物运输。此外，其还被应用于农业中的喷洒农药、种植监测等。

（6）监控与安全。一方面，AI 机器人可以用于安全监控、巡逻、入侵检测等任务。这些机器人能够在大型场所或高风险区域进行持续监控，识别和应对潜在的安全威胁。另一方面，AI 系统能够实时监控网络活动，检测异常行为，识别潜在的网络威胁和攻击，保护数据和系统安全。

（7）教育与培训。作为个性化学习助手，AI 机器人在教育领域可以帮助学生进行个性化学习，根据学生的学习进度和需求定制课程和练习；作为虚拟导师，AI 机器人可以为员工或学生提供培训和指导，尤其是在技能培训和职业发展方面。

（8）创意与内容生成。AI 机器人能够创作音乐、绘画、写作等。例如，AI 已经能够生成新闻报道、编写剧本，甚至创作艺术作品。AI 创作工具如 GPT 模型已经被用于生成高质量的文本内容。同时，AI 可以分析市场数据，生成广告创意，优化广告投放策略，甚至生成视觉和视频内容，以更好地吸引目标受众。

（9）研究与开发。一方面，AI 可以帮助科学家进行复杂的数据分析、模拟实验、文献综述等任务，加快研究进程。例如，在药物研发中，AI 可以筛选潜在的药物分子，加速新药的发现过程。另一方面，AI 机器人在产品设计、材料科学等领域帮助工程师进行设计优化和创新。例如，AI 可以通过模拟和优化算法设计出具有更好性能的材料或产品。

随着 AI 技术的不断进步，AI 机器人可能会承担越来越多复杂且多样化的任务，甚至可能进入一些目前看似难以自动化的领域，包括复杂决策与领导管理、社会与情感工作、环境保护与生态修复、法律与道德审判、极端环境与探索、文化保护与数字遗产管理、个性化消费与服务、高级创意与设计等。

2.3.2　AI 机器人同事出现的必然性

AI 机器人的产生与发展是计算能力、大数据、算法进步、市场驱动、社会经济因素、法律推动以及跨学科技术积累等多方面因素共同作用的结果。随着技术的不断进步和社会需求的变化，AI 机器人不仅是技术发展的必然结果，也代表了未来技术进步和社会发展的重要方向。AI 机器人同事出现的原因如图 2-6 所示。

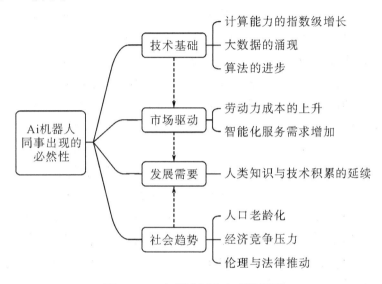

图 2-6　AI 机器人同事出现的原因

2.3.2.1　技术基础

（1）计算能力的指数级增长。首先，自从半导体技术问世以来，计算机处理能力一直以指数级速度增长。摩尔定律预测集成电路上的晶体管数量每隔两年就会翻倍，随之而来的是计算能力和存储能力的巨大提升。这种硬件上的进步为开发更复杂、更智能的 AI 系统奠定了基础，使得 AI 机器人能够处理大量数据，执行复杂任务；同时，云计算的发展使得组织和研究机构可以利用强大的计算资源来训练和运行 AI 模型。边缘计算则将计算能力带到了设备端，使得 AI 可以实时响应，更加贴近实际应用场景。

（2）大数据的涌现。一方面，在数字化时代，数据量呈现爆炸性增长。无论是通过互联网、社交媒体、物联网设备，还是通过企业内部的运营数据，大量数据为 AI 系统的开发和优化提供了基础。AI 的学习和推理能力很大程度上依赖于对大量数据的分析与理解，因此数据的积累直接推动了 AI 技术的进步；另一方面，随着数据获取手段的多样化（如传感器、摄像头、用户行为追踪等），AI 系统能够不断从新的数据源中获取信息，改进自身的算法和性能。

（3）算法的进步。深度学习技术的发展使得 AI 系统能够自动提取特征并从数据中学习复杂模式。深度神经网络的引入不仅提高了 AI 的感知和认知能力，还使得 AI 在图像识别、自然语言处理、语音识别等领域取得了显著的进展；与此同时，随着算法越来越多地融入机器学习和强化学习技术，AI 机器人能够在复杂环境中自主学习和适应，这种能力是使 AI 机器人能够在现实世界中与人类共事的关键。

2.3.2.2 市场驱动

一方面，随着劳动力成本的上升和对高效生产的追求，组织不断寻找能够替代人类执行重复性、危险性和高强度工作的技术。AI 机器人能够承担这些任务，从而提高生产效率，减少人为错误和事故。另一方面，现代社会对智能化服务的需求日益增加，从个性化推荐到智能客服，从自动驾驶到家庭智能助手，AI 机器人的应用范围正在不断扩大。市场对智能化、自动化服务的需求直接推动了 AI 机器人的发展。

2.3.2.3 发展需要

从 20 世纪中期开始，人工智能就成为科学研究的重要领域。几十年来，尽管 AI 经历了起伏，但基础理论、算法和应用技术的积累为今天 AI 机器人的出现铺平了道路。AI 机器人的诞生是人类持续探索和创新的结果。与此同时，AI 机器人的发展不仅依赖于计算机科学，还涉及认知科学、心理学、工程学、生物学等多学科的融合。跨学科的合作与创新加速了 AI 技术的成熟，使得 AI 机器人从概念走向现实。

2.3.2.4 社会趋势

（1）人口老龄化。在许多国家，人口老龄化问题日益严重，这使得劳动力供给面临挑战。AI 机器人能够填补劳动力不足的空缺，尤其是在医疗护理、服务业等领域。

（2）经济竞争压力。全球化经济的竞争压力促使各国企业不断寻求技术创新，以保持竞争力。AI 作为一种具有战略意义的技术，吸引了大量投资和研发资源，使得其发展成为一种不可逆的趋势。

（3）伦理与法律推动。首先，在一些危险或困难的工作环境中，如救灾、军事、深海探测等，使用 AI 机器人不仅是为了提高效率，更是出于对人类生命安全的考虑，这种伦理考量推动关 AI 机器人的研发和应用；其次，随着 AI 技术在各个行业的应用，相关法律法规不断推动 AI 机器人的发展。例如，自动驾驶汽车的法律规范、医疗 AI 的安全标准等，都要求 AI 系统具备更高的智能化水平，以确保其安全性和有效性。

2.4　"永久性连接"正悄悄改变职场

智能手机、笔记本电脑和云服务等设备及技术使员工能够随时随地访问工作内容，不再局限于特定的时间和地点。数字化技术的发展和普及把我们带入了一个充满"永久性连接"的时代，也有学者把这种生存状态称为"连接性在场"。一方面，这种无处不在的数字化媒介技术和移动连接，强化了人与人、人与物，甚至物与物之间的信息互动，为现代生活提供了便捷和效率，另一方面，也被视为对个体生活空间的侵扰和自主性的破坏。

"永久性连接"对职场产生了深远的影响，具体影响如图 2-7 所示。

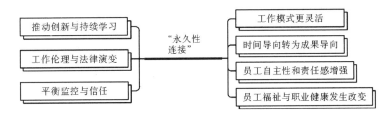

图 2-7　"永久性连接"对职场产生的深远影响

第一，工作模式更灵活。

永久性连接将使远程和混合办公模式成为常态。员工可以在全球任何地方工作，不再受限于物理办公空间。这将改变传统的办公模式，并推动企业在全球范围内招聘人才。随着工作与生活的界限进一步模糊，弹性工作时间将成为普遍现象。员工可以根据个人的生活需求灵活安排工作时间，企业可能会更加注重成果而非工作时长。

第二，从时间导向转为成果导向。

在传统的职场文化中，工作时间通常是衡量员工努力程度和贡献的重要标准。员工按时上下班、坐在办公室里工作，被视为敬业和勤奋的表现。

在"永久性连接"背景下，工作时间和地点不再是唯一的重要指标。组织更倾向于关注员工的实际成果和贡献，而不是他们是否花费了足够的时间在办公室。这种转变意味着员工的评价将更多地基于他们的工作产出、创新能力和问题解决能力，而不是工作时间的长短。

第三，员工自主性和责任感增强。

随着"永久性连接"成为常态，员工将被要求具备更强的自我管理能力。这包括时间管理、任务优先级排序以及自我激励等方面的能力，以确保高效完成工作任务；员工需要对自己的工作成果承担更多责任，这将促进员工自主性和责任感的增强，推动个人职业发展的同时，也提升了整体组织的灵活性和响应能力。

第四，员工福祉与职业健康发生改变。

尽管"永久性连接"带来了工作灵活性，但也可能使得工作与生活平衡变得更加困难。员工可能面临更多的压力、焦虑和职业倦怠问题，组织需要更加关注员工的职业健康，提供支持措施如心理健康服务、弹性福利和休息时间等。组织将逐步转向更加注重员工福祉和关怀的方向，可能会通过技术手段监测和改善员工的工作环境，提供个性化的支持和关怀措施。

第五，平衡监控与信任。

在"永久性连接"的职场环境中，组织可能会加强对员工工作活动的监控，以确保工作效率和数据安全。但同时，这也需要平衡员工的隐私权和信任感，避免过度监控带来的负面影响。

第六，推动创新与持续学习。

为了适应快速变化的技术环境，组织将更加注重员工的持续学习和技能提升。"永久性连接"使得员工可以随时访问学习资源，推动学习型组织的形成和创新能力的提升。随着数字化工具和 AI 技术的应用普及，未来职场将更加依赖科技驱动的创新。组织将不断探索新的商业模式和工作方法，以保持竞争力和适应市场变化。

第七，工作伦理与法律演变。

随着"永久性连接"模糊了工作与生活的界限，未来可能会重新定义"工作时间"这一概念，并相应调整劳动法律和政策，以保护员工权益。随着 AI 和自动化技术的应用，工作伦理问题如公平性、数据使用、隐私保护等将变得更加重要。组织将需要制定新的伦理标准和行为准则，以适应未来职场的复杂变化。

3

职业人格测评

数智化对职业人格产生了深远的影响。大五人格测评关注个体性格的五个主要维度，DISC 则聚焦于个体的行为模式，卡特尔 16PF 提供了更细致的性格剖析，而 MBTI 则从能量获取和信息处理两个角度揭示个体倾向。这些工具各具特色且适用于不同场景，并可根据实际需求组合使用，为个体的职业规划和组织的人才选拔、培育提供全面而精准的参考。

3.1　数字化时代对职业人格的新理解

3.1.1　职业人格

3.1.1.1　人格

"人格"一词最早出现在古希腊语中，其原始含义是指戏剧演员在舞台上扮演角色时所戴的面具，类似于京剧中的脸谱。在心理学中，人格一词的使用可以追溯到 19 世纪末。精神分析学派的创始人弗洛伊德被认为是对人格研究做出重要贡献的学者之一。他提出了人格结构理论，将人格分为本我、自我和超我三个组成部分，并探讨了人格发展与心理健康之间的关系。美国心理学家奥尔波特在 20 世纪 30 年代出版的《人格：一种心理学的解释》一书，也被认为是人格研究的里程碑之一。该书系统地阐述了人格的概念、结构和发展，为后来的人格研究提供了重要的理论框架。

人格是一个复杂的心理现象，是个体的心理面貌或心理"格局"，即个人的一些意识倾向与各种稳定而独特的心理特性的总和。这些心理特性包括能力、气质、性格、需要、动机、兴趣、理想、价值观和体质等。人格是在个体适应或改变环境的活动、实践过程中形成和表现出来的，是个体与现实特定关系的反映。

人格也可以理解为个体在对人、对事、对己等方面的社会适应中行为上的内部倾向性和心理特征。它表现为个体在适应环境时所展现出来的独特的行为模式、思考方式、情感反应等。

从生物遗传因素的角度来看，人格是个体在遗传和环境的交互作用下，逐渐发展的心理特征构成的。气质作为人格的一个部分，是指个体与生俱来受到遗传和生理因素影响的心理和行为特征；而性格则是人格的另一个重要成分，指个体对现实的态度和行为方式所表现出来的心理特征。

3.1.1.2　职业人格与职业

对职业人格的研究，最早可以追溯到美国心理学家约翰·霍兰德（John

Holland）的职业人格理论。在 1959 年，他提出了职业人格的概念，并认为职业人格是与其职业性质相匹配的人格特征，不同的职业种类会有不同的人格类型与其相匹配。霍兰德对职业人格的定义比较强调个体人格与职业的匹配关系，认为职业人格是基于个体人格发展起来的。

随后，舒伯（Super）、阿米尔和盖蒂（Gati）、比格斯（Biggs）也对职业人格开展了研究。舒伯（1980）认为职业人格是个体在职业发展过程中所形成的一种相对稳定的心理特征和行为模式，他强调职业人格与个体的自我概念、价值观和兴趣等方面的联系，认为职业人格是个体在职业选择、职业发展和职业满意度等方面的重要影响因素。

阿米尔和盖蒂（2006）从职业兴趣的角度定义了职业人格，他们认为职业人格是个体在职业活动中所表现出来的持久性兴趣、爱好和倾向，这些特点与个体的职业选择和职业发展密切相关。盖蒂还提出了职业人格与职业成功之间的关系，认为具有积极职业人格的个体更容易在职业领域取得成功。

比格斯（1987）从学习动机的角度对职业人格进行了描述。他认为职业人格是个体在学习和职业活动中所表现出来的稳定的学习动机和学习方式。比格斯提出了"深层学习"和"表层学习"的概念，认为具有深层学习动机的个体更容易形成积极的职业人格，从而在职业领域取得更好的表现。

同时，国内学者罗高峰（2000）、徐玉明（2005）、王登峰（2008）、刘玉新等（2005）、刘国晖（2010）等学者也对职业人格进行了研究。我国对职业人格的研究尚不充分，但部分学者已对其进行了专门探讨。他们一致认为，职业人格是一种稳定且独具特色的人格特质，与社会职业的适应性紧密相连。在我国，职业人格这一概念最早由杨晔、郝玉芬等学者于 1997 年提出，他们的观点认为，职业人格是一种独特的特质模式，是职业主体在长期职业实践活动中逐步形成的稳定且与众不同的人格特质模式。罗高峰（2000）指出，职业人格并非个体天生具备，而是在后天的社会生活环境中经过长期实践塑造的，一旦形成，便成为个体独特的特质，不易改变，它的产生旨在满足职业需求，进而影响个体在职业中的行为表现。董吉贺（2007）的观点与此相近，他认为职业人格是人为适应社会职业所需的稳定态度及相应行为方式的独特组合。

另有学者从不同角度对职业人格进行了诠释。延时斌（2008）从职业兴趣的角度分析职业人格，认为个体对某职业产生浓厚兴趣时，会乐于在职业活动中展现自身行为方式，并期望借此取得成功。王芙蓉（2006）对职业人格的认识更为全面，她通过对"人格"与"职业"的深入剖析，提出职业人格是社会物质活动、生活环境、个人心理特征、集体要求等多重因素的综合体现。职业人格有助于个体快速适应工作环境，满足岗位需求，顺利开展业务。职业人格的本质即个人的身心素质与职业要求的相适应和融合。

由此可见，职业人格是在特定职业环境中形成的稳定、独特且与从业者表现和成就密切相关的人格特征。这种人格特征不仅影响个体对职业的选择和兴趣，还直接关系到个体在职业中的表现和成功程度。

首先，职业人格是职业选择和兴趣的基础。具有某种职业人格特质的人，往往对与该特质相符合的职业产生浓厚兴趣，因此更容易被这些职业所吸引。例如，具有创造力和艺术天赋的人可能倾向于选择设计师、艺术家等创造性职业；而具备良好沟通能力和同理心的人可能更适合从事社会工作、心理咨询等需要与人密切互动的职业。

其次，职业人格影响个体在职业中的表现和成功程度。具备与职业要求相匹配的人格特质的从业者，在工作中往往能够更好地适应环境、应对挑战，从而取得更好的工作表现和更高的成就感。例如，具备责任心和耐心的人在医护行业中往往能够提供更优质的服务，赢得患者的信任和尊重；而具备创新精神和学习能力的人在科技、教育等领域中更容易取得突破和成就。

此外，职业人格也是职业发展和成长的关键因素。在长期的职业实践中，个体的人格特质会与职业要求相互作用，促进个体的职业成长和发展。通过不断学习和实践，个体可以逐渐完善自己的职业人格，提升职业能力和竞争力，更好地实现职业发展。

3.1.2　数智化对职业人格的影响

随着数智化的深入，职业人格将变得更加多样化、自主性增强，并且更注重适应性、创新性和责任感。员工需要在这种新的职场环境中，发展出更强的自我管理、学习能力、合作性和心理韧性，以应对不断变化的工作挑战。数智化对职业人格的影响如图 3-1 所示。

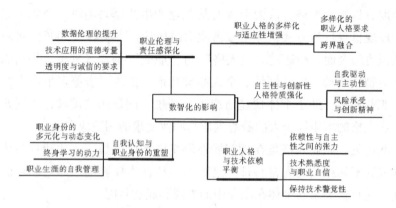

图 3-1　数智化对职业人格的影响

3.1.2.1　职业人格的多样化与适应性增强

（1）多样化的职业人格要求。随着数智化的推进，职场对个体的要求更加多样化。不同的技术和工作模式需要不同的职业人格。例如，自动化操作和数据分析的普及，要求员工具备更强的逻辑思维和技术操作能力，而在创新型工作中，创造力和开放性变得尤为重要。职业人格的多样化特征使得员工在职场中需要不断调整和发展，以适应不同的岗位需求。

（2）跨界融合。随着数智化促进了行业与行业之间、领域与领域之间的融合，职业人格也需要在多个专业领域中保持适应性。员工可能需要具备跨界思维和整合不同知识领域的能力，这不仅考验他们的学习能力，也要求他们在职业人格上保持开放和灵活。

3.1.2.2　自主性与创新性人格特质强化

（1）自我驱动与主动性。数智化工作环境下的工作常常要求员工具有更高的自主性和自我驱动能力。自动化工具和 AI 技术可以处理大量的重复性任务，这意味着，员工需要更多地参与到决策和创造性工作中，这就要求他们具有较强的主动性和创新性。

（2）风险承受与创新精神。在数智化环境中，创新成为企业生存和发展的关键。职业人格中创新性、冒险精神和对不确定性的容忍度将受到更大的重视。能够承受风险、勇于尝试新方法的员工将更适应数智化的职场环境。

3.1.2.3 职业人格与技术依赖平衡

（1）依赖性与自主性之间的张力。数智化带来的高效性和便利性使得员工对技术的依赖性增加，但同时也需要保持足够的自主性。例如，依赖 AI 辅助决策的同时，仍须具备独立思考和判断能力，以应对技术可能带来的偏差和错误。职业人格在这一背景下可能会表现出对技术的依赖性与自主性之间的微妙平衡。

（2）技术熟悉度与职业自信。掌握数智化工具和技术会增强员工的职业自信，但过度依赖技术可能削弱自主决策的能力。职业人格的健康发展需要在熟练运用技术与保持独立思考能力之间找到平衡点。

（3）保持技术警觉性。随着技术的不断发展，员工还需要培养对新技术的警觉性和批判性思维，以避免盲目依赖技术，防止技术滥用或技术错误对工作产生负面影响。

3.1.2.4 职业伦理与责任感深化

（1）数据伦理的提升。在数智化工作环境中，数据处理和分析成为常态，而如何使用和保护数据则是一个重要的伦理问题。职业人格中的伦理意识需要加强，特别是在面对数据隐私和安全问题时，员工需要具备高度的责任感和伦理标准。

（2）技术应用的道德考量。随着 AI 和自动化技术的广泛应用，如何在技术创新的同时保持对社会责任的关注成为职业人格的重要组成部分。员工需要在技术应用过程中考虑其对社会、环境和人类福祉的影响，确保技术使用的公平性和道德性。

（3）透明度与诚信的要求。数智化环境下的信息透明度提高了对员工职业人格中诚信和透明度的要求。员工需要在工作中保持透明，尤其是在数据处理和技术应用过程中，确保信息的准确性和真实性。

3.1.2.5 自我认知与职业身份重塑

（1）职业身份的多元化与动态变化。数智化打破了传统职业路径的单一性和稳定性，员工可能在职业生涯中多次转换角色和工作内容。这种变化要求职业人格具备多元化的自我认知和对职业身份的灵活定义，能够在不同的职业角色中找到自我价值和满足感。

（2）终身学习的动力。数智化推动了终身学习的必要性，职业人格中对学习的热情和持续发展的动力将成为未来职业成功的关键。员工需要不断更新自己的知识和技能，以适应职场的变化和发展。

（3）职业生涯的自我管理。在数智化环境中，职业生涯的管理不再仅仅依赖于企业的规划，员工需要具备强烈的自我管理意识，主动规划自己的职业发展路径，并在变化中坚定保持对职业目标的追求。

3.1.3 数字人格

3.1.3.1 数字人格的概念

数字人格（digital persona）这一概念最早由美国加州大学伯克利分校的心理学家约翰·苏勒（John Suler）在 20 世纪 90 年代提出。他认为，随着人们在网络和数字世界中的日益活跃，每个人都需要开发一个数字化的自我，即数字人格，以适应这种新的交流和社交方式。随着互联网和数字技术的快速发展，数字人格成为一个重要的研究领域。

我国学者虞青松（2020）、彭兰（2022）、兰天（2023）、曲铭艺（2023）等对数字人格开展了研究。首先，从法学的角度来看，数字人格被理解为个体在网络世界所具有的身份和资格，是主体信息化的一种表现，同时也是个人信息权利的有机结合和主体体现。这种理解强调了数字人格在保护个体在网络空间的权益和身份方面的重要性。

其次，有研究者将数字人格界定为以数字符号为载体的、代表虚拟空间的虚拟实践主体人格信息的集合。这种定义突出了数字人格在虚拟空间中的存在，它来源于现实但又不同于现实的人格，是人在虚拟空间的人格代表。

此外，还有研究者认为数字化人格是通过个人信息的收集和处理来勾画一个在网络空间的个人形象，这个形象是凭借数字化信息建立起来的。这种理解侧重于数字人格作为个体在网络空间中的形象展示和塑造。

综合这些定义，我们可以发现，数字人格是一个多维度的概念，它涉及个体在网络空间的身份、资格、权益、形象以及信息的集合。数字人格不仅是个体在现实世界的延伸，也是个体在虚拟空间中的独特存在。它是个体在网络活动中留下的痕迹，通过这些痕迹，可以构建出一个数字化的自我，这个自我可能更加了解自己，也可能因为受到技术、媒介等因素的影响而呈现出不同的面貌。数字人格是指个体在数字环境中表现出的独特心理特征和行为模式。其特点及影响因素如图3-2所示。

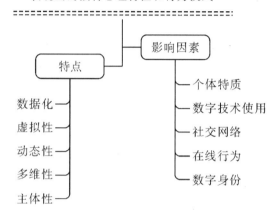

图3-2　数字人格的特点及影响因素

3.1.3.2　数字人格的产生

首先，数据资本主义的兴起使得销售模式从"我有什么"转变为"你需要什么"。在这一过程中，信用数据的收集变得至关重要，数据经纪、数据分析、数字挖掘等专业人员和机构开始形成强大的网络效应，他们通过各种方式收集个人信用数据，从而构建了一个庞大的数据库。基于这些信用数据，算法开始发挥作用。算法对个人先前的行为轨迹进行数字化描摹，并基于这些数据进行信用评级。这一过程实际上是利用算法对个人信用数据进行处理和分析，生成一个数字化的个人镜像，即数字人格。这个数字人格是一个量化数据配置文件，它反映了个人在社会活动中的可信任程度，进而用于判定其是否为潜在消费者。

其次，数字人格的产生源于个体在网络空间中的行为和互动，这些行为包括发布动态、参与讨论、进行交易等，它们留下的数据痕迹和信息构成了数字人格的基础。这些数据痕迹经过收集、存储和分析，通过算法和模型的加工处理，形成了能够代表个体在网络空间中身份和特征的数字人格。

此外，数字人格的形成受到网络环境和技术手段的影响。互联网的普及和数字化技术的不断发展，使得人们越来越多地依赖网络进行各种社会活动。这种数字化的生活方式为记录和分析个体的行为和互动提供了便利，进而促进了数字人格的形成和发展。

最后，数字人格的产生还与个体的自我表达和认同有关。在网络空间中，个体可以通过各种方式展示自己的形象、性格和价值观，这些展示的内容也是构成数字人格的重要组成部分。个体在网络上的自我表达和认同不仅反映了他们的现实人格特点，也在一定程度上塑造了他们的数字人格。

需要注意的是，数字人格并不是一成不变的，它具有动态性和可变性。随着个体在网络空间中的活动和行为不断增加和变化，数字人格也会相应地发展和变化。同时，个体也可以通过有意识地调整自己的网络行为，来塑造或改变自己的数字人格。

3.1.3.3　数字人格的特点

（1）虚拟性。数字人格是个体在网络空间中的虚拟形象与特质，它并非完全独立于现实人格，但也不是现实人格的完全复制。数字人格是个体在网络世界中的另一种存在方式，具有虚拟性。

（2）数据化。数字人格是由个体在网络上的行为、互动和表达所构成的数据集合。这些数据包括但不限于网络行为记录、浏览历史、消费习惯、社交关系等，它们被收集、存储和分析后，形成了能够代表个体在网络空间中身份和特征的数字人格。

（3）动态性。数字人格具有动态性和可变性。随着个体在网络空间中的活动和行为不断增加和变化，数字人格也会相应地发展和变化。个体可以通过有意识地调整自己的网络行为，来塑造或改变自己的数字人格。

（4）多维性。数字人格是个体在网络世界中多维度的展现，它不仅包括个体的基本信息和身份标识，还涵盖了个体的兴趣爱好、价值观、社交关系等多个方面。这些不同的维度共同构成了数字人格的丰富内涵。

（5）主体性。尽管数字人格是由数据和算法所构成的虚拟形象，但它仍然体现了个体的主体性和自我表达。个体在网络空间中的行为和互动是他们自主选择的结果，这些选择和表达构成了数字人格的重要组成部分。

综上，数字人格具有虚拟性、数据化、动态性、多维性和主体性等特点。这些特点使得数字人格成为个体在网络世界中的重要标识和存在方式。需要注意的是，数字人格的特点可能还受到网络环境和技术手段的影响。随着互联网的普及和数字化技术的不断发展，数字人格的形成和发展也会面临新的挑战和机遇。

3.1.3.4 数字人格与职业人格的关联性

虚拟世界与现实职业的映射关系。数字人格作为个体在虚拟世界中的表现，往往能够反映出其在现实职业中的某些特质。例如，一个在工作中认真负责、善于沟通的人，在网络空间中可能也会展现出相似的特点，如积极参与讨论、乐于分享知识等。这种映射关系表明，数字人格与职业人格之间存在一定的重叠和交互性。

数字技能对职业发展的影响。随着数字化技术的普及和发展，许多职业对个体的数字素养和技能提出了更高的要求。具备良好数字人格的个体通常拥有较强的信息获取、处理和创新能力，这些能力对于现代职业发展至关重要。因此，数字人格在一定程度上可以预测个体在职业发展中的潜力和竞争力。

网络行为与职业形象的塑造。个体在网络空间中的行为表现会对其职业形象产生直接或间接的影响。正面的网络行为如积极参与行业讨论、分享专业知识等，有助于提升个体的职业声誉和影响力；而负面的网络行为如发布不当言论、传播虚假信息等，则可能损害个体的职业形象和信誉。因此，数字人格对于个体职业形象的塑造具有重要作用。

职业需求对数字人格的塑造作用。不同职业对个体的数字人格需求存在差异。例如，市场营销人员需要具备敏锐的数字洞察力和创新思维，以便更好地把握市场动态和客户需求；技术研发人员则需要具备扎实的编程能力和问题解决能力。这些职业需求会引导个体在数字世界中形成相应的数字人格特质和行为模式。

然而，我们也需要注意到数字人格与职业人格之间的差异。数字人格更多地体现在虚拟环境中的互动和表现，而职业人格则更多地关注个体在职业活动中的实际表现。因此，我们不能简单地将数字人格等同于职业人格，也不能仅通过数字人格来完全判断一个人的职业能力和发展潜力。

数字人格与职业人格之间存在一定的关联，但并非完全等同。两者之间的交互影响为我们理解个体在数字时代的职业发展和适应提供了新的视角。因此，我们需要进一步探讨数字人格与职业人格之间的具体关系，以及如何通过培养和发展数字人格来提升个体的职业竞争力。

3.2　大五人格测评

3.2.1　大五人格测评对人格的分类

大五人格测评主要经历了以下四个阶段的发展，最终成为如今我们常用的人格测评工具。

（1）词汇研究。大五人格理论的基础源于对人格特质词汇的研究。奥尔波特率先开始了这项工作，他让助手精确地数出了在英语词典中有多少个描述人格差异的词汇，结果是 17 953 个。之后他又从中挑选出 4 500 个，但这显然还是太多。后来卡特尔从这 4 500 个词中选出了他认为特别重要的 35 个词，并对它们进行了因素分析。

（2）人格特质的发现。1949 年，菲斯克从卡特尔的词汇表中选出了 22 个词用于分析，他对比了在这些特质上自我评定和同伴评定、心理咨询师的评定之间的关系。他的分析发现有五个因素总是最先出现在列表上，这就是后来的大五人格因素。这五个因素包括神经质、外倾性、开放性、宜人性和尽责性。

（3）人格模型的提出。在 20 世纪 80 年代，人格研究者们在人格描述模式上达成了比较一致的共识，提出了人格五因素模式，被称为"大五人格"。这一模型认为，人格特质可以由五个独立的维度来描述，这五个维度就是后来被称为"大五"的开放性、尽责性、宜人性、外倾性和情绪稳定性。

（4）人格模型的验证与发展。大五人格模型提出后，经过多年的研究验证，被许多研究所证实和支持，也被众多的心理学家认为是人格结构的最好范型。科斯塔等（Costa，1985）根据对 16PF 的因素分析和自己的理论构想编制了测验五因素的 NEO-P1 人格量表（NEO-PI Five-Factor Inventory）。该量表包括 300 个项目，被试在五点量表（从完全同意到完全不同意）上指出每个句子表示他们自身特点的程度。此外，大五人格模型的早期倡导者之一迪格曼（Digman，1997）率先对大五人格结构模型提出修正，他对已有研究中五因素的相关矩阵数据进行元分析后发现，存在两个更稳定的高阶人格因素，迪格曼将其命名为阿尔法（Alpha）和贝塔（Beta）。宜人性、尽责性和情绪稳定性属于阿尔法因素，开放性和外倾性属于贝塔因素。

大五人格理论为我们提供了一个全面而简洁的框架来理解和描述个体差异，同时也为心理学研究和实践提供了重要的指导。通过对这五大特质的研究，我们可以更深入地了解个体的性格特点和行为倾向，从而为其提供更加个性化的心理支持和帮助。五种人格包括神经质（N）、外倾性（E）、开放性（O），宜人性（A）以及尽责性（C）。

3.2.1.1 神经质

神经质是指个体在面对压力、挫折和不确定性时，表现出的情绪不稳定和易焦虑的特质。高神经质的个体往往更容易感到紧张、担忧和沮丧，而低神经质的个体则相对更加冷静、稳定和乐观。这种特质对个体的心理健康和应对压力的能力有重要影响。

3.2.1.2 外倾性

外倾性是指个体在社交互动中表现出的热情、活力、自信和寻求刺激的倾向。高外倾性的个体通常喜欢与他人交往、喜欢参加社交活动、善于表达情感，而低外倾性的个体则更倾向于独处、安静和内省。这种特质对个体的社交能力、人际关系和心理健康都有重要影响。

3.2.1.3 开放性

开放性是指个体对新奇事物、艺术、文化和经验的接受程度和好奇心。高开放性的个体往往更加富有想象力、创造力和好奇心，喜欢尝试新事物，而低开放性的个体则更加保守、传统和务实。这种特质对个体的创造力、学习和适应能力有重要影响。

3.2.1.4　宜人性

宜人性是指个体在社交互动中表现出的友善、合作和关心他人的倾向。高宜人性的个体通常更容易与他人建立亲密关系、更善于合作和分享；而低宜人性的个体则可能更加自私、冷漠和攻击性。这种特质对个体的人际关系、社会支持和心理健康都有重要影响。

3.2.1.5　尽责性

尽责性是指个体在工作、学习和生活中表现出的责任感、勤奋和自律的倾向。高尽责性的个体通常更加自律、有条理、认真负责；而低尽责性的个体则可能更加懒散、不负责任。这种特质对个体的学业成绩、职业发展和人际关系都有重要影响。

3.2.2　大五人格测评量表

大五人格测评时，对测评对象的职业、年龄、性别、文化等方面均无限制，测评量表有三种版本。

3.2.2.1　NEO-PI 量表

这是最早的大五人格测评量表之一，由科斯塔（Costa）和麦克雷（McCrae）编制。它包括 300 个项目，用于评估个体在五个维度上的特质水平。NEO-PI 的特点是全面而详细，能够提供深入的人格特质信息。然而，由于其项目较多，施测时间较长，可能不太适用于一些需要快速评估的场合。

3.2.2.2　NEO-FFI 量表

这是 NEO-PI 的简化版，包括 60 个项目，旨在更快速、简洁地评估大五人格特质。NEO-FFI 的特点是施测时间短，适用于大规模样本或需要快速筛选的场合。然而，由于其项目较少，可能无法提供像 NEO-PI 那样详细的信息。

3.2.2.3　NEO-PI-R 量化

这是 NEO-PI 的修订版，对原始量表进行了更新和改进。NEO-PI-R 包括 240 个项目，与 NEO-PI 相比，它在保持全面性的同时，更加注重量表的信效度和跨文化适用性。NEO-PI-R 的特点是结构严谨、信效度高，适用于各种研究和应用场合。

大五人格测评量表

3.2.3 大五人格测评计分方法

通过大五人格测试的五种性格因素的结果，客观分析人们在行为、动机、态度和期望方面的个性差异和特长特点，尤其是工作场合的表现与合作。量表计分方式采取 Likert 五点尺度评级标准，分数从"1"到"5"，每个分类里均有正向计分与反向计分的题项，其计分细则不同，具体如表 3-1 所示。

表 3-1 计分细则

选项	非常不符合	不符合	不确定	符合	非常符合
正向计分	1	2	3	4	5
反向计分	5	4	3	2	1

表 3-2 是 NEO-FFI 量表（60 个题项）的计分详表。

表 3-2 各项目的计分方法

分类		题项
神经质	正向计分	6、11、21、26、36、41、51、56
	反向计分	1、16、31、46
外向性	正向计分	2、7、17、22、32、37、47、52
	反向计分	12、27、42、57
开放性	正向计分	3、8、13、38、43、53、58
	反向计分	18、23、28、33、48
宜人性	正向计分	4、29、34、49
	反向计分	9、14、19、24、39、44、54、59
尽责性	正向计分	5、10、20、25、35、40、50、60
	反向计分	15、30、45、55

每一种人格分类均有六个子维度，共 30 个性格要素，测评分为低分、中分、高分。低于中间值的最小值为低分，介于 1~3 分；处于中间值为中分，

介于 4~6 分；高于中间值的最大值为高分，介于 7~10 分。

3.2.4　大五人格测评结果应用

3.2.4.1　大五人格测评的应用场景

大五人格测评可以用于职业发展、团队建设、自我提升、心理健康管理等方面。

（1）职业发展。当个人在寻求职业发展或改变职业道路时，可能会考虑进行大五人格测评。这种测评可以帮助他们了解自己的个性特点、优势和弱点，从而更好地选择适合自己的职业方向。

（2）团队建设。在组建团队或改善团队沟通与合作时，团队领导者或人力资源部门可能会考虑进行大五人格测评。通过了解团队成员的个性特点，可以更好地分配任务、解决冲突并提升团队整体效能。

（3）自我提升。个人在寻求自我提升和成长的过程中，可能会进行大五人格测评。通过了解自己的个性特点，他们可以发现自己在某些方面的不足，并制订相应的发展与改善计划。

（4）心理健康管理。研究表明，大五人格中的某些维度（如宜人性、神经质）与心理健康状况存在显著关联。这意味着通过大五人格测评，可以识别出需要在情绪调节能力上加强的个体，并为他们提供相应的辅导，帮助他们更好地管理自己的情绪，从而提高生活满意度和心理健康水平。

（5）社交活动。大五人格测评结果可以帮助个体了解自己在社交活动中的行为模式和互动方式，提高社交技巧；用于社交场合，帮助个体根据不同性格特点的个体制定合适的交流策略。

3.2.4.2　大五人格测评应用的一些新进展

随着技术的发展，大五人格测评的应用方式也在不断创新。例如，基于面部行为分析的自动人格识别技术、AI 预测大五人格特质以及图像基的人格评估方法等，这些新兴技术的应用不仅提高了测评的效率和便捷性，也为大五人格测评的未来发展开辟了新的方向。

最近的研究还尝试通过分析脑电信号来预测人格特质。这项研究利用 EEG 记录和自我报告的大五人格值，提取了一些时间和频率域特征，并用它们来预测人格特质。

研究表明，大五人格中的神经质、开放性、宜人性和尽责性等维度与高中生的学业成绩存在显著相关性。层次回归分析显示，人格特质比智力对学业成绩具有更强的预测力。在高校，大五人格特质被用来评估学生对教师和课程的评价，研究发现，外倾性、开放性、宜人性和尽责性是学生偏好的教师人格特质，而神经质不是。

3.2.4.3 测评结果应用

人格没有优劣之分，不同的人格可以胜任不同的职位，不要将测验结果当作被测试者的永久"标签"。我们要以整体的观点看待测评结果，每种因素分数高低的意义及重要性，有赖于其他各因素分数的高低，或全体因素的组合方式。所以，在评价各个因素分数的高低时，应参考其他方面的行为和生活状况，不应仅仅根据测验的结果武断地评价自己的人格。

五种人格的高分与低分特征如表3-3所示。

表3-3　五种人格的高分与低分特征

分类	低分特征	高分特征
神经质	情绪稳定，不易受到负面情绪的影响，通常表现出冷静、乐观和自信的态度，能够较好地应对压力和挑战	情绪不稳定，容易感到焦虑、沮丧、愤怒等负面情绪，对压力和挫折的容忍度较低，常常感到不安和不满
外倾性	内向安静，倾向于独处或与亲密的人交往，对社交活动不太感兴趣，更喜欢安静和内省	热情洋溢，喜欢社交活动，寻求刺激和新鲜感，善于表达情感和想法，富有活力
开放性	保守、传统和务实，对新事物持谨慎态度，更注重稳定和可靠性，对艺术和文化的兴趣较低	富有想象力、创造力和好奇心，喜欢尝试新事物，对艺术和文化有浓厚兴趣，思想开放、接受多元观点
宜人性	自私、冷漠、竞争性强，不太关心他人的感受和需求，更容易表现出攻击性和敌意	友善、合作、关心他人，容易与他人建立亲密关系，富有同情心，善解人意
尽责性	随性散漫，不太注重计划和组织，容易拖延和懒散，对责任和成就感的追求较低	自律性强，注重细节和组织规划，有责任心和坚持不懈的精神，追求目标和成就感

案例 李毅大五人格测评结果

李毅，男，32岁，从事的是科技研发方面的工作，具有5年左右的工作经验。最近一段时间，他总感觉有哪里不对劲，觉得应该提升自我，但他又感觉工作中的问题都能解决，于是，公司的心理顾问建议他做一个大五人格测评。他的性格要素得分如图3-3所示。

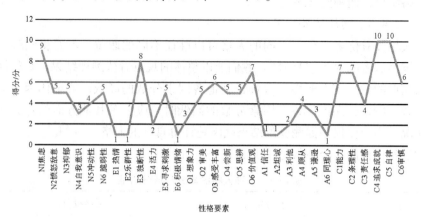

图3-3 李毅的性格要素得分

从图3-4中可以看出，有11个要素处于低分，兴奋性的得分最低，7个要素处于高分，其他的12个要素处于中分范围内。基于得分的解释如表3-4所示。

表3-4 李毅的30个性格要素基于得分的解释

性格因素	得分	基于得分的解释
N1焦虑	9	日常生活中，或许会频繁地感受到强烈的疑虑与恐惧，对于周遭事物容易表现出过度的担忧、紧张和敏感；尤其是当近期遭遇不如意的事件时，这种焦虑状态可能会暂时加剧
N2愤怒敌意	5	通常情况下，情绪维持在一个相对稳定的状态，不会轻易陷入愤怒或发火的情绪中。然而，当遭受到不公平的对待时，情绪可能会出现较大的波动

表 3-4（续）

性格因素	得分	基于得分的解释
N3 抑郁	5	在一定程度上能够保持内心平和，不容易感到悲伤；但遭遇较大挫折时会很快变得郁闷、沮丧
N4 自我意识	3	平时较少被一些难堪的社会情景所扰乱，在社交场合镇定、自信，不容易感到紧张、害羞
N5 冲动性	4	自我控制力较强，面对食物、金钱等诱惑有较好的自我约束，对挫折有较高的容忍力
N6 脆弱性	5	通常情况在压力下较为平静，有一定的适应力；但是遇到紧急情况时易惊慌失措，变得依赖
E1 热情	1	不易与别人形成亲密的关系，很少会向周围的人表达积极友好的情绪；表现出正式、沉默、在行为举止上冷淡
E2 乐群性	1	对任务或客观事物的关注程度要高于对人的关注程度，情绪内敛，内心不喜欢与人交往，倾向于独立工作，对事不对人，不轻易放弃己见，为人和工作的标准通常很高，严谨而不将就
E3 独断性	8	有支配性、有说服力，说话毫不犹豫，热衷于影响别人的行为，愿意成为群体的领导
E4 活力	2	往往生活和工作中节奏较慢，悠闲缓慢且从容不迫
E5 寻求刺激	5	既不过于渴望得到兴奋和刺激，也不会表现对兴奋没有什么需要，在面对刺激时，能够适当保留自己的情绪
E6 积极情绪	1	不容易感受到各种积极的情绪，不容易兴奋起来，往往表现得不热情、平静、严肃
O1 想象力	3	现实且实干，生活往往单调乏味，喜欢把注意力放在手头的任务上，要更加关注这个有趣、丰富的世界
O2 审美	5	具备一定的对艺术和美的理解和欣赏能力

表 3-4（续）

性格因素	得分	基于得分的解释
O3 感受丰富	6	能够在不同情境下感受到自身情绪与内心世界，区分不同的情绪状态，偶尔可能不愿意坦率表达自身的情感
O4 尝新	5	整体上对于新的事物有一定的接纳度，愿意尝试新的事物，体验不同的经历，但往往更喜欢熟悉的环境与人
O5 思辨	5	精力往往放在有限的几个主题，但具有一定的求知欲，对于非常规以及新的观点有一定的接受度
O6 价值观	7	挑战权威、常规和传统观念，会对那些打破现存法律的人产生同情
A1 信任	1	心态谨慎、悲观、猜忌，对他人的动机存疑，认为他人不诚实
A2 坦诚	1	与人交往过程中防卫心理较重，往往会掩饰自己，具有精明的、机敏的特点
A3 利他	2	更多地以自我中心，性情较为冷酷，不愿意卷入别人的麻烦中去
A4 顺从	4	平时往往能够展现出对他人的尊重与服从，克制攻击性；但有时遇到必要的情况也具有攻击性，更喜欢竞争而不是合作
A5 谦逊	3	往往比较自负与傲慢，处事较为粗暴
A6 同理心	1	同理心较弱，对别人的痛苦缺乏强烈的感受，很少为恳求所打动而产生怜悯之感；在进行判断和决策时，往往会在理性逻辑推理的基础上做出冷静的决策
C1 能力	7	有一定的才能且比较聪明，做事较为高效，能够一丝不苟地完成任务
C2 条理性	7	具备较好的条理性，能够制订计划，并按规则办事；但偶尔也会冲动、粗心

表 3-4（续）

性格因素	得分	基于得分的解释
C3 责任感	4	对规矩和条例敬畏不够，往往做事漫不经心，并且懒散，不够专心
C4 追求成就	10	有较强的个人抱负，能够努力工作以实现目标，具有生活目标与方向感
C5 自律	10	有较强的自我约束能力，能够克制内心的一些冲动和想法
C6 审慎	6	通常能够三思而后行，做事较为谨慎，具有一定的逻辑性

从表 3-4 可以看出，李毅在 C 尽责性这个分类得分最高，说明其对于自身的控制、管理和调节自身冲动的能力较好。而在外向性（E）与宜人性（A）的解释中，可以发现他对自己的能力比较自信，不喜欢主动与人打交道并且对他人的动机与行为心存疑虑。E3 与 A5、A6 的得分更是相互印证了其更加热衷于影响别人的行为，而非被他人影响。

进一步分析发现，李毅从事的是科技研发方面的工作，具有 5 年左右的工作经验，从工作性质上来说，他已习惯了独立从事工作，并且其能力能够独立支撑一项新的工作。神经质（N）的得分，虽然体现了其对工作的开展也存在焦虑，但是同样也体现了他内心不易受外界影响的特点。然而，他的独立有时也会成为阻碍其进步的绊脚石，开放性（O）的分数更加进一步证明，由于其不愿与他人打交道与合作，其尝新与思辨的水平都不高，对于科研这样一个需要想象力与尝新的行业，这可能阻碍其职业发展。

测评建议：李毅应当在保持独立思考与对外交流中找到平衡点，尽量能够在保持自身目标或追求的基础上，通过与人合作进一步实现利他与利己的有机结合，这样能够有益于其自身对新事物的理解与接纳。李毅可以在以下方面有所改善：要相信世界大部分人是诚实、可信的；注意与家人、与朋友交往时更坦率、真诚；尽量温和处事。李毅可以尝试学习沟通技能，读一些能提升人文素养的书籍，如名人传记，建立同理心。

3.3　DISC 职业性格测评

3.3.1　DISC 职业性格测评对人格的分类

20 世纪 20 年代，美国心理学家威廉·莫尔顿·马斯顿开始研究人的情绪反应，并提出了 DISC 理论。他通过观察人们的行为和语言，发现了四种基本的性格类型，即支配型（D）、影响型（I）、稳健型（S）和服从型（C，后演变为谨慎型）。这四种类型代表了不同的行为风格和沟通方式。

随着心理学和行为科学的发展，DISC 理论逐渐受到关注并得到广泛应用。许多企业和组织开始运用 DISC 性格测试来了解员工的性格特点，以便更好地进行人员选拔、团队建设和领导力发展。在这个阶段，DISC 理论逐渐被开发成为 DISC 测评工具，用于评估个人的性格特征和行为倾向。

DISC 职业性格测评是一种流行的性格分类工具，它根据个人的行为特征将人格分为四类，如图 3-4 所示。

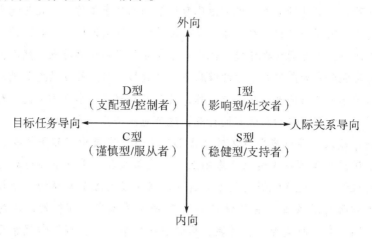

图 3-4　DISC 的四象限分类

D 型（支配型/控制者）：这种类型的人通常以目标为导向，具有强烈的领导欲望和决断力。他们自信、果断，喜欢掌控局面，追求权力和成功。

I 型（影响型/社交者）：这种类型的人以人际关系为导向，富有感染力，喜欢与人交往并影响他人。他们通常具有很高的社交技巧，善于在人群中表达自己的观点。

S 型（稳健型/支持者）：这种类型的人喜欢遵循既定的规则和程序。他们通常是很好的倾听者，注重细节和品质，具有很强的耐心和责任心。

C 型（谨慎型/服从者）：这种类型的人以事实和逻辑为基础，善于分析和解决问题。他们通常比较理性、客观，对事情有深入的思考和研究。

3.3.2　DISC 职业性格测评量表及计分方法

DISC 职业性格测评量表共有 40 个题项，每个题项有 4 个选项，分别计入 D、I、S、C 四种类型中，需要在每个题项中的四个选项中选择一个最符合自己的描述。对选中项计 1 分，其余为 0 分。最终将 D、I、S、C 的分数分别相加，得到每个类型的得分。

DISC 职业性格
测评量表

3.3.3　DISC 职业性格测评结果应用

3.3.3.1　DISC 职业性格测评的应用场景

DISC 职业性格测评主要可以应用于员工招聘、团队建设、领导力发展、个人职业规划、冲突管理与沟通改善、制订个性化的培训计划等。

（1）员工招聘。在人员招聘时，可以利用 DISC 性格测评来了解应聘者的性格类型，从而更全面地了解他们的行为方式、沟通风格以及潜在的工作表现。这种深入的了解有助于组织精准地匹配应聘者的性格与特定职位的需求，从而找到最适合的人选。

（2）团队建设：团队领导者可以利用 DISC 测评工具深入探索团队成员的性格特质和行为倾向，精准地识别不同成员的优势与短板，进而优化团队的人员配置,有助于减少内部摩擦,提升成员间的互补性,减少内耗,实现团队协作效率的提升。

(3)领导力发展。DISC性格测评可以帮助领导者识别自己的性格类型以及潜在的优点和缺点。通过这种了解,领导者可以调整自己的领导风格,以更有效地与团队成员沟通和协作。此外,这种测评工具还可以用于领导力培训和发展计划,帮助领导者提升自我认知和领导能力。

(4)个人职业规划。对于个体而言,DISC性格测评可以帮助他们更好地了解自己的性格类型、行为风格和职业兴趣。这种自我认知有助于个人做出更明智的职业选择,制定更符合自己性格特点和兴趣爱好的职业规划。

(5)冲突管理与沟通改善。在人际关系中,不同性格类型的人可能会因为沟通风格和行为习惯的不同而产生冲突。DISC性格测评可以帮助人们更好地了解自己和他人的性格类型,团队成员可以更深入地了解彼此的差异,从而减少误解和冲突,改善人际关系,增强团队凝聚力。

(6)制订个性化的培训计划。首先,通过DISC测评可以对员工进行分类,了解他们的行为倾向和工作风格。其次,针对不同DISC类型设计培训内容:对于D型,可以设计更多关于决策制定、团队激励和领导力发展的培训课程;对于I型,应提供更多关于人际交往、沟通技巧和团队协作的培训;对于S型,可以安排一些关于细节处理、风险管理和质量控制的课程;对于C型,应提供系统性的流程优化、标准操作程序等相关培训。

3.3.3.2　DISC职业性格测评结果应用

D、I、S、C四个维度中,得分超过10分被称为显性因子,可以作为性格测评的判断依据;低于10分被称为隐性因子,对性格测评没有实际指导意义,可以忽略。如果有两个维度及以上得分超过10,说明同时具备那两项或多项特征。具体特质如表3-5至表3-8所示。

表 3-5　D 型性格的特质

高 D	中 D	低 D
直接、有压迫感、果断	好胜、有自信、不摆架子	小心、温和、谦虚
工作方面	务实，追求效率，目光长远，执行能力强，遇到问题从来不拖泥带水，而是果断解决、行动迅速，不害怕质疑；有时过于注重结果，而不够关注细节。控制欲望强烈，喜欢支配他人，能带领团队进步，有时会招致同事反感	
人际关系方面	喜欢替别人拿主意，有时能帮助别人，有时也会让人有压迫感；目标感强烈，只关注别人是否有利用价值，从来不考虑自己是否会对别人造成伤害	
情感方面	坚定果断，控制欲望强，做事充满动力，独立自主，充满信心；有时不够关注他人的感受，霸道，缺乏耐心；做事直来直去，不会拍马屁，对情感迟钝，不同情弱者	

表 3-6　I 型性格的特质

高 I	中 I	低 I
精力充沛、自我促销、容易交往	稳若泰山、有自信、深思熟虑	自制、悲观、退缩
工作方面	热情的推动者和组织者，有很多新奇的主意，动手能力强，能调动他人和自己一起做事的激情，能积极投入工作；容易被情绪左右，一会儿想做这个，一会儿又想做那个，不能持之以恒，遇到挫折时也容易灰心丧气，做事不够完整和彻底，容易受影响，借口多；喜欢和谐友好的工作环境，害怕被拒绝	
人际关系方面	喜欢社交，善于交友，朋友众多，能关心和体贴朋友，经常被朋友夸耀，喜欢当人群当中的焦点，引导别人谈论某件事或某个话题，常常不能仔细理解别人，健忘多变	
情感方面	情感丰富，性格十分活泼，能言善辩，爱讲故事，充满幽默感，能抓住听众的心，是人群当中的焦点人物；是表演能力突出的人，天真烂漫，充满热情，喜欢送礼和接受礼物，注重人际交往；容易情绪化，喜欢夸大，有时也说空话；同时也容易生气，喜欢抱怨，大吵大闹，不够成熟	

表 3-7 S 型性格的特质

高 S	中 S	低 S
有耐心、立场超然、合作	冷静、通融、步调快、动作快	停不下来、性急、即兴、紧张
工作方面	能够有条不紊地管理事务，高效地完成工作，并保持持久的动力；倾向于采取中庸之道，平和可亲，一方面习惯于避免冲突，另一方面也能处变不惊；然而，又似乎总是表现得有些迟缓，不易被激励，有时显得懒惰、马虎，容易满足现状。由于害怕承担风险和责任，他们宁愿选择旁观，而不是积极参与。在很多情况下，可能缺乏明确的想法，选择不说出自己的意见，或者选择折中处理	
人际关系方面	易于相处，观察能力突出，会仔细琢磨问题，也善于倾听他人意见；然而他们总是不以为意，有时缺乏同理心，会嘲讽别人	
情感方面	性格温和，悠闲平和，做事充满耐心，情感内敛，待人和蔼，乐于倾听，做事冷静，随遇而安；做事缺乏热情，不思进取，经常不愿意做出改变	

表 3-8 C 型性格的特质

高 C	中 C	低 C
精准、尽忠职守、自制	重分析、逃避、固执	武断、反抗心、不圆滑
工作方面	是一个完美主义者，高标准，做事计划性、目的性强，讲究条理，整洁，能够发现问题并提出解决问题的办法，喜欢图表和清单，坚持己见，善始善终；也可能犹豫不决、不够果断，一味去收集信息和分析，不会立即投入实际工作；容易自我否定，因此需要别人的认同，同时对别人要求很高，无法容忍别人不能完成工作	
人际关系方面	致力于寻找志同道合的人，交友谨慎；能够关心别人，倾听别人的烦恼和抱怨，帮助别人解决困难；但缺乏安全感，情感相对内向，会怀疑和批评别人，不喜欢被质疑和批评	
情感方面	人性格深沉，严谨认真，目的性强，分析能力突出，懂得积极思考人生和工作，充满理想主义，他们容易记住一些不好的东西，从而情绪受影响变得低落，过分自我反省，自我贬低，离群索居	

📨 案例　张琳琳的 DISC 职业性格测评

张琳琳，女，目前在市场营销部工作，尽管近几年她每年都能完成任务，但用她自己的话来说，她是越来越不喜欢现在的工作了。刚进公司时，她的本意是想做行政管理方面的工作，但是由于公司的市场营销部严重缺人，经不住人力资源部的反复说服，她到了市场营销部工作。她一度考虑辞职，但又找不到更明确的理由，自己也陷入一种矛盾中。一个偶然的机会，她见到了正在做人力资源管理的高中同窗好友，向她述说了自己的烦恼，于是好友建议她做一个 DISC 测评，看一下她到底适不适合做现在的工作。

张琳琳的测试结果如图 3-5 所示。

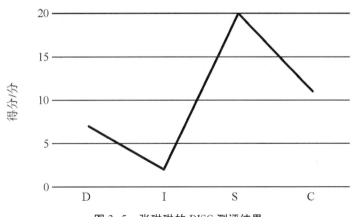

图 3-5　张琳琳的 DISC 测评结果

从测评结果看，I 的得分最低，只有 2 分，其次是 D，为 7 分；S 的得分最高，为 20 分，另一个显性因子是 C，有 11 分。

1. 测评结论

S 得分最高：这表明张琳琳性格中稳健型特征最为明显。她可能是一个耐心、细心、注重细节的人，善于处理琐碎的事务，并能够保持稳定的情绪和冷静的头脑。在工作中，她可能更倾向于稳步前进，不喜欢冒险和突然的变化。

C 得分较高：这说明张琳琳比较注重规则、秩序和流程，并愿意遵守既定的规范。她可能是一个比较谨慎的人，对新事物或新环境的适应可能需要一些时间。在工作中，她可能更注重准确性和稳定性，而不是速度和创新。

D 得分一般：这表明张琳琳在某些情况下可能会展现出一定的领导才能和决断力。虽然支配型特征不是她性格中的主导因素，但在需要的时候，还是能够迅速做出决策并采取行动。

I 得分较低：这意味着张琳琳可能不是一个特别善于沟通和表达自己的人。相比之下，可能更倾向于独立思考和行动，而不是寻求他人的意见或合作。不过，这并不意味着她缺乏社交能力或人际关系的处理能力，只是可能需要在这方面付出更多的努力。

综合来看，张琳琳是一个稳定、合作、谨慎且相对内向的人。在团队中可能是那个可靠、稳定的支持者，擅长在保持事物有序和连续性方面发挥作用。可能更适合那些需要细致、持续关注和稳定性的工作环境。在团队中，可能是一个调解者，能够帮助平衡不同的意见，维护团队的和谐。不过，她可能需要在表达自己的想法和需要以及在变化迅速的环境中适应方面挑战自己。

2. 适合与不适合的工作

（1）张琳琳适合的工作。

行政支持与后勤管理：这类工作需要高度的组织能力、注意细节以及对稳定性的重视，与其稳定和谨慎的性格特征相匹配。

会计或财务分析师：需要精确、细致地处理数字和数据分析，以及遵循严格的规则和程序，这些都是她可能擅长和感兴趣的领域。

项目管理：特别是那些需要细致规划和持续监控的长期项目，她的稳定性和对细节的关注可以帮助团队保持进度和质量。

技术支持或 IT 服务：这类工作不仅需要技术知识，还需要耐心和解决问题的能力，以帮助客户或团队成员解决技术难题。

咨询或辅导：尽管 I 得分不高，但她的稳定性和谨慎性可能使她成为一个很好的倾听者和问题解决者，特别是在需要稳定性和细心关怀的领域，如教育或心理咨询。

（2）张琳琳不那么适合的工作。

销售和市场推广：这些领域通常需要高度的社交能力和外向性，以及强烈的竞争意识和高风险容忍度，可能与她的性格不太契合。

高风险投资和交易：这类工作需要快速决策和高度的风险容忍，可能与她谨慎和稳定的倾向相冲突。

公共演讲和表演艺术：如果工作大部分时间需要在公众面前表现，可能不太适合倾向于内向和较少寻求聚光灯的她。

3. 张琳琳继续留在市场部的应对策略

（1）强化团队合作。

她的稳定性和合作性意味着可以在团队中扮演调和者的角色，帮助解决冲突，促进团队成员间的和谐合作。在团队项目中，她积极参与，用稳定性来平衡团队中的动态变化，确保项目按计划稳步推进。

（2）利用谨慎性做决策支持。

她的谨慎性和对细节的关注使其能够在市场分析和竞争对手分析中发挥作用。利用这一点可以帮助团队做出更加信息充分和经过深思熟虑的决策。在制定营销策略时，她可以通过深入的数据分析和市场研究，为创新的营销方案提供支撑。

（3）发挥稳定性和耐心。

在管理客户关系时，她的稳定性和耐心可以帮助建立长期稳定的客户关系，提高客户满意度和忠诚度。在面对长期项目或需要细致管理的任务时，她可以利用耐心和细致来确保项目的质量。

（4）提高变化适应能力。

市场营销是一个快速变化的领域，尽管她可能偏好稳定和可预测性，但尝试逐渐适应和接受变化可以为职业生涯带来更多机会。同时，她可以通过参加培训、研讨会等方式，提升自己在数字营销、市场趋势分析等领域的知识和技能，这些都是市场营销中重要的趋势。

（5）挖掘内向的力量。

虽然市场营销看似偏好外向个性者，但内向者在倾听、深度思考和集中精力上有独到的优势。内向者在需要策略思考和深入分析的任务中，可以大放异彩。

3.4 卡特尔 16PF 性格测评

3.4.1 卡特尔 16PF 性格测评的人格分类

卡特尔 16PF 人格测试（Catell 16 personality factor test）是由美国心理学家雷蒙德·B. 卡特尔（Raymond B. Cattell）编制的用于人格测试的工具，是世界范围内非常具有权威的个性测验方法，被广泛应用在心理临床领域。在人力资源管理实战中，有很多公司采用卡特尔 16PF 测试作为人才测评的工具。

3.4.1.1 卡塔尔的人格结构

卡特尔认为，特质是构建人格结构的基本成分，就像门捷列夫的化学元素构成宇宙万物一样；因此，特质的概念是卡特尔理论中最重要的内容。他一生的主要工作就是通过因素分析的研究寻找这些人格特质。通过研究，他找到许多人格特质，这些特质可以从不同的角度进行分类，如图 3-6 所示。

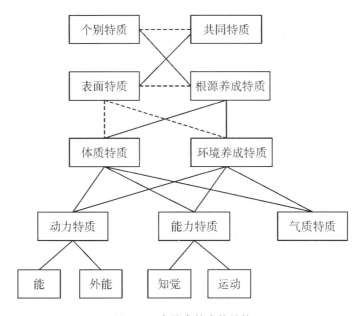

图 3-6　卡特卡的人格结构

（1）个别特质与共同特质。共同特质是指人类社会群体成员所共同具有的特质；个别特质指某个人具有的特质。虽然社会成员都具有某些共同的特质，但这些特质在个别人身上的强度和情况并不相同，而且这些特质的强度在同一个人身上也随时间不同而各异。

（2）表面特质与根源特质。表面特质指的是从外部行为中可以直接观察到的特质；根源特质是制约表面特质的一种潜在基础，是构成人格的基本特质，也是构成人格的最重要的部分，控制人格所有的惯常行为。

表面特质是根源特质的表现，根源特质是表面特质的原因；每一种表面特质来自一种或几种根源特质，而一种根源特质可以影响多种表面特质；每一个人所具有的根源特质是相同的，但在个人身上的表现程度是不同的。例如，有人在人多的场合说话时语无伦次、脸红，这是表面特质，原因即是由于他人格中有焦虑的根源特质。

（3）体质性特质和环境养成特质。体质性特质是由内部的生理状态或遗传因素决定的；环境养成特质则是由于环境的影响而形成的。卡特尔认为，环境的影响包括构成社会文化模式的社会制度和物质状况等。

（4）动力特质、能力特质、气质特质。动力特质是一种启动人格的特质，也是人格的动机因素。它推动个体朝着目标前进。能力特质决定一个人处理问题或事情的成效，最重要的一种能力特质是智力，卡特尔把智力区分为晶体智力和液体智力两种。气质特质是由遗传决定的，它们表现为一个人的风格，例如情绪性、速度、冲动性、支配性、敏感性和自信心等特征。气质特质属于体质性潜源特质，通常不受特定情境因素的影响。

3.4.1.2　人格分类

为了测量这些根源特质，卡特尔首先从各种字典和有关心理学、精神病学的文献中找出约 4 500 个用来描述人类行为的词汇，从中选定 171 项特质名称，让大学生应用这些名称对同学进行行为评定，因素分析后最终得到 16 种人格特质。卡特尔认为这 16 种特质代表着人格组织的基本构成。

这 16 种人格特质也被称为 16 种性格因素，其名称和符号分别是乐群性（A）、聪慧性（B）、情绪稳定性（C）、恃强性（E）、兴奋性（F）、有恒性（G）、敢为性（H）、敏感性（I）、怀疑性（L）、想象性（M）、世故性（N）、忧虑性（O）、实验性（Q1）、独立性（Q2）、自律性（Q3）、紧张性（Q4）。需要注意的是，这 16 种性格因素的名称是翻译而来，在不同的书籍中，译文略有差异，但符号是一致的。

3.4.2　卡特尔16PF性格测评量表

卡特尔 16PF 性格测评对象的职业、级别、年龄、性别、文化等方面均无限制，测评量表共有 187 道题目，每题有 3 个可选答案，都是关于个人兴趣和态度等问题。答题时应注意的是：测验不计时间，但应凭自己的直觉进行作答，不要迟疑不决，拖延时间，原则上应在 1 小时内完成；尽量不选中性答案（在答案选项中的"不一定""一般"等不能表明态度的选项）。

卡特尔 16PF 性格
测评量表

3.4.3 卡特尔 16PF 性格测评结果解读

通过卡特尔 16PF 测试的 16 种性格因素的结果，分析被测评者在性格内外特性、心理分健康状态、学习与适应新环境的成长能力、专业而有成就的性格因素、创造能力的性格因素五个方面的表现。

16 种性格因素对应的测试题项如表 3-9 所示。

表 3-9　16 种性格因素对应的测试题项

性格因素	对应测试题项
A 乐群性	3、26、27、51、52、76、101、126、151、176
B 聪慧性	28、53、54、77、78、102、103、127、128、152、153、177、178、180
C 情绪稳定性	4、5、29、30、55、79、80、104、105、129、130、154、179
E 恃强性	6、7、31、32、56、57、81、106、131、155、156、180、181
F 兴奋性	8、33、58、82、83、107、108、132、133、157、158、182、183
G 有恒性	9、34、59、84、109、134、159、160、184、185
H 敢为性	10、35、36、60、61、85、86、110、111、135、136、161、186
I 敏感性	11、12、37、62、87、112、137、138、162、163
L 怀疑性	13、38、63、64、88、89、113、114、139、164
M 想象性	14、15、39、40、65、90、91、115、116、140、141、165、166
N 世故性	16、17、41、42、66、67、92、117、142、167
O 忧虑性	18、19、43、44、68、69、93、94、118、119、143、144、168
Q1 实验性	20、21、45、46、70、95、120、145、169、170
Q2 独立性	22、47、71、72、96、97、121、122、146、171
Q3 自律性	23、24、48、73、98、123、147、148、172、173
Q4 紧张性	25、49、50、74、75、99、100、124、125、149、150、174、175

16 种人格因素的分数解释以标准分为准，使用 1~10 的标准分，其中 1~3 分为低分，表现为低分特征；4~7 分为平均分；8~10 分为高分，表现为高

分特征。次级因素 X1、X2、X3、X4、Y1、Y2、Y3、Y4 的分数是由几个相关的基本因素标准分计算而成。计分过程比较复杂，在此不赘述，一般能在网上或一些专门的测评平台上找到测试入口，测试后可以看到自己的得分情况，大家可以根据高分特征与低分特征了解自己的性格，具体如表 3-10 所示，对于平均分则是介于高分特征与低分特征之间。

表 3-10　卡特尔 16PF 性格测试各因素体现的特点

性格因素	高分特征	低分特征
A 乐群性： 热情对待他人、重视与他人的交往的水平	容易与他人交往，对人热情友好，与人共处、表达情感、重视友谊，偏好与人有关的工作。容易仓促做决定、轻信、需要得到认可	缄默、冷淡，使他人感到难以理解。更关注工作任务、客观事物或活动而非人。由于童年创伤而无法保持满意的关系，难以提供情感关怀
B 聪慧性： 抽象思维与逻辑思维推理的能力	聪明、富有才识，善于抽象思维	思想迟钝、学识浅薄、抽象思维能力弱
C 情绪稳定性： 对日常生活要求的应付水平，对挫折的耐受程度和情绪稳定水平	情绪平静稳定，能够应对生活问题、对生活感到满意、从烦恼中迅速恢复、情绪不善变；有时难以与他人共情	反应较强烈，为小事所扰，难以恢复，可能不恰当地发脾气、缺乏坚持和稳定性、可能对生活的调整适应不良，治疗可能预后不良、躯体健康不佳
E 特强性： 力图影响他人的倾向性	支配、愿意指导他人、在需要的时候对人强硬。可能具有的人际问题：攻击与倔强、外化敌意、控制与惩罚、暴力（C、G、Q3 低分）	顺从、合作、不愿对峙、高接纳和适应力。见于神经质的、自我挫败的人，酗酒者
F 兴奋性： 寻求娱乐和表达的倾向	活泼、时髦、引人注意、喜爱社交、有活力、热情、乐观、强烈反应。外化内在冲突、缺乏行为的控制力、癔症	严肃认真、较少情绪表露。可能见于抑郁

表3-10(续)

性格因素	高分特征	低分特征
G 有恒性： 崇尚并遵从行为的社会化标准和外在强制性规则的倾向水平	注重规范、遵守道德标准、举止良好；清晰界定界限和预期；感到有责任符合他人期望，尤其是权威人物的期望；倾向于有效完成安排的任务，可预测成绩	不喜欢遵守规范，行为控制问题，易发生事故；喜欢灵活，渴望不受拘束的生活，可能更关心属于自己的某个目标或价值观；但也可能高度反抗、高创造性、高自主性
H 敢为性： 内心想法和外在行为表现的一致性程度，以及是否喜欢冒险	在社会情境中比大多数人都表现自如，敢于寻求新关系；容易与陌生人谈话、在新群体中感到放松、喜欢引人注目；可能寻求冒险和刺激，喜爱旅行和变化	在社会情境中，尤其是在周围的人都不熟悉的情况下，会感到有些害羞和不舒服；更喜欢一对一的相处；易患躯体疾病，如胃溃疡，酗酒
I 敏感性： 个体的主观情感与价值观影响对事物判断的程度，类似荣格的情感—思维维度（看待事物的主观性）	对事物的判断较容易受自己的情感和价值观影响；审美、阅读而非活动、想象而非行动；无法从痛苦情感中抽离；男性高分与婚姻满意有关；心脏病与高血压（尤其是低 C 时）；回避冲突	在进行判断和决策时，倾向于注重逻辑性和客观性；情感压抑；气喘病；务实
L 怀疑性： 认为他人是真诚的并值得信任的程度，多疑戒备的倾向	有戒心，怀疑他人动机，不信任他人的坦诚、开放性，容易责备外在，常难以合作，怨恨生活不公；收集他人的错误、嫉妒他人的拥有；与心脏病有关	信任他人，为自己的生活和行为负责，对他人不会追根问底或好奇，严己宽人、能够合作，有时被利用和幼稚、轻信
M 想象性： 对客观环境和内在想象过程的重视程度	抽象，关注内在思维而非外在实际事件、失去时间感、爱做白日梦；创造性与整合能力；经常更换工作、易发生事故；见于精神分裂、药物滥用、重症抑郁	实际，现实主义和脚踏实地的人，倾向于直接去做某件事情

表3-10(续)

性格因素	高分特征	低分特征
N 世故性： 不愿意公开地展示自我的水平	不愿轻易透露个人信息，难以谈论个人的事情，难以接近；可能在亲密关系中出现问题	待人直爽，更乐于表露有关自己的各种信息；可能出现行为控制问题；可能过于单纯
O 忧虑性： 倾向于自我批判或自我接纳的程度	忧虑担心、对他人的行为敏感、对自己挑剔批评、怀疑自己，常担忧超出自己控制的问题，容易沮丧	自信，高自尊，对自己满意，能承受应激和压力，不想做出人格的改变，可能压抑自己人格的消极方面，也可能有行为控制的问题
Q1 实验性： 对新观念与新事物的接受和适应程度	对改变具有开放性、喜欢用新的更好的方式做事、想要改变现状、喜欢改进而不是沿用传统的方式，可能显得挑剔刻薄；高分者容易对权威感到愤怒，可能隐含着未解决的俄狄浦斯冲突	传统、强调按既定方法行事，排斥变革和冒险；低分者由于保守可能难以发生治疗改变、神经性厌食症、躯体形式障碍
Q2 独立性： 融合于周围群体和参与集体活动的倾向，倾向于独立性与依赖性的水平	倾向于独立解决问题和做出自己的选择和决定；长时间独处、喜欢独立做计划、独立工作；可能难以求助	亲和，希望成为组织中的一员，并热爱组织活动；低分可能依赖，结合 L 高分可能有趋避冲突
Q3 自律性： 倾向于事先计划和组织程度，是否具有坚强的意志、自制力以及目标感的水平	追求完美、秩序；有清晰的个人标准；重视细节、精确、整洁，提前做计划、细致地完成工作；通常行为控制良好；见于某些人格障碍等	较少关注细节，灵活自由，常缺乏秩序，不喜欢事先做计划，可以容忍一定的无组织性，随意自然；可能违反社会习俗，表现邋遢粗心，缺乏自律，听从自己的冲动和情绪
Q4 紧张性： 在与他人的交往中的情绪不稳定性，以及由此所表现的躯体紧张水平	体验到高度的紧张，经常感受到不满和厌恶；因计划改变而恼火、容易产生挫折感、等待时坐立不安	躯体紧张水平较低，很少感到对别人不耐烦和不满
X1 适应与焦虑性	焦虑性高、易激动、易出现不满意感。高度焦虑不但会降低工作效率，而且会影响身体健康。易患神经性疾病	焦虑性低，通常感心满意足，能做到所期望的和认为有重要意义的事。生活适应顺利。但极端低分者，可能对完成困难的工作缺乏毅力

表3-10(续)

性格因素	高分特征	低分特征
X2 内向与外向型	外向、开朗、善交际、不受拘束,不计小节	内向,趋于胆小、自足,与人交往中拘谨而不自然,适合从事精细的工作
X3 感情用事与安详机警性	安详机警、富于事业心、果断、刚毅、有进取精神,精力充沛,但也易贸然行事,不顾后果。有时过分现实,忽视生活情趣	感情用事,情感丰富,含蓄、性格温和,对生活中的细节较为含蓄敏感,讲究生活艺术。情绪多困扰不安,通常缺乏信心,顾虑太多
X4 怯懦与果断性	果断、独立,有气魄,锋芒毕露,通常主动寻求可以施展所长的机会和环境,以充分表现自己的独创能力,并从中取得利益	依赖别人,个性被动,怯懦,优柔寡断,易受人驱使而不能独立,迎合迁就他人
Y1 心理健康因素	心理健康状态较好,情绪稳定	心理健康状态较差
Y2 专业成就因素	在专业领域成功的机会更大	在专业领域成功的机会更大
Y3 创造能力因素	创造能力较强	创造能力较弱
Y4 适应新环境的成长能力因素	能较快适应新环境,学习成长能力较强	学习成长能力较差

3.4.4 卡特尔16PF性格测评结果应用

3.4.4.1 卡特尔16PF性格测评的应用场景

卡特尔16PF性格测评是一种被广泛应用的职业心理测评工具,可应用于人才开发、职业规划与咨询、教育领域、心理咨询与治疗、婚恋与家庭关系等。

(1)人才开发。卡特尔16PF性格测评可以用于员工的选拔、配置和培训。在选拔过程中,组织通过比较个体或团队测试的得分与相应标准,然后选择那些各方面人格特质符合岗位需求或具有一定竞争力的应聘者,并为他们提供合适的职位。此外,卡特尔16PF性格测评还可以分析出胜任素质中的关键要素与人才特质的差异，帮助组织根据胜任素质要求培训合格的人才。

（2）职业规划与咨询。在职业规划过程中，通过卡特尔 16PF 性格测评，个人可以更深入地了解自己的性格特征、优势与劣势，从而指导职业选择和发展。职业咨询师也可以利用这一工具帮助客户认清自我，制定更合适的职业规划。

（3）教育领域。在教育领域，卡特尔 16PF 性格测评可以帮助学生了解自己的性格类型和学习风格，从而选择更适合自己的专业和职业发展方向。同时，教师也可以根据学生的性格特征因材施教，提高教学效果。

（4）心理咨询与治疗。在心理咨询与治疗中，卡特尔 16PF 性格测评可以用于多个目的。首先，它可以作为诊断工具，帮助识别可能的心理健康问题。例如，研究表明，抑郁症患者在某些人格因素上表现出显著差异，如情绪激动、畏缩退却等。其次，卡特尔 16PF 性格测评还可以被用于评估治疗效果，因为它能够提供关于个体人格变化的信息，从而帮助确认治疗的进展。

（5）婚恋与家庭关系。个性匹配被认为是影响婚姻满意度的一个重要因素，卡特尔 16PF 性格测评工具可以帮助研究者和实践者探索不同性格类型之间的匹配模式，以及这些匹配如何影响婚姻关系的质量。例如，个体的怀疑性、忧虑性水平是影响婚姻调整和最终是否离婚的重要因素。

3.4.4.2 16PF 性格测评结果解释方法

人格没有优劣之分，不同的人格可以胜任不同的职位，不要将测验结果当作被测试者的永久"标签"。要以整体的观点看待测评结果，每种因素分数高低的意义及重要性，有赖于其他各因素分数的高低，或全体因素的组合方式。所以，在评价各个因素分数的高低时，应参考其他方面的行为和生活状况，不应仅仅根据测验的结果武断地评价自己的人格。卡特尔 16PF 性格测评结果的 8 个次级因素与 16 个性格要素组合如表 3-11 所示。

表 3-11 8 个次级因素与 16 个性格要素组合

应用项目	均值	要素组合
X1 适应与焦虑性	5.3	怀疑性（高 L）、忧虑性（高 O）、紧张性（高 Q4）、情绪稳定性（低 C）、敢为性（低 H）、独立性（低 Q2）

表3-11(续)

应用项目	均值	要素组合
X2 内向与外向型	4.9	乐群性(高A)、恃强性(高E)、兴奋性(高F)、敢为性(高H)、独立性(低Q2)
X3 感情用事与安详机警性	5.7	情绪稳定性(高C)、恃强性(高E)、兴奋性(高F)、世故性(高N)、乐群性(低A)、敏感性(低I)、幻想性(低M)
X4 怯懦与果断性	5	恃强性(高E)、幻想性(高M)、实验性(高Q1)、独立性(高Q2)、乐群性(低A)、有恒性(低G)
Y1 心理健康因素	20	情绪稳定性(高C)、兴奋性(高F)、忧虑性(低O)、紧张性(低Q4)
Y2 专业成就因素	50	自律性(高低Q3)、有恒性(高G)、情绪稳定性(高C)、恃强性(高E)、世故性(高N)、独立性(高Q2)、实验性(高Q1)
Y3 创造能力因素	75	乐群性(低A)、聪慧性(高B)、恃强性(高E)、兴奋性(低F)、敢为性(高H)、敏感性(高I)、幻想性(高M)、世故性(低N)、实验性(高Q1)、独立性(高Q2)
Y4 适应新环境的成长能力因素	21	聪慧性(高B)、有恒性(高G)、自律性(高低Q3)、兴奋性(低F)

根据表3-11,就可以分析被测评者哪些因素较低,需要加强或训练。特别强调的是,现在所反映出的人格特点并不是不可改变的,个人的成长过程,学习的机会,动机、目的和生活环境的变化,还会随时随地改变一个人的人格因素与类型。因此,对自己人格特点的了解,有助于我们通过努力来改善、优化人格。

案例　陈维的卡特尔 16PF 性格测评

陈维，男，41 岁，他的 16 个性格要素得分如图 3-7 所示。

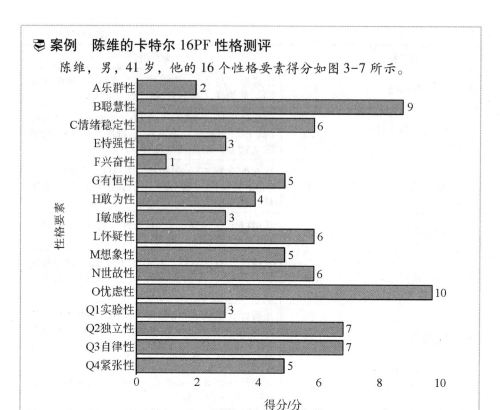

图 3-7　陈维的 16 个性格要素得分

从图 3-7 中可以看出，有 5 个因素处于低分特征，F 兴奋性的得分最低，2 个因素处于高分特征，其他的 9 个要素处于平均分范围内。基于得分的解释如表 3-12 所示。

表 3-12　基于陈维的 16 个性格要素得分的解释

性格因素	得分	基于得分的解释
A 乐群性	2	对任务或客观事物的关注程度要高于对人的关注程度，情绪内敛，内心不喜欢与人交往，倾向于独立工作，对事不对人，不轻易放弃己见，为人和工作的标准通常很高，严谨而不将就

表 3-12（续）

性格因素	得分	基于得分的解释
B 聪慧性	9	在智力活动方面，思维灵活，学识广，有一定的才能且比较聪明，抽象思维能力比普通人强，而且有着较强的理解力和学习能力
C 情绪稳定性	6	一般情况下，情绪比较稳定，遇到挫折也能够振作精神面对现实，但有时却由于解决不好生活上遇到的阻挠，而回避现实，出现比较大的情绪波动。环境对行为有一定的影响，但并不会完全控制行为
E 恃强性	3	处事温和顺从，易迎合别人的想法；与人打交道时不愿出头露面，愿意被他人支配，独立完成工作难度较大
F 兴奋性	1	行动拘谨，内省而不轻易发言，较消极、阴郁，有时可能过分深思熟虑，又近乎骄傲自满；在工作上，常常是一位认真而可靠的工作人员
G 有恒性	5	有一定的恒心和毅力，有自己的目标和理想，但当某件事情需要极大的耐力时，往往会缺乏持之以恒的精神，以致做事有始无终
H 敢为性	4	具有一定的冒险精神，对于很坚定的事情不会退缩，勇往直前，但有时对很多事可能是敢想不敢做，真正付诸实践时又表现出胆怯缺乏自信，瞻前顾后
I 敏感性	3	在进行判断和决策时，倾向于事务本身的逻辑性和客观性，而不重视一些主观和情感之事。着重现实，自食其力，但可能会有过分骄傲、冷酷无情的表现
L 怀疑性	6	整体上倾向于认为他人是值得信任的和真诚的，会较为警觉，但当完全了解他人之后，会乐于接受他们
M 想象性	5	在现实与想象之间，既有注重现实情况的一面，又富有想象力的一面，通常做事比较稳重，但有时也会有些不切实际的想法，性格上显得多变
N 世故性	6	既不过于精明世故，也不会表现幼稚，在处事时能理智分析问题，适当保留自己的情感

表 3-12（续）

性格因素	得分	基于得分的解释
O 忧虑性	10	有忧虑困扰，心理不够平衡，对未来缺少信心，内心灰暗，常常感到很累。有时可能由于最近碰到不顺心的事而使得忧虑性暂时提高，但长期忧虑对身心健康不利，需要引起注意
Q1 实验性	3	权威主义较强，比较传统，对新生事物不易接受，适应性较慢，言行举止比较守旧；较少尝试探求新的事物，常常激烈地反对差异化的思想或者新的变革，墨守成规
Q2 独立性	7	力求在融入群体和保持自身独立性的两个方向中寻找平衡，既可以融入群体，也能保持自身一定的独立性。有时可能会难以摆脱舆论和他人的束缚，与大多数人意见不同时，多半会放弃自己的意见
Q3 自律性	7	有一定的自我约束能力，能够克制内心的一些冲动和想法，但可能无法做到始终如一
Q4 紧张性	5	在一定程度上可以保持心境平和不乱，平时处于较放松的状态，但遇到在意的事情时会很快进入紧张状态

　　观察表 3-12 可以发现，在 E 特强性与 A 乐群性的解释上，有关"独立性"方面看似有矛盾，进一步分析发现，陈维从事的是技术操作方面的工作，且已经工作了 15 年以上，从工作性质上来说，已习惯了独立从事工作；但是，从其能力来看，如果要独立一项新的工作有一定难度，在 A 乐群性中的"独立"，主要体现了其不愿与人合作的特点，而在特强性中的"难以独立"体现了其个性中不够自强的一面。同时，进一步分析 Q2 独立性，他在"融入群体和保持自身独立性的两个方向中寻找平衡"正好印证了 E 特强性与 A 乐群性的解释上在语义上的看似矛盾，与实质性的不矛盾。因此，在分析测评结果时，要基于被测者本身的岗位、所处的环境，而不能就字面意思得出最终的结论。

　　进一步分析次级要素 X 的得分（见图 3-8），其中的，X1 与 X3 高于均值，X2 只有 1.2，远低于均值，而陈维的 X2 是由低 A（2）、低 E（3）、低 F（1）、中 H（4）、中 Q2（7）构成的。

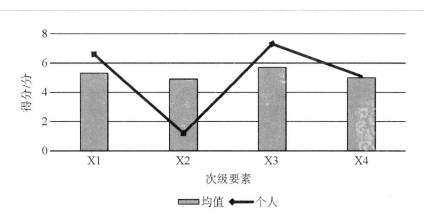

图 3-8 陈维的次级要素 X 的得分

继续分析陈维的次级要素 Y 的得分（见图 7-9），其中 Y2、Y3、Y4 的得分都高于均值，只有 Y1 的得分 14 分低于均值，而 Y2 是由中 C（6）、低 F（1）、高 O（10）、中 Q4（5）构成的，恰好也有低 F 的影响，由此，对于陈维来说，首先要改善的是"行动拘谨、消极、阴郁"这方面的性格特点。

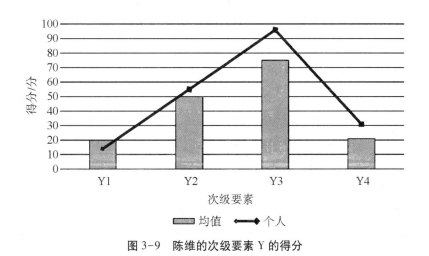

图 3-9 陈维的次级要素 Y 的得分

以上是关于陈维的卡特尔 16PF 测评结果的分析与应用，限于篇幅仅做了比较简单的分析，在实际操作中，还可以结合陈维的个人实际感受、工作需要、未来发展愿望做更多的改进建议，是否需要调整工作岗位，是否可以培养提拔，提拔到技术管理还是行政管理等，都可以再进一步分析。

3.5　MBTI 测评

3.5.1　MBTI 测评对性格的分类

MBTI 测评的雏形是在荣格的心理类型理论的基础上形成的。心理学家伊莎贝尔·迈尔斯（Isabel Myers）和凯瑟琳·布里格斯（Katharine Briggs）开始合作研制出最早的 MBTI 工具，即 MBTI-A 量表。经过研究与完善，他们于 1943 年首次发布了 MBTI 测评，但此时的测试形式较为简单，只包含 93 个问题，并且没有标准化的评分体系。1957 年，迈尔斯和布里格斯对 MBTI 测评进行了重大修订，将测试题目增加到 126 个，并且建立了一个标准化的评分体系，以确保测试的准确性和可靠性。从 1981 年开始，MBTI 测评在临床心理学中得到广泛应用，同时，MBTI 测评也被广泛应用于企业的人力资源管理、团队建设、领导力发展等方面。

MBTI 测评由能量来源、收集信息、决策方式和行动方式四个维度构成，同时，每个维度又都有两种相反的极端类型，构成 16 种人格类型。

3.5.1.1　MBTI 测评的四个维度

（1）能量来源。这个维度分为外向（E）和内向（I）。外向型的人倾向于从社交互动中获取能量，他们喜欢与人交往、参与社交活动。内向型的人则更喜欢独处，从内部反思和思考中获取能量。

（2）收集信息。这个维度分为感觉（S）和直觉（N）。感觉型的人更注重细节、具体信息和现实情况，他们通过五官来感知世界。直觉型的人则更注重整体和抽象，他们喜欢思考未来的可能性和发现隐藏的意义，更关注潜在和抽象的概念。

（3）决策方式。这个维度分为思考（T）和情感（F）。思考型的人在决策时更注重逻辑、客观因素和合理性，他们通常更善于做出客观的决策。情感型的人则更注重价值观、情感和人际关系，他们更关心他人的感受和情感需求。

（4）生活方式。这个维度分为判断（J）和知觉（P）。判断型的人更喜欢有计划、有结构、有组织的生活方式，他们喜欢做决定并坚持自己的选择。而知觉型的人则更喜欢保持开放、适应性强、灵活的生活方式，他们更善于适应变化并寻找新的体验。

3.5.1.2 十六种类型

MBTI 测评在四个维度的基础上，通过不同倾向的组合，分成了 16 种类型。具体见表 3-13。

表 3-13　MBTI 测评的 16 种类型的基本性格特征与适合职业

	感觉型（S）		直觉型（N）	
内向型	ISTJ 稽查员型：严谨、安静，注重实际和逻辑分析，善于组织、计划和完成任务，有很强的责任感和使命感，通过专注和细致而赢得成功。凡事处理得井井有条，常作为组织中的稳定者和决策者。适合职业：会计师、管理者、军事人员、法官、工程师	ISFJ 照顾者型：有责任心和同理心，喜欢帮助他人，敏感细腻，善于察觉别人的情绪和需求；努力在工作和生活中维持与他人的和谐关系；常作为关怀他人的倾听者。适合职业：护士、社会工作者、教育工作者、行政助理、家庭医生	INFJ 博爱型：坚持原则，深思熟虑，富有想象力和洞察力，富有同情心，直觉敏锐，善于理解他人的需求和感受。是理想主义者和指导者。适合职业：心理学家、作家、志愿者协调员、宗教领袖、教育顾问	INTJ 专家型：独立思考，思维敏锐，有远见，具有很强的逻辑分析能力，善于制定长远规划和目标；常作为追求目标和创新的倡导者。适合职业：科学家、律师、企业家、投资者、信息技术专家
	ISTP 实干家型：冷静、内敛，善于处理危机。具有很强的动手能力和实践能力，善于观察和发现问题，喜欢分析和解决复杂的问题。适合职业：技工、工程师、机械师、创业家、运动员	ISFP 艺术家型：敏感、细腻，创造力丰富、充满热情。善于表达，具有很强的艺术天赋和审美能力，喜欢追求自由和独立。适合职业：艺术家、设计师、音乐家、保育员、美食家	INFP 哲学家型：理想主义者，注重内心世界的和谐与美好，通常具有良好的想象力和创造力，善于思考人生意义和价值。适合职业：编辑、志愿者、写作者、心理治疗师、社会工作者	INTP 思想家型：思维敏捷，喜欢探索、分析和解决问题。他们好奇心强、逻辑分析能力出色，常作为活跃和生活享受者。适合职业：科学家、程序员、哲学家、研究员、工程师

表3-13(续)

	感觉型（S）		直觉型（N）	
外向型	ESTP 挑战者型：精力充沛，善于应对各种挑战和困难，具有很强的适应能力和实践能力，喜欢追求新鲜刺激。适合职业：销售员、体育教练、消防员、战略顾问、企业家	ESFP 表演者型：乐观、热情洋溢，具有很强的社交能力和表达能力，善于在人群中展现自己的魅力。适合职业：演员、社交主持人、销售代表、旅游导游、餐厅经理	ENFP 公关型：机智、具有很强的沟通能力和协调能力，社交能力强，善于处理人际关系和解决问题。适合职业：广告人员、公关专员、市场营销人员、企业培训师、演讲家	ENTP 辩论家型：喜欢辩论、好奇心强，具有很强的思维能力和创新能力，善于提出新观点和解决复杂问题。适合职业：律师、政治家、市场策划者、创业家、咨询顾问
	ESTJ 管家型：高效、有条理，善于管理和监督，注重实际和结果，具有很强的社会责任感和使命感。适合职业：经理、行政人员、警察、军官、会计师	ESFJ 主人型：热情好客、乐于助人，善于照顾他人的需求，具有很强的社交能力和组织能力。适合职业：医生、人力资源经理、社区服务工作者、家庭主妇/主夫、服务员	ENFJ 教导型：有同理心和关怀他人的能力，善于启发和指导他人，通常具有很好的人际沟通能力和领导能力。适合职业：教育家、心理学家、教牧人员、顾问、企业培训师	ENTJ 指挥官型：果断、有领导力，善于制订计划和组织团队，具有很强的执行力和决策能力。适合职业：首席执行官（CEO）、企业领导者、政治家、经济学家、组织发展顾问

3.5.2 MBTI 测评量表

MBTI 测评量表的题目数量取决于版本。目前最常用的版本是 MBTI-2015，共包含 93 道题目。这些问题涵盖了 MBTI 的四个维度：外向与内向、感觉与直觉、思考与情感以及判断与知觉。被测试者需要在每个问题上选择最符合他们自己的答案，然后根据这些答案来确定他们的 MBTI 类型。

同时，也有 145 道测试题与 200 道测试题的，更多的问题可以提供更为详细和精确的个性评估，这些额外的问题可能涵盖更多的情境和方面，从而为评估提供更全面的信息。但一般认为，93 道测试题的已经可以较好地了解个体的 MBTI 类型。

MBTI 测评量表

3.5.3 MBTI 测评计分方法及结果解读

在此以 MBTI-2015 版本 93 道题目为例说明其计分方法。计算得分时，首先将每个题目的得分相加，然后根据每个维度上的得分来确定个人的偏好，具体计分方法见表 3-14。每个组别的总分不同，E/I 的总分为 21 分，S/N 的总分为 26 分，T/F 为 24 分，J/P 的总分为 22 分。

表 3-14 MBTI 测评计分方法

组别	维度	计分细则
E/I	E 的计分	3、7、10、19、23、32、62、74、79、81、83 等题目中选 A 的，累加为 E 维度上的得分。 13、16、26、38、42、57、68、77、85、91 等题目中选 B 的，累加为 E 维度上的得分。 以上相加为 E 的原始得分
	I 的计分	I＝21-E
S/N	S 的计分	2、9、25、30、34、39、50、52、54、60、63、73、92 等题目中选 A 的，累加为 S 维度上的得分。 5、11、18、22、27、44、46、48、65、67、69、71、82 等题目中选 B 的，累加为 S 维度上的得分。 以上相加为 S 的原始得分
	N 的计分	N＝26-S
T/F	T 的计分	31、33、35、43、45、47、49、56、58、61、66、75、87 等题目中选 A 的，累加为 T 维度上的得分。 6、15、21、29、37、40、51、53、70、72、89 等题目中选 B 的，累加为 T 维度上的得分
	F 的计分	F＝24-T
J/P	J 的计分	1、4、12、14、20、28、36、41、64、76、86 等题目中选 A 的，累加为 J 维度上的得分。 8、17、24、55、59、78、80、84、88、90、93 等题目中选 B 的，累加为 J 维度上的得分
	P 的计分	P＝22-J

在计算出得分后，比较四个组别的得分。每个组别中，获得较高分数的

那个类型，就是你的性格类型倾向。比如 E/I 中，你的 E 得分 14 分，I 为 7 分，则在 E/I 组别中，你属于 E 的倾向。

3.5.4　MBTI 测评结果应用

3.5.4.1　MBTI 测评的应用场景

MBTI 测评结果在多个领域有广泛的应用，主要的应用场景包括人员招聘与配置、团队管理、个人发展、人际交往与沟通、心理辅导与治疗教育领域等，具体如下：

（1）人员招聘与配置。在组织招聘或人员配置的过程中，利用 MBTI 测评可以了解员工的性格偏好和优势，从而为岗位选择提供依据，确保求职者与岗位匹配。

（2）团队管理。MBTI 测评可以用于团队建设活动，帮助团队成员了解彼此的工作偏好和沟通风格，从而促进团队合作和协作；同时，了解团员成员的 MBTI 类型，可以帮助解决团队内部的冲突和摩擦，促进更有效的沟通。

（3）个人发展。通过 MBTI 测评识别个体的性格类型，可以更清楚地认识到自己的优势和劣势，进而在职业选择方面做出更加合适的决策。例如，对于内向型的人来说，可能需要更多关于独立工作环境的信息，而对于外向型的人，可能需要更多关于团队合作机会的信息。

（4）人际交往与沟通。MBTI 测评可以帮助人们认识到自己与他人的性格差异，进而调整沟通策略，提升人际交往能力。通过了解不同性格类型的特点，个体可以更加有针对性地与他人建立良好关系。

（5）心理辅导与治疗。在心理辅导领域，MBTI 测评可以作为咨询师了解个体性格与偏好的一种工具。咨询师可以根据个体的性格类型，制定更加个性化的辅导方案，帮助个体解决心理问题。此外，MBTI 测评也能帮助个体更好地了解自己的性格特征，促进个人成长和心理健康管理。

（6）教育领域。MBTI 测评在教育领域的应用主要体现在两个方面：一是帮助学生了解自己的性格优势和特点，从而更好地选择适合自己的学科和专业；二是为教师提供学生性格信息，以便教师能够因材施教，提高教学质量。

3.5.4.2　MBTI 测评结果应用

对于不同的应同场景，对测评结果的应用视角是不一样的。这里给出的发展建议是比较通用的，很多应用场景都可以参考，但是，理想的情况是，应该针对特定的需要做更深入的分析。MBTI 测评的 16 种类型对应发展建议如表 3-15 所示。

表 3-15　MBTI 测评的 16 种类型对应发展建议

类型	发展建议
ISTJ	在保持严谨细致的同时，学会灵活应对变化，开放心态接受新观点。注重自我反思，不断提高效率，并尝试拓宽视野，以增强创新能力。平衡工作与生活，培养人际交往技巧，以更好地适应多元化环境
ISFJ	发挥细心、责任感强的优势，同时学会表达自己的需求，不要过度压抑。勇于尝试新方法和观点，提高创新能力。在照顾他人的同时，也关注自己的成长和幸福。平衡工作与生活，拓宽社交圈子，丰富人生体验
INFJ	发挥洞察力和直觉优势，同时学会理性分析，确保决策客观。保持独立思考，也注重团队协作，提升沟通技巧。关注内心需求，平衡理想与现实，避免过度追求完美而忽视实际
INTJ	在保持独立思考和战略眼光的同时，学会倾听他人意见，增强团队协作能力。注重情感沟通，避免过于理性而忽略人情味。平衡工作与生活，培养耐心和灵活性，以更好地适应多变环境
ISTP	发挥冷静理性和技术天赋，追求实际问题的解决。注重提升沟通技巧，以更好地与团队协作。保持好奇心和探索精神，持续学习新技能，以适应快速变化的环境。同时，也应关注个人成长与身心健康的平衡
ISFP	发挥创造力和艺术天赋，追求个人兴趣和价值观的实现。提升社交能力，拓宽人际关系网。注重自我反思和学习，不断提高专业技能。保持内心平衡，关注身心健康，实现全面发展
INFP	发挥理想主义和创造力，追求个人价值观的实现。学会自我表达，提升沟通技巧。保持好奇心，持续学习，拓宽视野。注重内心和谐，平衡理想与现实，避免过度内耗。勇敢追求梦想，实现自我成长
INTP	发挥逻辑思维和创新能力，持续追求知识与真理。提升社交技巧，加强团队合作。设立明确目标，提高执行力。平衡理想与现实，关注身心健康。不断自我挑战，实现全面发展
ESTP	发挥实干精神和应变能力，追求实际成果。注重规划和长远目标，避免冲动行事。加强耐心和细心，提升决策质量。拓宽视野，学习新技能，以适应多变环境。平衡工作与生活，关注人际交往与团队合作

表3-15(续)

类型	发展建议
ESFP	发挥表演和社交天赋,追求多彩人生。注重自我提升,持续学习新技能。加强规划和目标意识,避免盲目行动。保持乐观心态,灵活应对挑战。平衡享受生活与实现梦想,实现全面发展
ENFP	发挥创造力和社交优势,追求多样化和有意义的职业。加强条理性,提高工作效率。保持好奇心,持续学习,拓宽视野。平衡理想与现实,注重自我反思,实现全面发展。关注身心健康,保持热情与活力
ENTP	发挥创新思维和辩论才能,勇于挑战传统观念。加强耐心和专注力,提高执行力。注重团队协作,学会倾听他人意见。平衡理想与现实,保持好奇心,持续学习,实现全面发展
ESTJ	在保持高效决策和组织能力的同时,应学会更加灵活地应对变化,培养耐心和开放心态。注重团队协作,发挥领导才能,同时要关注他人的感受和需求,以建立良好的人际关系。平衡工作与生活,实现全面发展
ESFJ	在关爱他人的同时,也要学会关注自己的需求和感受。提升理性思考能力,避免过于感性。勇于拓展视野,接受新事物。注重个人成长,平衡工作与生活,实现自我价值与社会价值的和谐统一
ENFJ	发挥领导才能和同理心,关注他人需求,促进团队合作。保持热情与乐观,注重自我成长,平衡理想与现实。学会倾听与表达,提高沟通技巧,避免过度承担。关注身心健康,实现全面发展
ENTJ	发挥战略眼光和领导能力,勇于追求目标。学会倾听和尊重他人,增强团队合作精神。保持耐心和细心,注重细节,提升决策质量。平衡工作与生活,关注个人成长与幸福,实现全面发展

🎖 案例 王一明的 MBTI 测评

王一明,40岁,是一家中型企业的技术部门经理。他带领的部门每年都能完成公司的既定目标,但是公司层领导对他部门的业绩并不满意,觉得他们缺少创新与亮点。王一明感到有压力,对于团队成员显得死气沉沉,王一明不知道是自己的管理问题,还是部门人员的问题。

公司对中层及以上人员和骨干员工开展了 MBTI 测评,测试结果显示他的性格类型为 ISTJ,如图3-10所示。

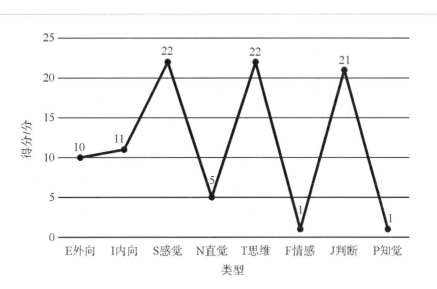

图 3-10 王一明的 MBTI 测评结果

首先，王一明根据 MBTI 测评报告进行了反思，他发现自己确实过于注重细节和规则，有时可能过于刻板，缺乏灵活性。此外，他在与团队成员沟通时，往往侧重于任务分配和执行，而忽视了团队成员的情感需求和激励。这导致团队虽然能完成任务，但缺乏一定的创新活力和成员间的深度互动。

同时，公司聘请职业心理专家结合测试结果对员工开展了面谈辅导。职业心理专家在深入了解王一明的工作与业绩现状后，结合 MBTI 测评结果，给出了以下建议：

第一，增强灵活性。王一明可以尝试在工作中加入更多的灵活性和创造性。例如，在项目管理中，他不再仅仅坚持既定的计划，而是鼓励团队成员提出新的想法和解决方案。他可以激发团队的创新能力，让成员更加投入和满意。

第二，改善沟通方式。为了加强与团队成员的情感联系，王一明可以定期与成员进行一对一的沟通，了解他们的职业目标、面临的挑战以及个人发展需求，不仅给他们提供工作上的支持，也努力成为团队成员的良师益友。

第三，关注团队氛围。一个积极的工作氛围对团队的整体表现至关重要。因此，王一明要组织一些团队建设活动，如户外拓展、庆祝活动等，以增强团队的凝聚力和归属感。

第四，持续自我提升。作为领导者，自己的成长和发展同样重要，王一明可以参加领导力培训课程，学习如何更好地激发团队潜能、处理冲突以及进行战略规划。

经过一段时间的努力，王一明和团队成员都取得了显著的进步。团队成员更加积极主动，愿意分享自己的想法和见解。团队的创新能力和协作精神都得到了提升，整体业绩也有了明显的改善，在半年时间内，获得了两项比较尖端的技术成果，并获得了业内的认可。王一明也感到更加自信和满足，他的领导风格变得更加开放和包容，赢得了团队成员的普遍认可与尊重。

3.6 四种职业人格测评工具的比较

3.6.1 四种职业人格测评工具的优缺点比较

大五人格测评、DISC 职业性格测评、卡特尔 16PF 性格测评、MBTI 测评均是对职业人格测评的工具，但是它们各有优缺点，下面进行了比较（见表 3-6），以供大家选用及参考。

表 3-16　四种职业人格测评的优缺点比较

测评工具	优点	缺点
大五人格测评	受到广泛认可，具有很高的信度和效度；适用于各种场景，包括招聘、职业发展、心理咨询等；五个维度涵盖广泛，能够客观反映个体的性格特征	通常需要专业人员解释结果，个体可能难以自行解读；主要描述个体的稳定性格特征，较少关注动态变化
DISC 职业性格测评	测评结果直观明了，易于个体和组织理解和应用；专注于职业性格的四个方面（支配型、影响型、稳健型和服从型），有利于了解个体在工作中的行为倾向	基于行为学理论，可能不能全面反映个体的深层人格特征；不同文化背景下的适用性可能存在差异
卡特尔 16PF 性格测评	涵盖 16 个维度，能够全面评估个体的多方面特征；基于人格理论，具有较高的信度和效度	16 个因素的解读可能相对复杂，个体和组织在理解和应用结果时可能需要更多专业指导
MBTI 测评	全球应用最广泛的性格测评工具之一，易于获取和分享；测评结果以 16 种性格类型呈现，易于个体和组织理解	在心理学界存在一些争议，部分学者质疑其信度和效度；由于 MBTI 测评将性格划分为固定的 16 种类型，可能无法涵盖所有人的性格特征，尤其是性格特征不鲜明或处于两个类型边缘的个体

3.6.2　四种职业人格测评工具的应用场景比较

　　大五人格测评、DISC 职业性格测评、卡特尔 16PF 性格测评、MBTI 测评这四种测评工具在组织层面和个人层面都有各自最适合应用场景，在选择使用时，应根据具体需求和场景来选择合适的测评工具。在以上章节中，对于每一种职业人格测评的应用场景有比较详细的描述，在此主要是从最适合的角度来考虑，同时，对四种测评工具做一个比较。

3.6.2.1　四种职业人格测评在组织层面的应用场景

　　四种测评工具在组织层的应用场景比较丰富，但各有其最适合的应用场景，以解决特定问题，具体比较如表 3-17 所示。

表 3-17　四种测评工具在组织层最适合的应用场景及理由

测评工具	最适合的应用场景	理由
大五人格测评	企业招聘、员工发展、团队建设	在企业招聘中，有助于评估候选人的开放性、尽责性、外向性、宜人性和情绪稳定性，帮助组织挑选适合的员工；在员工发展方面，能够了解员工的性格特点，制订个性化的培训和发展计划；在团队建设方面，可以帮助了解团队成员的性格组合，促进团队内的互补和协作
DISC 职业性格测评	员工岗位安排、领导力评估、团队角色分配	通过四个维度（支配型、影响型、稳健型和服从型）对个体的行为模式快速分类，这种分类在组织分配工作任务、组建高效团队以及评估领导风格时非常有用
卡特尔 16PF 性格测评	人才选拔、员工培训	提供了对人格特质的全面深入分析，包括乐群性、聪慧性、情绪稳定性等 16 个因素，这种深度分析对于组织在选拔具有高度特定技能或性格要求的人才时至关重要；同时，它能为员工的培训提供个性化的指导
MBTI 测评	领导力发展、团队建设	领导力发展方面，可以评估管理人员的领导风格，帮助管理者理解和调整自己的领导方式；团队建设方面，可以了解员工的性格类型，优化团队组合，提升团队协作效率

3.6.2.2　四种职业人格测评在个体层面的应用场景

四种职业人格在个体层面，主要应用于职业匹配、自我提升、职业规划、人际关系改善、心理辅导等，每一个测评工具都有其独特的优势，适合解决特定的问题，具体见表 3-18。

表 3-18　四种测评工具在个人层应用场景比较

测评工具	最适合的应用场景	理由
大五人格测评	自我认知、职业发展	大五人格测评提供的个性化反馈有助于个人更深入地了解自己的性格优势和劣势。这对于制定个人职业规划、选择合适的职业路径以及提升自我认知是非常有帮助的

表3-18（续）

测评工具	最适合的应用场景	理由
DISC 职业 性格测评	职业匹配、 人际关系改善、 自我提升	DISC 职业性格测评可以帮助个体了解自己的行为风格，选择与自己行为特征相匹配的职业；提升与他人的沟通和协作能力，改善人际关系；同时理解自己的行为模式，制订改善计划，提高个人效能
卡特尔 16PF 性格测评	心理辅导、 个人能力提升	卡特尔 16PF 性格测评基于 16 种"根源特质"，能够全面、精确地反映个体的人格特征，可以预测个体在环境适应、专业成就、心理健康以及工作稳定性、工作效率和压力承受能力等方面的表现
MBTI 测评	人际交往指导、 职业规划	MBTI 测评的简单易行和直观性使个人能够快速了解自己的性格特点和与他人的差异，这种了解有助于个人在职业规划和人际交往中做出更明智的决策，如选择适合自己的工作环境和与不同类型的人建立有效沟通

3.6.3　四种职业人格测评工具的组合使用策略

第3.6.2节分析发现，四种职业人格测评工具各有最适合的应用场景，但是，有时我们需要解决的问题不是单一的，可能需要从多角度来了解不同的要素；因此，将四种工具组合使用，会得到更全面、系统的信息。从理论上说，四种工具至少可以有 12 种组合，如果再区分组织层面与个人层面，至少有 24 种组合，在此不一一列举，仅设计几种可能的组合解决一些常见的问题，在实际应用中，可以参考这种方面，灵活选择多种工具同时使用，以得到更全面的信息。

3.6.3.1　基于组织层面解决问题的组合策略设计

下面列举三种测评工具组合，解决三个不同的常见问题，具体如表 3-19 所示。

表 3-19 基于组织层面解决问题的组合策略举例

需要解决的问题	工具组合策略	实施方法
选拔最适合团队和组织文化的候选人	MBTI 测评+卡特尔 16PF 性格测评+DISC 职业性格测评	首先使用 MBTI 测评来了解候选人的基本性格类型和职业倾向，有助于快速判断候选人是否适合组织的文化和岗位需求；其次结合卡特尔 16PF 性格测评，进一步分析候选人的具体人格特质，以更精确地匹配岗位；最后利用 DISC 职业性格测评来评估团队成员的行为风格，确保团队内部成员的性格类型和行为风格能够互补，提升团队协作效率
提升团队协作效率和领导力	MBTI 测评+DISC 职业性格测评+大五人格测评	首先通过 MBTI 测评了解团队成员和领导者的性格类型和互动方式，优化团队组合和团队协作；其次使用 DISC 职业性格测评来评估团队成员的沟通和合作风格，提供具体的改进建议；最后运用大五人格测评分析评估团队的整体性格特征，识别团队的优势和潜在挑战
提供个性化的发展建议，提升员工满意度和工作效能	大五人格测评+卡特尔 16PF 性格测评+MBTI 测评	首先通过大五人格测评了解员工的基本性格特征、职业潜力和发展方向；其次使用卡特尔 16PF 性格测评详细评估员工的多方面性格特征，为制订个性化的发展计划提供依据；最后使用 MBTI 测评帮助员工了解自己的性格类型和职业适配性，提升职业满意度和工作投入

3.6.3.2 基于个体层面解决问题的组合策略设计

下面列举四种基于个体层面问题解决的组合策略设计供参考，具体见表 3-20。

表 3-20 基于个体层面解决问题的组合策略设计

需要解决的问题	工具组合策略	实施方法
提高自我认知，制订个人成长计划	MBTI 测评+大五人格测评+卡特尔 16PF 性格测评	首先通过 MBTI 测评了解自己的性格类型和人际互动方式，提升自我认知；其次通过大五人格测评提供整体性格特征，帮助理解个人优势和面临的挑战；最后运用卡特尔 16PF 性格测评深入分析多方面性格特征，制订全面的个人发展计划

表3-20(续)

需要解决的问题	工具组合策略	实施方法
提升沟通能力和人际关系	DISC 职业性格测评+MBTI 测评	首先通过 DISC 职业性格测评了解自己的沟通风格和行为模式，提升人际关系；其次通过 MBTI 测评理解自己的性格类型和与他人的互动方式
选择适合的职业方向，制订职业发展计划	大五人格测评+卡特尔 16PF 性格测评	首先通过大五人格测评了解自己的基本性格特征，确定职业发展方向；其次通过卡特尔 16PF 性格测评详细评估自己的多方面性格特征，制定具体的职业规划
提升工作绩效	MBTI 测评+卡特尔 16PF 性格测评	首先通过 MBTI 测评了解自己的性格类型和职业倾向，这有助于个体明确自己在工作中的优势和偏好，从而更好地发挥个人特长；其次进一步利用卡特尔 16PF 性格测评深入分析自己的人格特质，可以帮助个体识别自己在工作中的潜在弱点和盲点，从而有针对性地进行改进

4

职业兴趣测评

数字化时代为职业发展带来了多样化的模式，机会与挑战同在。霍兰德职业兴趣测评、舒伯职业价值观测评、爱德华个人偏好测验以及施恩职业锚测评各具特色，既有优点也有不足，适用于不同场景。同时，这些测评工具可以根据实际需求组合使用，为个体提供更全面、精准的职业发展建议；也能为组织提供更精细的选才、育才与用才依据。

4.1 数字化时代对职业兴趣的影响

职业兴趣是指一个人对某种职业活动具有的比较稳定而持久的心理倾向，是一个人对某种职业给予优先注意，并向往之，表现在具体的职业定向与选择方面的喜爱和向往之情。它指向现实的职业，是对职业的认识、情感和行为倾向三位一体的统一。职业兴趣对个人职业生涯的规划与发展具有重要的影响，同时职业兴趣也会受到环境的影响。

随着科技的快速发展和不断创新，新的职业领域和就业机会不断涌现。这些新兴领域往往具有较高的技术含量和创新性，可能会引发一些人的职业兴趣。同时，技术的不断进步也使得一些传统职业领域发生变革，产生新的工作方式和需求，这可能促使人们的职业兴趣发生变化。

此外，职业兴趣与技术的匹配程度也会影响一个人的工作满意度和职业发展。如果一个人能够将自己的兴趣和技术与工作相结合，那么他在工作中可能会更加投入、满足和有成就感。这种匹配程度有助于提高工作满意度、降低离职率，并促进个人的职业成长和发展。

4.1.1 职业发展模式多样化

4.1.1.1 更多的职业选择

互联网、大数据、人工智能等技术的快速发展，对各行各业产生了深远的影响，为行业创新提供了巨大的空间，进而催生了多样化的职业需求。

从技术的角度来看，互联网、大数据和人工智能的进步为行业创新提供了强大的技术支撑。互联网技术使得信息的传递和获取变得前所未有的便捷，大数据技术则让数据的收集、存储和分析成为可能，而人工智能技术则赋予了机器自主学习和决策的能力。这些技术的结合，使得各行各业都能够在数据驱动下实现精准决策，提升服务质量和效率。

这种技术创新对行业的影响是深远的。以零售业为例，通过互联网和大数据技术，商家可以实时追踪消费者的购买行为和喜好，从而为消费者提供个性化的购物体验。在金融行业，大数据分析已经成为风险控制、投资决策的重要工具。金融机构通过分析客户的交易数据、信用记录等信息，可以更精准地评估信用风险，提高贷款审批的效率和准确性。同时，基于大数据的量化交易策略也逐渐兴起，为投资者提供了更多的投资机会和风险管理手段。

由此，人工智能工程师、数据分析师、AI 技术专家等技术人员如雨后春笋般涌现，他们在各自的领域中运用专业知识，推动着科技与行业的深度融合。同时，随着网络安全问题日益受到重视，对网络安全专家的需求量也日益增长。此外，区块链技术的崛起，使得区块链技术专家成为市场上的香饽饽。而那些专注于虚拟现实和增强现实的 VR/AR 开发人员，他们正用技术为我们创造一个又一个梦幻的世界。不仅如此，无人机技术的广泛应用，也让无人机驾驶员这一职业逐渐走进人们的视野。在这个信息时代，社交媒体营销专家也显得尤为重要，他们用专业的知识和技巧，帮助企业在网络上产生强大的品牌影响力。

4.1.1.2 更广的职业发展空间

在数字化时代，人们的职业观念和发展模式正在经历一场深刻的变革。传统的职业发展路径——在一家公司或一个行业内度过整个职业生涯——已经不再是唯一的选择。相反，越来越多的人开始拥抱一种更灵活、更自主的职业发展方式，这种方式不仅符合数字化时代的特征，也更能满足人们对于职业成长的个性化需求。

数字化技术为这一变革提供了强大的支持。互联网、大数据、云计算等技术的发展，使得人们可以更加便捷地获取信息、学习新知识和技能，同时也为远程工作、自由职业等新型工作方式提供了可能。这些技术的发展，打破了时间和空间的限制，让人们可以在任何时间、任何地点进行工作和学习，从而更加灵活地规划自己的职业发展路径。

在这样的背景下，自由职业者、斜杠青年、远程工作者等新型职业身份应运而生。自由职业者可以根据自己的兴趣和能力，选择适合自己的项目和工作内容，享受高度的工作自主性和灵活性。斜杠青年可以在主业之外，发展自己的兴趣爱好或者专业技能，通过多元化的收入来源实现自己的职业梦想。远程工作者可以摆脱地域的限制，在家或者其他任何地方进行工作，享受更加自由的工作方式。

这些新型职业身份的出现，不仅为人们提供了更多的职业选择和发展空间，也让人们可以更加专注于自己的兴趣和能力，实现自我价值的最大化。在数字化时代，人们不再需要为了生计而将自己束缚在一个特定的行业或公司内，而是可以通过多元化的职业发展方式，追求更加丰富多彩的人生。

4.1.2 全球化的职业机会和竞争

4.1.2.1 全球化的职业发展机会

随着科技的飞速进步，全球各地的距离被迅速拉近，人们能够轻松地与全球各地的人进行合作和竞争。这一巨大的变革不仅深刻地重塑了我们的工作方式，更极大地拓展了职业发展的可能性和边界。

在过去，地理位置是职业发展中一个不可忽视的限制因素。比如，一个想要进入影视行业的年轻人，可能不得不迁移到洛杉矶或纽约等影视产业集中的城市，以便能够更好地融入这个行业，寻找机会。同样，一个想要从事金融工作的人，往往也会选择伦敦、纽约或东京这样的国际金融中心作为自己的发展地。人们通常只能在所处的地区或国家内寻找适合自己的工作机会，与国际市场的互动相对较少，这无疑限制了职业发展的多样性和广度。

然而，在数字化时代，这一切都发生了翻天覆地的变化。以远程工作为例，现在一个设计师可以在家中通过专业的设计软件为一家远在千里之外的公司提供设计服务；一个程序员可以为世界各地的客户开发软件，无须离开自己的家。他们可以通过互联网与世界上任何一个角落的雇主、同事或合作伙伴进行实时沟通和协作，这种无国界的工作环境使得国际性的职业机会变得触手可及。

数字化技术不仅消除了地理障碍，更为人们提供了前所未有的选择自由和个性化空间。求职者不再局限于传统的招聘流程和地域限制，他们可以通过在线平台浏览全球范围内的职位信息，根据自身的能力和兴趣选择最适合自己的工作机会。比如，一个精通多国语言的翻译，可以通过在线平台为全球各地的客户提供翻译服务；一个擅长市场营销的人，可以为世界各地的企业制定营销策略。

与此同时，雇主也得以在全球范围内寻找最优秀的人才。例如，一家硅谷的初创公司，可能会通过在线平台聘请一位远在中国的软件工程师，因为他们看重的是这位工程师的技术能力和工作经验，而不是他所在的地理位置。这种跨地域的人才招聘模式，不仅使得企业能够找到最适合的人选，还为员工提供了更多的职业发展机会和空间。

此外，数字化时代还极大地促进了不同文化之间的交流与融合。在国际性的工作环境中，人们需要与来自不同文化背景的人进行合作。例如，一个国际项目的团队成员可能来自世界各地，他们有着不同的文化背景和工作习惯。为了项目的顺利进行，团队成员需要学会理解和尊重彼此的文化差异，同时要不断提升自己的跨文化沟通能力。这不仅要求人们具备跨文化沟通的能力，还促使他们更加开放和包容，愿意适应和理解不同的文化和工作方式。

4.1.2.2　全球化职业竞争

（1）跨国职位的竞争。随着跨国公司的增多，全球招聘成为常态。这使得来自不同国家的职业者都有机会竞争同一个职位。在这种情况下，具备全球视野、跨文化沟通能力和多国语言技能的求职者更具竞争力。

（2）远程工作机会的竞争。虽然远程工作为全球范围内的职业者提供了新的工作机会，然而，这也意味着更多的竞争。从业者需要展示出自己高效的工作能力、出色的沟通技巧以及对数字工具的熟练掌握，才能在远程工作市场上获得一席之地。

（3）文化适应能力的比拼。在全球化的职业竞争中，文化适应能力成为一个重要的竞争点。不同国家和地区的文化背景、工作习惯和价值观存在差异。能够快速适应并融入不同文化环境的职业者，将在国际职场中具有更大的竞争优势。

4.1.3　职业能力需求的转变

在数字化时代，员工的职业技能将发生翻天覆地的转变。随着科技的飞速发展和全球化的深入推进，传统的职业技能已经无法满足复杂多变的工作环境。数字化时代的职业能力如图 4-1 所示。

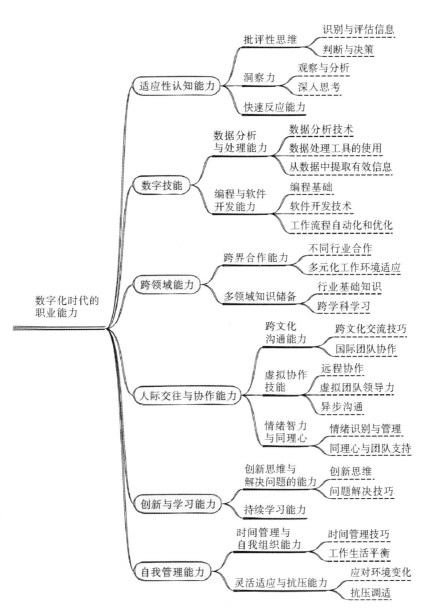

图 4-1　数字化时代的职业能力

4.1.3.1 适应性认知能力是基础

数字化给人们带来了前所未有的挑战和机遇，要求人们具备更高的认知水平和应对能力。批判性思维、洞察力和快速反应能力正是应对这些挑战的关键能力。它们能够帮助人们更好地理解世界、分析问题、制定策略并迅速行动，从而在这个快速变化的时代中立于不败之地。在数字化时代，人们每天接触到的信息量呈指数级增长，这些信息中不乏虚假、误导性的内容。批判性思维能够帮助我们辨别真假信息，分析信息的来源、真实性以及背后的动机，从而避免受到欺骗和误导。这种能力对于个人决策和判断至关重要，有助于我们在复杂的信息环境中保持清醒的认识。

同时，数字化时代的问题往往更加复杂多变，需要深入地分析和洞察，才能找到问题的本质和解决方案，洞察力要求人们能够透过表面现象看透事物的本质，精确判断出背后的本质、动机、欲望或规律。这种能力对于解决复杂问题、制定有效策略具有重要作用。

此外，在数字化时代，市场变化迅速且不可预测，组织和个人都需要具备快速反应的能力来应对各种挑战和机遇。快速反应能力不仅体现在对信息的迅速处理上，还体现在对问题的快速决策和行动上。这种能力能够帮助组织和个人在激烈的市场竞争中保持领先地位。

4.1.3.2 数字技能的重要性凸显

在数字化时代，数字技能已经成为员工必备的核心能力。数据处理和分析能力变得越来越重要。员工需要具备扎实的数据分析与处理能力，能够从海量数据中提取有价值的信息，为企业的决策提供数据支持。这种能力不仅限于数据分析师或数据科学家，逐渐成为各行各业员工的基本要求。尽管 AI 在数据分析方面表现出色，能够高效地处理大量数据并提供有价值的洞察；然而，人类仍然需要理解这些分析结果，并根据实际情况做出决策。此外，数据的质量和完整性也需要人类来把控。

同时，编程与软件开发能力也逐渐渗透到各个行业和职位中。编程已经不再是程序员的专属技能，越来越多的职位开始要求员工具备一定的编程能力。通过编程，员工可以实现工作流程的自动化和优化，提高工作效率和准确性。因此，掌握编程技能对于员工来说具有重要意义。AI 可以辅助开发人员进行代码优化和错误检测，甚至在某些情况下自动生成代码。但创意性的软件设计和复杂的系统架构仍然需要人类工程师的专业知识和直觉。

4.1.3.3　跨领域能力的需求增加

数字化时代促进了不同行业和领域的融合，要求员工具备更广泛的知识和技能。跨界合作能力成为员工必备的重要素质之一。在多元化的工作环境和项目需求中，员工需要能够与不同领域的人进行有效沟通和协作，共同解决问题和完成任务。这就要求员工不断拓宽自己的知识面，了解其他领域的基础知识和技能。

除了跨界合作能力，员工还需要多领域的知识储备。随着科技的不断进步和创新，各个行业之间的交叉融合越来越普遍。员工需要掌握多个领域的基础知识和技能，以便更好地应对不断变化的职业需求。这种跨领域的知识储备有助于员工在职业生涯中取得更多的发展机会。

AI 可以帮助整合不同领域的知识，但真正的创新往往来自对多个领域的深入理解与融会贯通，这是目前 AI 还难以做到的。人类的直觉、洞察力和创造性思维在跨界合作中仍然不可被替代。

4.1.3.4　人际交往与协作能力的重塑

在全球化背景下，员工的人际交往与协作能力也面临着新的挑战和机遇。跨文化沟通能力变得越来越重要。随着国际交流的日益频繁，员工需要与来自不同文化背景的人进行有效沟通和协作。这就要求员工具备跨文化沟通的能力，了解不同文化之间的差异和共性，以便更好地适应多元化的工作环境。

此外，随着远程工作的普及和发展，虚拟协作技能也逐渐成为员工必备的能力之一。在虚拟环境中与团队成员进行高效协作需要员工学会使用各种在线协作工具和平台，确保项目的顺利进行并保持良好的团队沟通氛围。

AI 在语言翻译和沟通辅助方面取得了显著进步，但真正理解和体会人类情感的细微差别，以及在复杂情境中做出恰当反应，仍然是 AI 的挑战。人类在团队协作、解决冲突和建立信任关系方面的能力是任何技术都难以替代的。

4.1.3.5　对创新与学习能力的要求持续提高

数字化时代加速了产品和服务的更新换代速度，要求员工具备更强的创新思维和解决问题的能力。员工需要不断探索新的思路和方法来应对市场变化和技术挑战，推动企业不断创新和发展。同时，员工还需要具备持续学习的态度和能力，不断更新自己的知识和技能库以适应职业发展的需求。在知识更新迅速的时代里持续学习是员工职业发展的重要保障之一。

AI 可以基于大量数据提供新的见解和建议，但真正的创新往往来自对人类需求的深刻理解和对未来的大胆设想，这需要人类的直觉和创造性思维。同时 AI 可以帮助人类获取知识，但选择学什么、如何学，以及将知识转化为实际行动，仍然需要人类的判断和决策。

4.1.3.6 自我管理能力需要强化

在快节奏和高压力的工作环境中，员工需要具备良好的自我管理能力以保持高效的工作状态并保持良好的工作生活平衡。时间管理和自我组织能力是员工必备的重要素质之一。合理安排工作时间和任务优先级有助于员工高效完成工作任务并避免过度压力带来的负面影响。同时灵活适应与抗压能力也是数字化时代员工必备的重要能力之一。面对不断变化的市场环境和工作要求，员工需要保持灵活适应的态度并积极应对各种挑战和变化以提升自己的职业竞争力。

虽然 AI 可以提供日程管理和任务提醒等功能，但如何合理安排时间、优先级以及应对突发情况，仍然需要人类的智慧和灵活性。面对快速变化的环境和压力，人类的适应能力和抗压能力是 AI 无法替代的。这需要人类的情绪管理、自我调节和社交支持等综合能力。

4.2 霍兰德职业兴趣测评

职业兴趣指人们对某种职业活动具有的比较稳定而持久的心理倾向，使人们对某种职业给予优先注意，并向往之。它是个人进行职业规划时需要注意的重要因素之一，对一个人的个性形成和发展，以及生活和活动都具有巨大的影响。

4.2.1 霍兰德职业兴趣分类

霍兰德职业兴趣测评，又名自我指导探索（self-directed search，SDS），由美国著名的职业指导专家、约翰·霍普金斯大学心理学教授约翰·霍兰德（John Holland）编制。其理论背景可以追溯到 20 世纪初，与智力测验和兴趣、能力倾向测量的发展密切相关。霍兰德于 1953 年编制了职业偏好量表（vocational preference inventory，VPI）。基于 VPI，他于 1969 年开展了自我指导探索（SDS），并提出了"人格特质与工作环境相匹配"的理论。

4.2.1.1 人格特征与职业类型

霍兰德观察到人的职业选择和职业发展受到其兴趣和人格特质的影响。他认为了解个人的兴趣对于找到适合的职业至关重要。霍兰德提出，人的兴趣是人们活动的巨大动力，职业兴趣可以提高人们的积极性，促使人们更加积极、愉快地从事该职业。他发现职业兴趣与人格之间存在很高的相关性。基于广泛的研究和观察，霍兰德将人格分为六种类型，这些类型是实际型（R）、研究型（I）、艺术型（A）、社会型（S）、企业型（E）和传统型（C）。每一种类型都对应着特定的职业倾向和兴趣领域。六种类型人格的特征如表 4-1 所示。

表 4-1　霍兰德六种人格类型特征及适合职业类型

人格类型	人格特征	适合的职业类型	典型职业
实际型（R）	倾向于使用工具从事操作性工作，动手能力强，做事脚灵活，动作协调。偏好于具体任务，不善言辞，不善交际，做事保守，较为谦虚，通常喜欢独立做事	通常涉及操作性工作，这类工作需要具备一定的动手能力，对具体任务进行操作和实施	机械工程师、汽车修理工、矿工、电工、木工、飞行员、公共交通驾驶员等
研究型（I）	抽象思维能力强，求知欲强，肯动脑，善思考，不愿动手。喜欢独立的和富有创造性的工作；知识渊博，有学识才能，不善于领导他人。倾向于从事需要逻辑思维和抽象思考的工作	主要是科学研究和科学实验工作，这类工作需要具备抽象能力、求知欲、肯动脑筋、善思考等特质	科研人员、数学家、天文学家、大学教授、系统分析员等

表4-1(续)

人格类型	人格特征	适合的职业类型	典型职业
艺术型（A）	富有创造力，乐于创造新颖、与众不同的成果，渴望表现自己的个性；做事理想化，追求完美，不重实际，具有艺术才能，倾向于从事艺术、文学和科学等领域的工作	通常涉及艺术创作和设计等领域，这类工作需要具备创新思维、艺术天赋和审美能力	室内装饰设计师、音乐家、演员、作家、画家、舞蹈家等
社会型（S）	喜欢与人交往、不断结交新的朋友、善言谈、愿意教导别人。喜欢从事为他人服务和教育他人的工作；喜欢参与解决人们共同关心的社会问题，渴望发挥自己的社会作用；比较看重社会义务和社会道德	通常涉及社会服务、教育、医疗等领域，这类工作需要与人打交道，提供服务和帮助	教师、心理咨询师、社会工作者、护士、公关人员等
企业型（E）	追求权力、权威和物质财富，具有领导才能。喜欢竞争、敢冒风险、有野心、抱负；精力充沛、自信、善交际；为人务实，习惯以利益得失、权利、地位、金钱等来衡量做事的价值	通常涉及商业和管理等领域，这类工作需要具备领导能力、决策能力、组织能力和协调能力	项目经理、销售经理、政府官员、企业家、律师
传统型（C）	尊重权威和规章制度，喜欢按计划办事，细心、有条理，习惯接受他人的指挥和领导，自己不谋求领导职务；通常较为谨慎和保守；不喜欢冒险和竞争，富有自我牺牲精神	通常涉及文书、会计、秘书等行政助理类工作，这类工作需要具备细心、有条理、喜欢按计划办事等特质	秘书、办公室职员、图书管理员、会计、出纳、打字员等

4.2.1.2 六种职业类型的关系

霍兰德所划分的六大类型并非并列的，而是有着明晰的边界的。他以六边形标示出六大类型的关系（见图4-2），包括相邻关系类型、相隔关系类型、相斥关系类型。在图4-2中，实线表示相邻的关系类型，虚线表示相隔的关系类型，点划线表示相斥的关系类型。

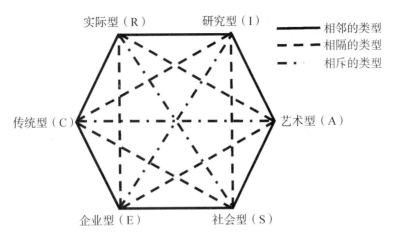

图 4-2　霍兰德人格类型的六边形模型

（1）相邻关系。相邻关系指的是在六边形模型中相邻的两种类型之间的关系。这些类型在兴趣、价值观和能力上具有一定的相似性，因此它们之间的职业转换或结合相对容易。表 4-2 是相邻兴趣组合的特点。

表 4-2　相邻兴趣组合的特点对比

兴趣组合	特点
R 与 I	这两种类型都倾向于与事物打交道，但 R 型更侧重于实际操作，而 I 型则更侧重于理论分析和研究
I 与 A	I 型和 A 型都具有创造性，但 I 型的创造更多基于逻辑和分析，而 A 型的创造则更多基于情感和想象力
A 与 S	A 型和 S 型都涉及与人或社会的互动，但 A 型更倾向于通过艺术表达情感和观点，而 S 型则更注重直接的人际交往和服务
S 与 E	S 型和 E 型都涉及与他人的互动，但 S 更侧重于帮助和服务他人，而 E 型则更侧重于领导和影响他人
E 与 C	E 型和 C 型都注重组织和规划，但 E 型的组织更侧重于创新和变革，而 C 型的组织则更侧重于稳定和规则
C 与 R	C 型和 R 型都注重实际操作和执行，但 C 型的操作更侧重于遵循规则和流程，而 R 型的操作则更侧重于与物体和工具的直接互动

（2）相隔关系。相隔关系指的是在六边形模型中相隔一个类型的两种类型之间的关系。这些类型在兴趣和能力上存在一定的差异，但仍然有可能通过适当的培训和经验积累实现职业转换或结合。表4-3为相隔兴趣组合的特点。

表4-3　相隔兴趣组合特点对比

兴趣组合	特点
R与A	R型注重实际操作和手工艺技能，而A型则注重艺术创造和表达
I与S	I型倾向于独立思考和分析问题，而S型则更善于与人交往和提供帮助
A与E	A型具有创造和想象力，而E型则具有领导才能和商业头脑
S与C	S型注重人际交往和服务他人，而C型则注重规则和秩序
E与R	E型具有领导和商业才能，而R型则注重实际操作和手工艺技能
C与I	C型注重规则和流程的执行，而I型则注重独立思考和分析问题

（3）相斥关系。相斥关系指的是在六边形模型中相对位置的类型之间的关系。这些类型在兴趣、价值观和能力上存在较大差异，因此它们之间的职业转换或结合相对困难。表4-4为相斥兴趣组合的特点。

表4-4　相斥兴趣组合的特点对比

兴趣组合	特点
R与S	R型倾向于与物体和工具打交道，而S型则更善于与人交往和提供帮助
I与E	I型注重独立思考和分析问题，而E型则更注重领导和商业才能
A与C	A型具有创造力和想象力，而C型则更注重规则和秩序的执行

4.2.2　霍兰德职业兴趣测评量表

霍兰德职业兴趣测评量表的版本比较多，具体取决于测评的目的。对于面向学生的测评与面向成人的测评题项在描述上也有较大的差异。目前大家能在网上看到的题项数量也

霍兰德职业
兴趣测评量表

参差不齐，主要是由于来源各不相同，但量表的设计基础均是基于霍兰德的理论，将职业分为现实型、研究型、艺术型、社会型、企业型和传统型，通过评估个体在这些类型上的偏好，确定其职业适应性和发展方向。被试者通过回答关于兴趣、偏好和态度的问题，来确定在不同兴趣类型上的得分。这些题项可能涉及个人对不同类型的职业、活动和工作环境的喜好程度，以及个人在不同领域中的技能和才能等方面的评估。目前用得比较多的是90题项的版本。

4.2.3 霍兰德职业兴趣测评计分方法及结果解释

4.2.3.1 计分方法

对于不同题项数量的测评，计分方式有所不同，在此以90个题项的量表为例来说明测评计分方法。根据霍兰德职业兴趣测评量表的选项情况，分别对"是"的计1分，对"否"的不计分，测评表见表4-5。

表4-5 霍兰德职业兴趣测评计分

	题号	1	7	13	19	25	31	37	43	49	55	61	67	73	79	85
现实型（R）	得分															
	合计															
研究型（I）	题号	2	8	14	20	26	32	38	44	50	56	62	68	74	80	86
	得分															
	合计															
艺术型（A）	题号	3	9	15	21	27	33	39	45	51	57	63	69	75	81	87
	得分															
	合计															
社会型（S）	题号	4	10	16	22	28	34	40	46	52	58	64	70	76	82	88
	得分															
	合计															

表4-5(续)

现实型（R）	题号	1	7	13	19	25	31	37	43	49	55	61	67	73	79	85
	得分															
	合计															
企业型（E）	题号	5	11	17	23	29	35	41	47	53	59	65	71	77	83	89
	得分															
	合计															
传统型（C）	题号	6	12	18	24	30	36	42	48	54	60	66	72	78	84	90
	得分															
	合计															

4.2.3.2 结果解释

根据表4-5计算出每种类型的得分，并将每种类型的得分从高到低依次排序，在六个类型中，选择得分在前三的类型组合，作为职业兴趣测评的结果。例如最终得分的排序结果是：研究型 I 得分为14分，传统型 C 得分为12分，现实型 R 得分为11分，企业型 E 得分为7分，艺术型 A 得分为5分，社会型 S 得分为5分。最终的测评结论是：你的职业兴趣代码是 ICR，即适合从事的职业包括质量检验技术员、地质学技师、工程师、法官、图书馆技术辅导员、计算机操作员、医院听诊员、家禽检查员等。

对于霍兰德职业兴趣测评结果适合的职业代码及对应的职业，在互联网可以查询到，本书不再赘述。

4.2.4 霍兰德职业兴趣测评结果应用

4.2.4.1 霍兰德职业兴趣测评的应用场景

（1）招聘与人才选拔。企业在招聘过程中，可以利用霍兰德职业兴趣测试来更好地了解应聘者的职业兴趣，从而判断其是否适合某个职位。这有助于企业实现人岗匹配。例如，一家科技公司在招聘软件工程师时，除考察应聘者的专业技能和经验外，还可以利用霍兰德职业兴趣测评来了解其是否对技术研发有浓厚的兴趣和热情。这样，企业不仅能够选拔到技能过硬的人才，还能确保这些人才对岗位有高度的认同感和投入度，从而提高员工的工作满意度和效率。

（2）求职应聘与自我定位。在应聘前进行自我测评，可以帮助求职者更加清晰地认识自己的优势、擅长和兴趣偏好。这样，求职者在选择职业岗位时就能更加精准地定位自己，避免盲目投递简历和浪费时间。例如，一个大学毕业生在求职前进行了霍兰德职业兴趣测评，发现自己的职业兴趣类型更偏向于社会型（S）和企业型（E）。那么，在求职过程中，他就可以重点关注那些与社会服务和企业管理相关的职位，如公关、市场营销等。这样，他不仅能够更快地找到适合自己的工作，还能在未来的职业发展中更好地发挥自己的潜力。

（3）职业规划与发展。霍兰德职业兴趣测评在职业规划领域也有广泛应用。通过测评，个体可以了解自己的职业兴趣类型，为自己设定明确的职业目标和发展路径，避免走弯路。同时，职业规划师也可以利用该测评为客户提供更个性化的职业规划建议。例如，一个初入职场的新人，在进行了霍兰德职业兴趣测评后，发现自己对艺术型（A）和现实型（R）的职业更感兴趣。那么，他就可以考虑将未来的职业发展定位在与设计、手工艺或相关领域。这样，他不仅能够在工作中找到自己的乐趣和价值，还能在职业发展中不断挖掘自己的潜力和创造力。

（4）高考志愿填报与专业选择。对于高中生来说，填报高考志愿是一个关乎未来职业发展的重要决策。然而，许多高中生在填报志愿时往往缺乏足够的职业了解和自我认知。霍兰德职业兴趣测评可以帮助他们更好地探索自己的兴趣倾向，为选择适合自己的大学专业提供有力的参考，避免盲目选择导致未来的职业发展受阻。例如，一个高中生在进行了霍兰德职业兴趣测评后，发现自己对研究型（I）与社会型（S）的职业更感兴趣。那么，在填报志愿时，他就可以重点考虑那些与科学研究、技术开发、解决社会问题等相关的专业，如心理学、营养学微生物学等。这样，他不仅能够在大学期间学到自己感兴趣的知识，还能为未来的职业发展奠定坚实的基础。

（5）职业培训与教育指导。教育机构可以利用该测评帮助学生进行职业选择和定位，同时根据测试结果因材施教，释放学生的职业发展潜力。例如，在职业教育机构中，教师可以利用霍兰德职业兴趣测评来了解学生的兴趣倾向和能力特点，从而为他们提供更加个性化的教学方案。这样，学生不仅能够更加高效地掌握职业技能和知识，还能在未来的职业发展中更好地适应市场需求和变化。

4.2.4.2 应用案例

霍兰德职业兴趣测评的应用范围比较广，既可以面向学生，也可以面向职场人士，下面以两个案例进一步说明其应用。

案例1 霍兰德职业兴趣测评帮助李华确定了发展方向

李华是一名大三的学生，就读于某知名大学的经济学院。随着毕业的临近，他开始认真思考自己的职业规划。虽然他对经济学有浓厚的兴趣也学习到了很多的知识，但对具体的求职方向却是一片茫然，好像很多工作都可以从事，但又好像找不到一个具体的着力点。为了更科学地规划自己的未来，李华决定利用霍兰德职业兴趣测评来帮助自己做出决策。

测评结果是研究型（I）高分，社会型（S）高分，艺术型（A）中等分，企业型（E）低分，常规型（C）低分，现实型（R）低分，如图4-3所示。

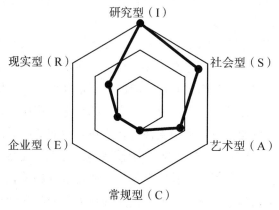

图4-3 李华的霍兰德职业兴趣测评结果

　　根据霍兰德职业兴趣测评的结果，李华的职业兴趣主要集中在研究型和社会型上。他善于思考和分析，对知识和理论有深厚的兴趣，同时也喜欢与人交往，愿意帮助别人。然而，他对于企业管理、常规事务以及手工艺和艺术创作方面的兴趣相对较低。由此，给李华的建议如下：

　　第一，继续深造：由于李华在研究型方面得分较高，他可以考虑继续攻读经济学或相关领域的硕士学位，以深化自己的专业知识和研究能力。

　　第二，从事研究工作：李华可以考虑进入大学、科研机构等从事经济学研究工作，这既能满足他对知识的追求，也能发挥他的分析能力。

　　第三，咨询行业：作为一名经济学专业的学生，李华也可以考虑进入咨询行业，从事数据资料分析，这既能运用他的专业知识，也能满足他与人交往和解决问题的愿望。

　　第四，非政府组织或公共服务：由于李华在社会型方面也表现出一定的兴趣，他也可以考虑加入与经济学相关的非政府组织或公共服务机构，为社会贡献力量。

　　根据霍兰德职业兴趣测评的结果，李华选择了继续深造，因为他考虑到未来如果从事研究工作，或者进入咨询行业，都需要有较强的理论功底与研究能力，所以，继续深造以后再选择相关的职业，更利于未来的发展。

案例2　霍兰德职业兴趣测评帮助人力资源经理优化绩效管理制度

　　高杨扬作为广州某IT公司的人力资源经理，面临了一个棘手的问题：公司销售部和售后服务部的一线员工在顾客评分与上级主管评分之间存在明显的差异，缺少相关性，由此，员工对于绩效考核的结果也产生了质疑。这促使高杨扬去深入探索背后的原因，并考虑如何优化公司的绩效管理制度。

　　在初步调查后，高杨扬发现，大部分得到上级好评的员工，在顾客评分中却表现不佳，反之亦然。他百思不得其解，于是请教了管理公司的咨询顾问，咨询公司建议他可以深入地了解一下员工特质与工作表现之间的关系，高杨扬引入了霍兰德职业兴趣测评。

在咨询公司的帮助下，高杨扬对全体员工进行了霍兰德职业兴趣测评。测评结果显示，得到顾客较高评分的 92 位员工中，社会型员工占 48%，企业型员工占 44%；而得到上级主管较高评分的 130 位员工中，传统型员工占 78%，进一步分析发现：

社会型得分高的员工善于与人交往，乐于助人，善于倾听和理解他人，因此在服务顾客时表现出色，容易受到顾客的好评。

企业型得分高的员工具有领导才能和说服力，善于影响他人，这种特质使他们在与客户沟通时能够轻松应对，也容易获得顾客的好评。

传统型得分高的员工习惯按照既定的规则和程序工作，忠诚可靠，是上级主管眼中的"好员工"。但这种类型的员工在服务顾客时可能显得过于呆板，缺乏灵活性。

结合这些数据，高杨扬发现，原先的主管考评制度过于主观，可能受到个人喜好、偏见等因素的影响，而顾客评分更为客观，直接反映了员工的服务质量和客户满意度。

因此，他提出了优化绩效管理制度的建议：

第一，将顾客评分的权重加大，因为，公司销售部和售后服务部的一线员工的主要职责就是对顾客服务，顾客的好评更重要。第二，对主管的评分权重降低，并进一步对主管评分内容进行细化或量化，使评价更趋客观，减少主观评价成分。第三，建立定期反馈与沟通的机制，让员工了解自己的工作表现，明确改进方向，同时也让上级主管更加了解员工的职业兴趣和特点，以便更好地进行人员配置和管理。

通过实施这些优化措施，高杨扬所在公司的员工满意度和顾客满意度也大幅提高。

4.3 舒伯职业价值观测评

职业价值观是人生目标和人生态度在职业选择方面的具体表现，也就是一个人对职业的认识和态度以及他对职业目标的追求和向往。具体来说，职业价值观包括了人们对工作的看法、对职业道德和职业精神的理解、对职业发展的期望等方面的内容。它是人们选择职业、确定职业目标、制定职业规划的重要参考依据。

一个人的职业价值观决定了他会选择从事什么样的职业、追求什么样的职业发展，以及他对所从事的职业的态度和投入程度。不同的人因为所处的环境、所受的教育、家庭背景等因素的不同，会形成不同的职业价值观。比如，有的人更看重职业的社会地位和声誉，有的人更注重工作的创造性和挑战性，还有的人更看重工作带来的经济收益等。因此，了解和明确自己的职业价值观，对于一个人的职业生涯规划和发展至关重要。

4.3.1 舒伯职业价值观分类

舒伯职业价值观测评起源于美国心理学家唐纳德·E. 舒伯（Donald E. Super）的研究。在 20 世纪五六十年代，舒伯开始致力于职业规划和职业发展理论的研究，为后来的职业价值观测评奠定了基础。舒伯通过深入研究，将职业价值观分为三个维度：内在价值观、外在价值观和外在报酬。他进一步细化了这些维度，提出了包括利他主义、美的追求、创造发明、智力激发、成就满足、自主独立、声望地位、权力控制、经济报酬、安全稳定、工作环境等在内的 15 个职业价值观。具体如表 4-6 所示。

表 4-6　舒伯职业价值观分类及对应职业

序号	职业价值观	职业价值观内涵	对应职业
1	利他主义	认为工作的目的在于为他人谋福利，通过工作寻求为他人或社会带来益处的价值观	医生、护士、教师、社会工作者、慈善工作者等
2	美的追求	认为工作意义在于使这个世界更美丽，希望通过工作创造优美的作品，增添社会的艺术、文化气息	演员、诗人、工艺美术师、艺术家、摄影师、建筑师、室内设计师等
3	创造发明	认为工作的意义在于发明创造新鲜事物，希望通过工作设计新产品，发展新观念，重视构思新的解决方法	工程师、科研人员、软件开发人员、产品开发人员等
4	智力激发	认为工作的目的在于智慧的激发与增长，希望通过工作能够提供机会独立思考，不断学习，解决新的难题	律师、咨询师、医生、教授、策略分析师、数据分析师等
5	成就满足	认为工作的目的是获得成就感，希望看到自己努力工作的成果，明确感受到工作对组织或社会产生的作用和意义	医生、企业家、高管、政治家、运动员、销售人员等
6	自主独立	认为工作的意义在于能以自己的节奏或方法来进行，希望自己的工作不受他人干涉与限制，在职责范围内有充分自由	自由职业者、企业家、独立顾问、作家等
7	声望地位	认为工作意义在于提高个人声誉，希望通过工作使自己更有社会地位，令他人对自己产生尊重与崇敬	医生、律师、教授、政治家、艺术家、企业家等
8	权力控制	认为工作的目的在于获得个人权力，希望能够分配任务并管理他人，发挥自己的领导才能	企业家、项目经理、团队领导、导演、政府公务员等
9	经济报酬	认为工作的目的在于获得丰厚的经济收入，使自己有能力购买想要的东西，希望通过工作加薪	投资顾问、销售人员、职业经理人等

表4-6(续)

序号	职业价值观	职业价值观内涵	对应职业
10	安全稳定	认为工作的目的在于能得到稳定的生活保障,不受风险影响,有安全感,不会轻易被裁员等	公务员、大型企业员工、飞机机械师等
11	工作环境	认为工作的意义在于能在舒适、良好的办公环境中进行,有现代化设备	职业经理人、收银员、教师、银行职员等
12	上司关系	认为工作的目的在于能与上级平等且融洽的相处,获得赏识,希望自己的主管善解人意,采取民主领导方式	秘书、助理、保险经纪人、顾问等
13	同事关系	认为工作的目意义在于能与工作伙伴一起愉快地工作,希望有融洽的同事关系和氛围,建立深厚的友谊	产品研发人员、广告策划、科学家等
14	生活方式	认为工作的目的在于能选择自己的生活方式,希望通过工作能使生活成为期望的模样,过上想过的生活	符合自己喜欢的生活方式的工作
15	多样变化	认为工作的目的在于尝试变化,体验多样性,希望自己的工作能经常变换任务性质和内容以及工作场所等	产品研发人员、企业家、政治家、推销员等

细心的读者可能发现了,一些职业在多个分类中出现,例如"医生""企业家"等,因为这些职业通常包含多种价值观元素。对于医生来说,他们需要具备利他主义成就满足、智力激发等多种价值观;企业家需要具备成就满足、权利控制、独立自义、多样变化等多种价值观。

4.3.2 舒伯职业价值观测评量表

舒伯职业价值观测评量表包含60个题项,这些题项涵盖了15个价值观要素,能够全面评估个人的职业价值观。其还有一个缩减版本,即52题版。这个版本是对原版的简化,虽然题目数量较少,但结论与60题版趋同,同样能够有效地衡量个人的职业价值观。

量表通常包含一系列陈述，要求被测者根据每个陈述对自己来说的重要性进行评分。

舒伯职业价值观
测评量表

4.3.3 舒伯职业价值观测评计分方法及结果解释

4.3.3.1 计分方法

评分采用 5 点计分法，其中"非常重要"得 5 分，"比较重要"得 4 分，"一般"得 3 分，"比较不重要"得 2 分，"很不重要"得 1 分。用表见表 4-6。

表 4-7 舒伯职业价值观测评计分

职业价值观	对应题项	得分
利他主义	1、16、31、46	
美的追求	2、17、32、47	
创造发明	3、18、33、48	
智力激发	4、19、34、49	
成就满足	6、21、36、51	
自主独立	5、20、35、50	
声望地位	7、22、37、52	
权力控制	8、23、38、53	
经济报酬	9、24、39、54	
安全稳定	10、25、40、55	
工作环境	11、26、41、56	
上司关系	12、27、42、57	
同事关系	13、28、43、58	
生活方式	15、30、45、60	
多样变化	14、29、44、59	

4.3.3.2 结果解释

被测者根据每个职业价值观的得分，可以了解其在职业选择中最看重的因素，一般来说，得分较高的要素表示受测者更加重视这些方面的价值观，在职业规划时可能会更倾向于选择与这些价值观相符的职业。

除分析单个要素的得分外，还需要观察不同要素之间的得分差异和相对重要性，这有助于被测者更全面地了解自己的职业价值观倾向，并在职业规划时做出更明智的决策。每种职业价值观的具体内涵可以参见第 4.3.1 节的表 4-6。

4.3.4　舒伯职业价值观测评结果应用

4.3.4.1　舒伯职业价值观测评的应用场景

（1）个人职业规划。舒伯职业价值观测评可以帮助个体了解自己的职业价值观，从而为个人的职业规划提供指导。通过测评，个体可以明确自己在工作中所看重的因素，进而选择更符合自己价值观的职业方向。例如，如果测评结果显示你非常重视智力激发和创造力，那么你可能更适合从事设计、研发等需要不断创新和思考的职业。

（2）职位选择与个人发展。测评结果可以帮助个人在求职过程中更加精准地选择适合自己的职位。通过对比自己的职业价值观和不同职位的工作内容、环境等，求职者可以选择那些与自己价值观相匹配的职位，从而提高工作满意度和工作效率。对于已经在职场上工作的人来说，测评结果可以作为职业发展的参考。通过了解自己的职业价值观，他们可以更加明确自己的发展方向和目标，从而制定更加有针对性的职业提升计划。

（3）招聘与选拔。在组织的招聘过程中，舒伯职业价值观测评可以作为一个重要的选拔工具，可以根据岗位需求和企业文化，通过测评筛选出与岗位和企业文化相匹配的候选人。

（4）员工培训与发展。组织可以利用舒伯职业价值观测评结果，为员工订制个性化的培训计划。组织通过了解员工的职业价值观，可以更加精准地满足员工的培训需求，提升员工的工作满意度和忠诚度。

（5）职业咨询与指导。职业咨询师或指导师可以利用舒伯职业价值观测评，帮助客户了解自己的职业倾向和价值观，从而为客户提供更加精准的职业发展建议。

（6）团队建设与沟通。了解团队成员的职业价值观有助于更好地进行团队建设和沟通。团队领导者可以根据成员的职业价值观来合理分配工作任务和角色，从而提高团队的协作效率和凝聚力。

以一个软件开发团队为例，对于团队中重视"成就满足"和"创造发明"的成员，他们喜欢挑战和解决问题，追求在工作中的成就和创新。对于这些成员，团队领导者可以安排他们负责项目的关键模块或创新功能的设计与开发，这样他们可以充分发挥自己的创造力，并在成功完成后获得强烈的成就感。

另一些成员可能更注重"安全稳定"和"利他主义"，他们喜欢稳定的工作环境，并乐于帮助他人。这些成员可以被安排在测试、文档编写或客户支持等角色上，他们在这些岗位上能够提供稳定的支持，并确保团队的工作流程顺畅。

通过这样根据职业价值观来合理分配工作任务和角色，团队领导者可以确保每个成员都能在自己擅长的领域和感兴趣的方面作出贡献，从而提高整个团队的协作效率和凝聚力。这种个性化的任务分配方式不仅有利于团队成员的个人发展，也能促进团队整体目标的实现。

4.3.4.2 测评结果应用案例

舒伯职业价值观测评既可以个体寻求职业定位与职业选择的工具，也可以是组织招聘、培训与团队管理的工具。

案例 苗妙的职业烦恼

苗妙是一名质量检测员，负责确保公司产品的质量符合标准，在发现问题后，她需要开具返修单。但凡遇到返修的情况，相关人员的质量得分就会被扣，并进一步影响他们的绩效工作。苗妙对自己的工作非常认真，始终追求卓越和精确。但是，苗妙并不喜欢现在的工作，经常会有一种想换工作的冲动，但是左思右想，又不知道自己适合哪一个工作岗位。为此，她多次向人力资源部提出换工作的想法，可是人力资源部向她的上司了解情况后发现，她的工作尽责，上司对她很满意，她与部门同事的关系也不错。

　　人力资源部也困惑了，苗妙为什么想换工作呢？该怎样帮助她安心从事现在这份工作？在咨询了职业心理测评专家后，人力资源部给苗妙做了舒伯职业价值观测评，结果如图4-4所示。

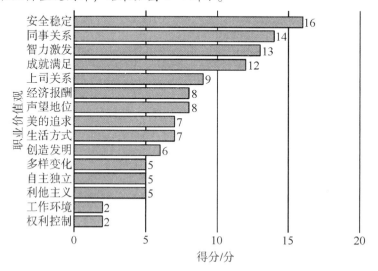

图4-4　苗妙的舒伯职业价值观测评结果

　　根据苗妙的舒伯职业价值观测评结果分析发现，首先，"安全稳定"这一项在测评中获得了最高分，达到了16分。这明确反映了苗妙对职业稳定性和安全感的强烈需求。她身处一个结构化、规范化的工作环境，每天遵循既定的检测流程和标准，这种稳定性和可预测性恰好满足了她的这一核心职业价值观。

　　在与苗妙交流时，她也坦然承认，当初选择质量检测员这个岗位就是考虑它比较稳定，而且可以通过努力形成自己的岗位竞争力。

　　但是，她的"智力激发"得13分，得分比较高，说明苗妙对于需要运用智力和解决问题的能力非常看重。然而，质量检测工作包含大量的重复性任务，主要是按照标准开展工作，缺乏持续性的智力挑战。这种工作内容的单调性可能无法满足苗妙对智力激发的需求，导致她对工作感到乏味和不满。

另外，苗妙在"同事关系"上得分很高（14分），表明她非常重视与同事之间的关系，但是质量检测工作需要经常给同事开具返修单，直接影响别人的绩效工资，使得她很难与同事建立和谐的关系，要么是她觉得不好意思，要么是同事对她表示不满，这也可能是她对现在工作感到不满的原因之一。

再综合考核苗妙的"成熟满足"12分，得分也比较高，说明她希望看到自己努力工作的成果，明确感受到工作对组织或社会产生的作用和意义，因此，如果将质量检测工作的价值再进一步与苗妙沟通，她应该会重新认识这项工作。

为此，人力资源部做了两项工作。一是给苗妙的上司建议，丰富苗妙的工作，安排她对于一些频繁出现的质量问题，定期做分析报告，提出改进建议。二是，人力资源部经理出面与苗妙做了深度沟通，首先从认知上，将工作中开返修单与同事关系的问题与苗妙做了探讨，让她优化沟通风格，除了开具返修单，也可以多与相关责任人沟通；其次，人力资源部经理将质量检测工作的对企业发展的重要性与苗妙做了比较深入的讨论。

3年过去了，苗妙依旧快乐地在她的岗位上尽职尽责地工作着。她再也没有提出过要换工作岗位的要求。

4.4 爱德华个人偏好测验

4.4.1 个人需求分类

1938年，美国心理学家亨利·A.·默瑞（H. A. Murray）提出了人类15种需求理论，这为后来爱德华个人偏好测验的编制提供了理论基础。基于默瑞的需求理论，美国心理学家艾伦·L.·爱德华兹（A. L. Edwards）于1953年编制了爱德华个人偏好量表。这个量表由15个分量表组成，每个分量表代表一种需求，共包括 225 个题项。这些题项是以两个以"我"为开头的陈述句形式呈现，要求被测试者从中选择一个更符合自己偏好的陈述。

在量表的后续使用过程中，根据实践中的反馈和心理学研究的进展进行了修订和完善，以提高量表的信度和效度。爱德华个人偏好测验最初主要用于心理学研究和临床实践，但随着时间的推移，其应用领域逐渐拓展到人才选拔、咨询、心理疾病诊断以及职业发展咨询等方面。通过该测验，可以了解个体在 15 种需求上的倾向，从而揭示其人格特质和潜在需求。

与爱德华个人偏好对应的 15 种需求分别是成就需求、顺从需求、秩序需求、表现需求、自主需求、亲和需求、内省需求、求助需求、支配需求、谦卑需求、助人需求、变异需求、持久需求、异性需求、攻击需求。

4.4.2　爱德华个人偏好测验量表

爱德华个人偏好测验量表（EPPS）是一种自陈式人格问卷，包括 225 个题项，每个题项包括两句话，这两句话描述了不同的需求或动机，受测者需要从中选择一句以表达自己的偏好，这种迫选的方式有助于揭示受测者在不同人格需求上的倾向和动机。

对应 15 种需要的 15 个分量表中，每个分量表有 9 种叙述，这 9 种叙述轮流与其他需要的叙述搭配为成对的句子，每种叙述在量表中会重复两、三次。量表中有 15 个题目重复两次，以检查受测者回答的一致性。

爱德华个人偏好量表可用于大学生和正常成人，也可扩大应用到中学生，适用年龄范围较广，既可个别施测，也可团体施测。

爱德华个人偏好
测验量表

4.4.3　爱德华个人偏好测验计分方法及结果解释

4.4.3.1　计分方法

EPPS 的一个重要特点是它提供了"ipsative"和"normative"两种评分方式。ipsative 评分是基于个体与自己过去表现的比较，而 normative 评分方式则是将个体的表现与一个标准化的群体平均值进行比较。在实际应用中，选择哪种评分方式取决于具体的研究目的和需求。如果目的是深入了解个体的心理特征和潜在的成长空间，ipsative 评分可能更为合适。而如果需要在更广泛的社会文化背景下评估个体的行为和特征，那么 normative 评分方式可能更加适用。此外，结合使用这两种评分方式可能会提供更全面的视角，有助于克服单一方法的局限性。

ipsative 评分是一种个体内的评分方式，它关注的是受测者在各个需求上的相对偏好。在 EPPS 中，ipsative 评分是通过比较受测者在 15 种基本需求上的得分来确定的。具体来说，对于每个受测者，将其在各个需求上的得分进行标准化处理（如转换为 Z 分数），再比较这些标准化得分来评估受测者的相对偏好。ipsative 评分方式能够揭示受测者内部需求之间的相对强度，有助于了解受测者的个性化需求结构。这种评分方式不受受测者群体常模的影响，因此更能够反映受测者的独特性格和需求偏好。

normative 评分是一种个体间的评分方式，它关注的是受测者在某个需求上的得分与常模（某一特定群体的平均得分）之间的比较。在 EPPS 中，normative 评分是通过将受测者在各个需求上的原始得分与常模进行比较来确定的。具体来说，它可以计算受测者在某个需求上的得分与常模得分的差异，从而评估受测者在该需求上的强度或弱度。normative 评分方式能够提供受测者在各个需求上与常模相比的强度和弱度信息。这种评分方式有助于将受测者的需求偏好与一般群体进行比较，从而更全面地了解受测者的性格特征。然而，它受到常模选择的影响，因此可能存在一定的局限性。

计分时，由答卷直接算得原始分数，然后根据常模转化为百分位。

首先，计分在做了选择的答卷上进行。首先经 1～25，101～125，201～225（主对角线上的项目）划三条双实线；其次经 151～175，26～50，51～75（小对角线上的项目）划三条单实线；再次将双实线和单实线上的答题标号进行对比，凡是在答卷上的回答一致（两者都是 A 或两者都是 B）的在对应问卷下方的方格中记 0 分，凡是回答不一致的则记 1 分；最后得出方格得分总和，便是稳定性分数。每个分量表的计算方法：每横行数出答 A 的个数，填入相应的 row 栏；每竖行数出答 B 的个数，填入相应的 cross 栏，然后将这两个分数相加使得到分量表总分（sum 分），此时双实线上的项目均不计分，如表 4-8 所示。爱德华个人偏好测验的 15 种需要得分最高为 28 分，最低为 0

分。稳定性分数最高为 15 分，最低为 0 分，稳定性分数越高，受测者回答问题的稳定性越低，当稳定性分数大于 7 分时，答卷的真实性值得怀疑。

在此基础上，查常模找出每个分量表的百分位，并在相应的百分位剖析图上画出曲线，便可直观地了解受测者所需要的强弱程度。

表 4-8　EPPS 计分

															row	cross	sum	
1 A B	6 A B	11 A B	16 A B	21 A B	26 A B	31 A B	36 A B	41 A B	46 A B	51 A B	56 A B	61 A B	66 A B	71 A B				ach
2 A B	7 A B	12 A B	17 A B	22 A B	27 A B	32 A B	37 A B	42 A B	47 A B	52 A B	57 A B	62 A B	67 A B	72 A B				def
3 A B	8 A B	13 A B	18 A B	23 A B	28 A B	33 A B	38 A B	43 A B	48 A B	53 A B	58 A B	63 A B	68 A B	73 A B				ord
4 A B	9 A B	14 A B	19 A B	24 A B	29 A B	34 A B	39 A B	44 A B	49 A B	54 A B	59 A B	64 A B	69 A B	74 A B				cxh
5 A B	10 A B	15 A B	20 A B	25 A B	30 A B	35 A B	40 A B	45 A B	50 A B	55 A B	60 A B	65 A B	70 A B	75 A B				aut
76 A B	81 A B	86 A B	91 A B	96 A B	101 A B	106 A B	111 A B	116 A B	121 A B	126 A B	131 A B	136 A B	141 A B	146 A B				aff
77 A B	82 A B	87 A B	92 A B	97 A B	102 A B	107 A B	112 A B	117 A B	122 A B	127 A B	132 A B	137 A B	142 A B	147 A B				int
78 A B	83 A B	88 A B	93 A B	98 A B	103 A B	108 A B	113 A B	118 A B	123 A B	128 A B	133 A B	138 A B	143 A B	148 A B				suc
79 A B	84 A B	89 A B	94 A B	99 A B	104 A B	109 A B	114 A B	119 A B	124 A B	129 A B	134 A B	139 A B	144 A B	149 A B				dom
80 A B	85 A B	90 A B	95 A B	100 A B	105 A B	110 A B	115 A B	120 A B	125 A B	130 A B	135 A B	140 A B	145 A B	150 A B				aba
151 A B	156 A B	161 A B	166 A B	171 A B	176 A B	181 A B	186 A B	191 A B	196 A B	201 A B	206 A B	211 A B	216 A B	221 A B				nur
152 A B	157 A B	162 A B	167 A B	172 A B	177 A B	182 A B	187 A B	192 A B	197 A B	202 A B	207 A B	212 A B	217 A B	222 A B				chg
153 A B	158 A B	163 A B	168 A B	173 A B	178 A B	183 A B	188 A B	193 A B	198 A B	203 A B	208 A B	213 A B	218 A B	223 A B				end
154 A B	159 A B	164 A B	169 A B	174 A B	179 A B	184 A B	189 A B	194 A B	199 A B	204 A B	209 A B	214 A B	219 A B	224 A B				het
155 A B	160 A B	165 A B	170 A B	175 A B	180 A B	185 A B	190 A B	195 A B	200 A B	205 A B	210 A B	215 A B	220 A B	225 A B				agg

注：双线上的题目不计分，单线上的题目照常计分。

4.4.3.2　结果解释

根据上述方法确定了百分位后，通过百分等级越高，表示此项需要越强烈；相反，此项分数越低，则表示此种需要程度相对较弱。表 4-9 是爱德华个人偏好对应的 15 种需求特征。

表 4-9　爱德华个人偏好对应的 15 种需求特征

需求	高分特征
成就需求（ach）	尽自己所能，力求成功；喜欢克服困难，努力完成任务，希望把事情做得比别人好；乐于做有重大意义的事，在有竞争的情况下，总想取得优胜
顺从需求（def）	较易受别人的暗示，顺从他人建议，乐于依从他人的指示和期望行事，对别人的观点较易附和、遵从，喜欢赞扬别人，乐于接受别人的领导，易于遵从世俗的要求
秩序需求（ord）	办事喜欢具有有组织性，在进行工作之前要详细计划，使得整个事情井然有序，喜欢依据一定的系统或模式做事，作息有规律，小心谨慎

表4-9（续）

需求	高分特征
表现需求（exh）	做事时常常想突出自己，以引起别人的注意和重视，说话、做事有时仅仅是为了引起别人对自己成就的重视，喜欢成为别人注意的中心，希望别人迷恋、崇拜自己
自主需求（aut）	喜欢独立做决定，做自己想做的事，不受规则约束，决定事情时坚持自己的独立性，避免遵从他人的观点，不愿意隶属于某些人或组织之下，避开责任和任务
亲和需求（aff）	参与群体活动，喜欢交新朋友，对朋友忠诚不二，尊重朋友和他人，遇事乐于与朋友合作，不乐于单独去做，与朋友有福同享，有难同当，喜欢与朋友保持密切的联系
内省需求（int）	喜欢分析自己的动机与感情，反省自己；较善于观察别人，了解别人的感受，能设身处地为别人着想，经常依据别人的动机来判断别人、分析别人，观察力较高，可以预示别人的行动
求助需求（suc）	每当自己陷入困扰、麻烦与困难之中时，总希望能得到别人的帮助、支持，希望别人能够时常关心自己，经常从别人那里寻求鼓励，当自己遇到不幸时希望能及时得到别人的同情、安慰
支配需求（dom）	想成为所在团体的领导者，被人视为领袖；在团体中乐于指导或领导他人，并且想监督他人的行动；力图控制别人，让别人受他的影响，按他的要求去做
谦卑需求（aba）	经常为做错某事而感到内疚；当受到指责时，认为自己应该承担，不应伤害他人，认为错了就应该受到惩罚；遇事不与人争执而常常屈从；在许多方面会觉得自己比别人差，常为了避免争斗而屈服于他人的要求；在优胜者面前自觉胆怯
助人需求（nur）	富于同情心，帮助有困难的人；仁慈待人，宽恕旁人，对人较为慷慨；对于有伤病的人，在感情和行动上给予帮助。
变异需求（chg）	喜欢新事物，乐于经常从事新颖而充满挑战的工作；喜欢经历新奇与变化，经常尝试新的方法；追求新的时尚，好赶时髦
持久需求（end）	办事喜欢从头到尾，从不半途而废，能够坚持到底；对于指定的任务能全力以赴，执着地去解决，直到完成全部任务以后才罢休；能长时间不分心地工作，不受外界干扰
异性需求（het）	乐于与异性一同参加各种活动；喜欢与异性接近，并可能想与之恋爱；参与有关性问题的讨论，阅读有关性方面的书籍

表4-9(续)

需求	高分特征
攻击需求（agg）	对与自己相反的意见喜欢主动出击，公开地批评他人，告诉别人自己的看法；好开别人的玩笑；当自己与别人不和时，则离去；受伤害以后处处要报复；容易因小事而发怒

4.4.4 爱德华个人偏好测验结果应用

4.4.4.1 爱德华个人偏好测验的应用场景

（1）招聘与人才选拔。组织可以利用 EPPS 来评估求职者的性格偏好和职业倾向，从而为其安排更适合的岗位。例如，一个销售岗位可能更适合那些具有高亲和需求和表现需求的人才，而技术研发岗位则可能更适合具有自主需求和内省需求的人才。组织通过 EPPS 测验，可以更有效地进行人才匹配，提高员工的工作效率和满意度，降低人员流动率。

（2）求职应聘与自我定位。求职者在应聘前可以通过 EPPS 测验了解自己的性格偏好和职业兴趣，以便在求职过程中更加精准地定位自己，选择更符合自己性格和兴趣的职位。这种自我认知有助于求职者在面试中更好地展示自己的优势，提高求职成功率。

（3）职业规划与发展。在职人士可以利用 EPPS 测验进行职业规划，了解自己的长处和短处，明确职业发展方向。例如，一个发现自己具有高支配需求和成就需求的人，可能更适合管理岗位或创业道路；而一个倾向于自主需求和内省需求的人可能更适合从事研究或创造性工作。

（4）高考志愿填报与专业选择。高中生在填报高考志愿时，可以利用 EPPS 测验来辅助选择适合自己的专业方向。学生通过了解自己的兴趣爱好和性格偏好，可以避免盲目跟风或选择不适合自己的专业，从而为未来职业发展奠定良好基础。

（5）职业培训与技能提升。在职业培训领域，EPPS 测验可以根据个体的性格特征和职业倾向，为其量身定制培训计划。这不仅可以提升培训效果，还可以帮助个体在工作中更好地发挥自己的优势。

4.4.4.2 测评结果应用案例

下面是一个通过运用爱德华个人偏好测验的人才开发案例。

> **案例 向守华的爱德华个人偏好测验**
>
> 　向守华是一个饮用水生产企业的销售部经理，他与老客户的关系维系得较好，同时，也深得部门内员工的喜爱，与公司内其他部门的人员也相处得不错，具有良好的同事关系。但是在市场开拓方面，总是业绩不佳，分管他的公司领导多次与向守华交谈，都没有找到原因所在，总觉得他是一个能够配合工作的人，也愿意听取其他部门的意见。他自己也觉得在开拓市场这方面的工作找不到突破口，感觉开展行动很难，但他自己又不知道难在哪里。为了不影响公司的业绩，他主动提出辞职，以便让位于能够胜任工作的人来接替他的工作。公司领导层觉得向守华是个不错的人，不想让他离开，但又觉得他确实连续两年未完成市场拓展的目标，对公司影响比较大，于是让人力资源部拿出方案。
>
> 　为了有效利用人才，人力资源部决定给向守华做一个爱德华个人偏好测验，看他适合在什么岗位工作，或者需要补充什么样的职能。
>
> 　向守华的爱德华个人偏好测验结果如图4-5所示。
>
>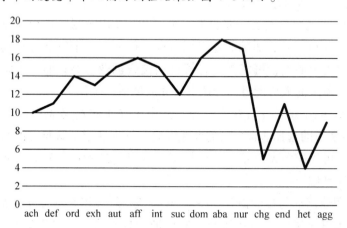
>
> **图4-5　向守华的爱德华个人偏好测验结果**

（1）测评结果解释。

高亲和需求、助人需求和支配需求：向守华在亲和需求、助人需求和支配需求上得分较高。这表明他可能是一个善于与人交往、乐于助人并具有领导欲望的人。他可能喜欢与人合作，愿意为团队或他人提供帮助，并有可能在团队中发挥领导作用。

高自主需求、内省需求：向守华在自主需求和内省需求上的高分表明，他可能倾向于独立自主地工作，不喜欢受到过多的干涉，同时喜欢思考和反省自己的行为和决策。

高谦卑需求：向守华的谦卑需求得分也很高，这意味着他可能更倾向于内省和自我批评，在面对错误时愿意承担责任，并可能更注重团队合作而非个人表现。

中等秩序需求和顺从需求：秩序需求和顺从需求的适中得分意味着他能够在遵循规则和程序的同时，保持一定的灵活性和自我调整能力。

低变异需求和异性需求：向守华在变异需求和异性需求上得分较低，这可能表明他不太喜欢频繁的变化和不确定性，对于新奇刺激和与异性的互动可能不是特别感兴趣。

（2）适合的职业类型。

团队领导或管理角色：向守华的高支配需求和亲和需求使他可能擅长管理团队和协调人际关系，适合担任团队领导或中层管理职位。

客户服务或公关人员：这些职业需要良好的社交能力和人际交往技巧，向守华的高亲和需求和乐于助人的特点使他适合从事这类工作。

咨询顾问或心理咨询师：他的高助人需求和内省需求表明他可能擅长提供指导和建议，帮助他人解决问题，适合从事咨询类工作。

教育工作者：教育工作需要与人交流、指导和影响学生，向守华的高亲和需求和助人需求与此相契合，可以考虑成为一名教师或教育培训师。

（3）不适合的职业类型。

变化快与创造性高的工作：由于向守华在变异需求上得分较低，他可能不太喜欢变化快，缺少规律的工作任务，那些总是需要创造性才能完成的工作任务，对于他可能不太适合。

需要强烈攻击性或竞争性的工作：向守华在攻击需求上得分并不高，这可能意味着他不是一个特别具有攻击性或竞争性的人。因此，那些需要强烈竞争精神或攻击性态度的工作，如某些类型的销售、金融市场交易员等，可能不适合他。

独立作业、缺乏社交互动的工作：向守华在亲和需求和助人需求上得分较高，这表明他可能更喜欢与人交流和合作。因此，那些长时间独处、缺乏社交互动的工作，如一些独立的研究工作或远程工作，可能不是他的最佳选择。

高度结构化、缺乏自主性的工作：向守华在自主需求上得分较高，这可能意味着他更倾向于有一定自由度的工作环境。因此，那些高度结构化、要求严格遵守规定流程且不允许太多个人发挥的工作可能不太适合他。

需要频繁与异性互动的工作：向守华在异性需求上得分较低，这可能表明他对于与异性的频繁互动并不是特别感兴趣。因此，那些需要经常与异性客户或同事进行密切互动的工作，如某些销售或公关职位，可能不是他的强项。

（4）人力资源部的建议。

基于以上测评结果与建议，人力资源部提出将向守华调到客户服务部，因为向守华具有以下做好客户服务工作的潜质。

出色的人际交往能力：向守华在亲和需求和助人需求上得分较高，这表明他擅长与人交往并乐于帮助他人。在客户服务中，这种能力至关重要，因为他能够轻松地与客户建立联系，理解客户的需求，并提供有效的帮助。

强烈的责任心和自我反思能力：由于向守华在谦卑需求上得分高，他可能会在面对客户问题时表现出高度的责任心，愿意承认并改正错误。这种态度在客户服务中非常宝贵，因为它有助于建立客户的信任和忠诚度。

良好的倾听和理解能力：高亲和需求和内省需求可能使向守华成为一个优秀的倾听者，能够真正理解客户的疑虑和问题，并提供恰当的解决方案。

潜在的领导能力：虽然客户服务角色通常不需要直接的领导职责，但向守华在支配需求上的高分可能意味着他有能力在必要时指导和影响同事，或者在处理复杂客户问题时展现出决断力。

4.5　施恩职业锚测评

4.5.1　施恩职业锚分类

施恩职业锚的概念最初产生于美国麻省理工学院斯隆研究院的专门小组，是从斯隆研究院毕业生的纵向研究中演绎而成。1961 年、1962 年、1963 年的斯隆学院 44 名毕业生组成了一个专门小组，接受施恩关于个人职业发展和组织职业管理的研究与调查。这些研究为职业锚概念的提出奠定了基础。

在对这些毕业生进行长期的跟踪调查后，施恩提出了职业锚的概念，旨在解释个人在职业发展过程中形成的稳定的职业定位。职业锚是基于个人实际工作经验，与个人的动机、需要、价值观和能力相互作用而逐步形成的。

最初，施恩提出了五种类型的职业锚。随着研究的深入，职业锚的类型得到了扩展。在 20 世纪 90 年代，施恩将职业锚修改为八种类型，并推出了职业锚测试量表，以便更精确地测评个人的职业定位。

职业锚理论不仅被用于个人职业规划，还成为企业和个人进行职业决策时的核心因素。随着时间的推移，职业锚理论在国际企业职业生涯规划实施中的战略地位逐渐凸显，成为重要的职业规划工具。

施恩职业锚包括技术/职能型职业锚、管理型职业锚、自主/独立型职业锚、安全/稳定型职业锚、创业型职业锚、服务/奉献型职业锚、挑战型职业锚、生活型职业锚八种类型，具体含义如下：

4.5.1.1　技术/职能型职业锚（TF 型）

技术/职能型职业锚的个体重视实际技术或特定职能领域的工作，追求在技术或职能领域的不断成长和进步，并以此为基础进行职业选择。这类人往往对某一专业领域有着深厚的兴趣和专长，希望在相关领域内发挥自己的才能，获得职业成就和满足感。他们通常不喜欢从事一般的管理工作，因为这可能意味着放弃在技术/职能领域的成就。

4.5.1.2 管理型职业锚（GM型）

管理型职业锚的个体追求在组织中担任管理职务，行使管理权力；渴望承担整体责任，将组织的成功视为自己的工作成果；他们希望获得对他人和资源的控制和协调权，以此实现自己的职业目标。这类人通常具备较强的组织协调能力、领导能力和决策能力，善于在团队中发挥核心作用。

4.5.1.3 自主/独立型职业锚（AU型）

自主/独立型职业锚的个体追求独立自主的工作环境，希望在工作中有较大的自由度和灵活性；他们注重个人成长和自我实现，不愿意受到过多的约束和限制；宁愿放弃晋升机会，也不愿放弃自由和独立性；这类人往往具备较强的自我驱动能力和适应能力，能够在不同的工作环境中发挥自己的才能。

4.5.1.4 安全/稳定型职业锚（SE型）

安全/稳定型职业锚的个体追求稳定的工作环境、可观的收入和良好的福利待遇；他们对职位和工作内容本身不是特别关心，注重职业的安全性和保障性，不愿意承担过多的风险和不确定性；这类人通常会在稳定的大型企业或政府机构中寻求职业发展，以确保自己的职业稳定和生活安定。

4.5.1.5 创业型职业锚（EC型）

创业型职业锚的个体追求创建属于自己的事业或公司，实现个人价值和经济独立；他们具备强烈的创业精神和创新能力，勇于承担风险和挑战；这类人通常具备敏锐的市场洞察力和资源整合能力，善于在市场竞争中寻找机会并创造价值；他们可能会在他人的公司工作，但同时不断评估机会，准备创立自己的事业。

4.5.1.6 服务/奉献型职业锚（SV型）

服务/奉献型职业锚的个体追求通过为他人或社会提供服务来实现自己的职业价值；他们重视社会责任感和使命感，愿意为公益事业或弱势群体付出努力；这类人通常具备较强的同理心和沟通能力，善于倾听他人的需求和关注社会热点问题。

4.5.1.7 挑战型职业锚（CH 型）

挑战型职业锚的个体追求不断挑战自我、突破极限的职业发展道路；他们喜欢面对新的、未知的任务和环境，寻求在挑战中不断成长和进步；这类人通常具备较强的适应能力和抗压能力，能够在不断变化的环境中保持竞争优势；对他们来说，工作的吸引力在于允许他们去战胜各种挑战和不可能。

4.5.1.8 生活型职业锚（LS 型）

生活型职业锚的个体追求工作与生活的平衡与和谐。他们注重个人生活质量、家庭幸福和身心健康，不愿意为了工作而牺牲生活的品质和乐趣；这类人通常会在选择职业时考虑工作强度、工作环境以及工作与生活的平衡等因素，以确保自己能够享受到工作带来的成就感和生活的幸福感。

综上，施恩职业锚理论为理解个体在职业选择中的核心技能和价值观提供了重要的理论框架。

4.5.2 施恩职业锚测评量表

施恩职业锚测评量表涵盖了多个方面的测评内容，包括能力技能、兴趣热情、价值观念、成就动力、创造力潜能、职能定位、管理能力和稳定性需求等。这些测评内容全面反映了个体的职业特征和需求，有助于准确评估个体的职业倾向和发展潜力。

施恩职业锚测评量表对测评对象并无特殊要求及限制，测评量表共有 40 个题项，根据填写人的实际情况，从 1~6 中选择一个数字。数字越大，表示这种描述越符合填写人的实际情况。

选"1"代表这种描述完全不符合您的想法；

选"2"代表您"偶尔"这么想；

选"3"代表您"有时"这么想；

选"4"代表您"经常"这么想；

选"5"代表您"频繁"这么想；

选"6"代表这种描述完全符合您的想法。

施恩职业锚测评量表

4.5.3 施恩职业锚测评计分方法及结果解释

4.5.3.1 计分方法

首先受测者人将将测评量表每一个题号的得分对应填写在计分表中（见表4-10），再在表中找到得分较高的题项，从中挑出与日常想法最为吻合的3个，在原来评分的基础上，将这个三个题项得分再各加上4分（例如：原来得分为5，则调整后的得分为9）。

然后就可以开始计算分数。第一步，按照"列"进行分数累加得到一个总分；第二步，将每列的总分除以五得到的平均分，填入平均分栏。

表4-10　施恩职业锚测评计分

技术/职能型（TF）		管理型（GM）		自主/独立型（AU）		安全/稳定型（SE）		创造/创业型（EC）		服务/奉献型（SV）		挑战型（CH）		生活型（LS）	
题号	得分	题号	得分	题号	得分	题号	得分	题号	得分	题号	得分	题号	得分	题号	得分
1		2		3		4		5		6		7		8	
9		10		11		12		13		14		15		16	
17		18		19		20		21		22		23		24	
25		26		27		28		29		30		31		32	
33		34		35		36		37		38		39		40	
总分		总分		总分		总分		总分		总分		总分		总分	
平均分（总分÷5）		平均分（总分÷5）		平均分（总分÷5）		平均分（总分÷5）		平均分（总分÷5）		平均分（总分÷5）		平均分（总分÷5）		平均分（总分÷5）	

4.5.3.2 结果解释

通过以上计算后，平均分最高的那一列就是最符合受测者"真实自我"的职业锚。每一种类型的特征如表4-11所示。

表 4-11　施恩职业锚测评结果解释

类型	特征	适合的工作	激励方式
技术/职能型	注重专业技能的发展，追求在专业领域内的卓越和成长，倾向于不断提升自己的技术能力	技术专家、研发工程师、医生、律师等需要高度专业技能的职业	提供专业技能提升的机会，如培训、研讨会等；给予在专业领域内取得成就的认可和奖励
管理型	追求并致力于工作晋升，倾心于全面管理，愿意承担整体责任，关注公司的成功与否	总经理、部门经理、项目经理等管理职位。	提供管理培训和晋升机会；给予足够的决策权和资源，使其能够发挥管理能力；用头衔和身份象征来体现其管理地位
自主/独立型	希望随心所欲地安排自己的工作方式、工作习惯和生活方式，重视个人的独立性和自由度	自由职业者、艺术家、咨询师等需要高度自主性的职业	提供灵活的工作时间和地点；允许其自主决定工作方法和流程；尊重其个人风格和独立性
安全/稳定型	追求职业的安全和稳定，不喜欢冒险和变动，偏好可预测的未来	公务员、银行职员、大型企业的稳定职位等	提供稳定的工作环境和薪资待遇；确保职业发展的连续性和稳定性；强调公司的稳健发展和良好的福利待遇
创业型	具有极强的创造力和创新思维，希望利用自己的能力创建属于自己的公司或产品，并愿意承担风险	创业者、创新型企业的高管等	提供创业资源和支持；允许其发挥创新精神和创造力；用成功创业的成果和回报来激励其继续努力
服务/奉献型	重视为他人服务和贡献社会，追求在服务中实现自我价值	社会工作者、教师、医护人员等公共服务领域的职业	肯定其服务社会的贡献；提供机会参与社会公益活动；强调其工作的重要性和社会价值

表4-11(续)

类型	特征	适合的工作	激励方式
挑战型	喜欢解决难题和面对挑战,追求在克服困难中实现自我成长和突破	运动员、探险家、市场营销人员等需要面对挑战和不确定性的职业	提供具有挑战性的工作任务和项目;鼓励其不断突破自我;用成功克服挑战的成果来肯定其能力
生活型	重视个人生活和工作的平衡,追求在工作之余享受生活,享受生活品质	弹性工作制的企业员工、自由职业者等	提供灵活的工作安排,以便其能够平衡工作和生活;强调公司的文化理念和生活品质提升措施;用工作生活平衡的成果来激励其保持高效工作

4.5.4 施恩职业锚测评结果应用

4.5.4.1 施恩职业锚测评的应用场景

(1)填报高考志愿。高中生在面临选择大学专业时,往往缺乏对自身能力特征和兴趣爱好的全面了解。通过施恩职业锚测评,高中生可以对自己的能力、兴趣和价值观有更清晰的认识,从而更准确地选择适合自己的专业方向。例如,某个学生通过施恩职业锚测评,发现自己对技术研究和创新有浓厚的兴趣,在技术/职能型方面的得分较高,那么,他可以报考电子工程专业,未来能够从事相关领域的技术研发工作。

(2)大学生职业规划与求职应聘。大学生在校期间或即将毕业时,需要进行职业规划并准备求职应聘。施恩职业锚测评可以帮助大学生明确自己的职业定位和发展方向,提高求职的针对性和成功率;同时,对于应届毕业生来说,该测评也有助于他们选择符合自己职业锚的工作岗位。例如某大三学生即将面临毕业求职,她通过施恩职业锚测评了解到自己倾向于服务/奉献型,喜欢帮助他人并致力于社会服务,基于这一发现,她决定将自己的职业规划定位为社会工作者,并在求职过程中专注于寻找与社会服务相关的岗位。

(3)职场人士职业发展与转型。对于处于职业转型阶段的个体,施恩职业锚测评可以提供指导，帮助他们评估当前的职业状态与未来的职业目标之间的差异，并制订相应的行动计划。同时，当面临职业晋升机会时，该测评也可以提供有价值的参考信息，例如在充分了解自己的职业锚类型后，决定是往管理序列发展，还是往技术序列发展。

（4）在组织人力资源管理方面的应用。一是提高工作绩效，研究表明，职业锚与员工的心理社会就业属性（如工作投入、组织承诺等）存在正相关关系。因此，通过施恩职业锚测评，可以帮助员工识别和强化那些对其职业成功有积极影响的核心价值观和能力，从而提高工作绩效。二是促进个人与组织的双赢，通施恩职业锚测评将个人的职业锚与组织需求匹配，既有助于提升员工的职业满意度和忠诚度，也有助于提高组织的整体竞争力和效率。三是支持多元文化背景下的职业发展，在多元文化的组织环境中，施恩职业锚模型可以帮助理解不同文化背景下员工的职业需求和期望，从而促进更加包容和有效的职业发展策略。

4.5.4.2 应用案例

施恩职业锚测评可以帮助人们更好地了解自己的职业倾向和发展潜力，从而做出更明智的职业选择。

🕸 案例 张浩的施因职业锚测评

张浩是一个大三的本科学生，学的专业是软件工程，学习成绩处于中等偏上的水平，他计划继续读研究生，但是对于读研选什么专业很迷茫，父母和老师都建议他继续现在的专业深造，但他觉得自己并不喜欢这个专业，本科选择这个专业也是由于父母的选择，而他实际上并没有主见，不知道自己喜欢什么专业，下一步该选一个什么样的专业更合适。于是他咨询了他的职业生涯规划课的于教授，于教授建议他做一个施恩职业锚测。他的施恩职业锚测评结果是：技术/职能型得 15 分，管理型得 41 分，自主/独立型得 16，安全/稳定型得 17 分，创业型得 17 分，服务/奉献型得 15 分，挑战型得 16 分，生活型得 25 分，如图 4-6 所示。

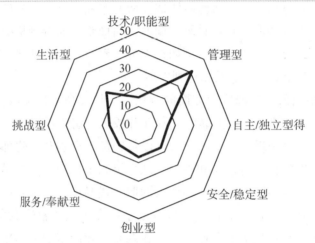

图 4-6 张浩的施恩职业锚测评结果

根据施恩职业锚测评结果，我们可以对得分进行解读，以了解被测者的职业倾向和价值观。以下是对张浩的测评结果的详细解释：

（1）测评结果解释。

管理型（41 分）：得分最高，表明被测者具有较强的管理能力和倾向，喜欢并擅长于组织、协调和规划工作；通常追求职业中的管理职位，致力于整合团队资源，实现组织目标。

生活型（25 分）：得分相对较高，反映被测者重视工作与生活的平衡，追求高质量的个人生活；在职业规划中应考虑工作对个人生活的影响，倾向于选择能够提供灵活性和良好生活质量的工作环境。

技术/职能型、自主/独立型、安全/稳定型、创业型、服务/奉献型、挑战型（15~17 分）：这些类型的得分相对接近，表明被测者在这些方面有一定的倾向，但并非主导性的职业锚。技术/职能型得分显示被测者具备一定的专业技能和知识储备，对技术或职能领域的工作有一定的兴趣。自主/独立型得分表明被测者在一定程度上喜欢独立工作，倾向于自我管理和决策。安全/稳定型得分反映被测者对工作的稳定性和安全性有一定的需求，不喜欢过多的变动和风险。创业型得分说明被测者对创业和创新有一定的兴趣，但可能不是主导性的职业追求。服务/奉献型得分显示被测者愿意为他人提供帮助和服务，但可能不是以此为主要职业目标。挑战型得分表明被测者喜欢面对挑战和解决问题，但这种倾向可能不是最强烈的。

综上，根据施恩职业锚测评结果，被测者的主导性职业锚是管理型，同时重视工作与生活的平衡。在职业规划中，被测者可以优先考虑管理职位，同时兼顾工作的灵活性和生活质量。其他职业锚虽然得分相对较低，但也在一定程度上反映了被测者的多元兴趣和潜在能力，可以在职业发展过程中作为有益的补充和拓展。

（2）给张浩的建议。

根据张浩的测评结果，于教授给了如下建议供他参考：

由于张浩同学的管理型得分最高，达到41分，说明未来的职业发展更适合于管理角色，因此建议在职业规划时考虑向项目管理、团队领导或部门管理方向发展；技术/职能型得分15分，表明张浩也具备一定的技术能力，这将是他未来在管理岗位上的重要优势，因为他能够理解技术团队的需求和挑战。因此，建议他在考研究生时，可以考虑选择与管理相关的专业，如工商管理硕士、工程管理硕士等，同时，也可以考虑与软件工程专业背景结合，选择信息系统管理、技术管理等交叉学科的硕士项目，以进一步强化管理知识和技能，为未来的职业发展做好准备。另外，即使转向管理角色，保持对软件工程最新技术的了解也是非常重要的，为未来的职业发展做好准备。

4.6 四种职业兴趣测评工具比较

4.6.1 四种职业兴趣测评工具的优缺点比较

霍兰德职业兴趣测评、舒伯职业价值观测评、爱德华个人偏好测验、施恩职业锚测评等都是职业兴趣或职业价值的测评工具，各有优缺点，下面分别从组织的应用与个体应用两个层面比较它们的优缺点，为大家的选用提供参考：

4.6.1.1 组织层面应用的比较

霍兰德职业兴趣测评适合快速、大规模的人才筛选和职位匹配；舒伯职业价值观测评适合了解员工价值观，促进文化建设和个性化匹配；爱德华个人偏好测验适合深入理解员工需求和动机，支持心理健康和发展；施恩职业锚测评适合有经验员工的长期职业规划和变革管理。具体的比较见表4-12。

表4-12 四种职业兴趣测评在组织层面应用的比较

测评工具	优点	缺点
霍兰德职业兴趣测评	测评方法简单，易于大规模实施；能够快速评估候选人是否适合某些职业类型，有助于招聘和职位分配；被广泛应用和认可	在实际使用中往往容易停留在职业代码的配对上，没有将测验结果与受测者的人格特质、生活经验等因素深入
舒伯职业价值观测评	帮助组织了解员工的职业价值观，促进员工满意度提升和组织文化建设；有助于职位和文化的个性化匹配，提高员工留任率	如何准确地界定和衡量职业价值观中的各项能力是一个挑战
爱德华个人偏好测验	提供对个体需求和动机的详细分析，有助于组织深度理解员工；在心理评估和员工辅导中应用广泛，支持员工心理健康和发展	测评和结果分析复杂，需要专业知识；测评工具本身可能存在局限性，如题目编制的反复轮流配对方式可能导致被试者感到厌倦和疲劳

表4-12(续)

测评工具	优点	缺点
施恩职业锚测评	有助于组织了解员工的职业定位和发展方向，从而更好地进行人才规划和管理。同时，可以根据员工的职业锚来制订相应的激励和发展计划，提高员工的工作满意度和忠诚度	职业锚可能会随着时间和个体经历的变化而发生变化，这可能导致测评结果的稳定性和准确性受到一定影响

4.6.1.2　个体层面应用的比较

霍兰德职业兴趣测评适合职业初期规划，直观明了；舒伯职业价值观测评适合自我认知和职业决策，提升职业满意度但；爱德华个人偏好测验适合深入了解个人需求和动机，支持全面发展；施恩职业锚测评适合长期职业规划和自我认知。具体的比较见表4-13。

表4-13　四种职业兴趣测评在个体层面应用的比较

测评工具	优点	缺点
霍兰德职业兴趣测评	测评结果易于理解，帮助个体快速了解自己的职业兴趣；为个体提供明确的职业方向，适合职业初期规划	测评结果可能无法完全反映个人的实际职业兴趣，需要结合其他信息进行综合判断
舒伯职业价值观测评	帮助个体了解自己的职业价值观，提升职业满意度和幸福感；在职业变动和选择时提供有价值的参考	结果依赖个体的自我认知，可能存在主观偏差；价值观的抽象性可能增加理解难度，需专业指导
爱德华个人偏好测验	帮助个人了解自己的需求倾向和个性特点，从而更好地认识自我；有助于个人在职业选择时考虑自己的需求倾向，做出更明智的决策	个人的自我认知和社会赞许性可能影响测评结果的准确性；需要保持较长的时间注意力来填写测评量表，可能会导致厌倦和疲劳
施恩职业锚测评	帮助个体明确自己的职业定位和发展方向，从而更好地规划自己的职业生涯。同时，通过了解自己的职业锚，可以更好地选择适合自己的职业和工作环境	个体在测评过程中可能受到自我认知局限性的影响，导致测评结果存在一定误差

4.6.2　四种职业兴趣测评工具的应用场景比较

选择测评工具应根据组织或个体的具体需求，需要解决的问题，以及个体职业发展阶段和当前的职业困惑来决定。这样才能最大限度地发挥测评工具的作用，帮助组织或个体实现测评目标。下面仍然从组织层面与个体层面分别比较四个职业兴趣测评工具的应用场景：

4.6.2.1　组织层面的应用场景比较

下面的比较是从最适用的角度来考虑的，具体如表4-14所示。

表4-14　四种职业兴趣测评工具最适合的应用场景（组织层面视角）

测评工具	最适合的应用场景	理由
霍兰德职业兴趣测评	员工招聘时的岗位匹配、员工培训与发展规划	该测评能够准确反映员工的职业兴趣类型，帮助组织找到与岗位最匹配的人才，同时指导组织为员工提供符合其兴趣的培训和发展机会
舒伯职业价值观测评	企业文化塑造、员工激励与留任策略制定	通过了解员工的职业价值观，组织可以更好地引导员工价值观与企业文化的匹配，并制定相应的激励措施，提高员工的工作满意度和忠诚度
爱德华个人偏好测验	团队管理、员工选拔与配置。深入了解个体心理需求和动机，常用于心理学研究和心理咨询中	该测验能够揭示员工的需求倾向和个性特点，帮助组织在团队管理中更好地了解员工，优化人员配置，提高团队效率
施恩职业锚测评	员工职业生涯管理、组织人才的长期规划	通过确定员工的职业锚，组织可以为员工提供更有针对性的职业规划指导，同时根据员工的长期发展方向进行人才规划和储备

4.6.2.2　个体层面的应用场景比较

下面的也较也是从最适用的角度来考虑的，具体如表4-15所示。

表4-15 四种职业兴趣测评工具最适合的应用场景（个体层面视角）

测评工具	最适合的应用场景	理由
霍兰德职业兴趣测评	适用于高中生、大学生和刚进入职场的新人，帮助他们了解自己的职业兴趣类型，初步规划职业方向；职业选择指导	该测评主要反映了个体大致的职业兴趣类型，通过测评个体可以了解自己的职业兴趣，从而选择更适合自己的职业方向和岗位
舒伯职业价值观测评	个体职业发展决策、职业满意度评估。适用于在考虑职位变动或职业变更时，了解自己的职业价值观可以帮助做出更合适的决定	个体可以根据测评结果明确自己的职业价值观，从而在职业发展中做出更符合自己价值观的决策，并评估当前职业的满意度
爱德华个人偏好测验	个体自我认知、职业选择辅助。适用于需要详细了解自己需求和动机的个体，特别是对职业选择有深层次需求的人	通过测验，个体可以更深入地了解自己的需求倾向和个性特点，从而在职业选择时做出更明智的决策
施恩职业锚测评	个体长期职业规划、明确职业定位。适用于做出重要职业决策或转型的中高级管理人员和专业人士	个体可以通过测评确定自己的职业锚，为长期的职业规划提供明确的方向和目标

4.6.3 职业兴趣测评工具的组合使用策略

第4.6.2节的分析发现，四种职业兴趣测评工具在使用时，各自都有最适合的场景。当需要解决复杂问题时，我们可以根据实际需要对工具进行组合使用。以下是几种可能的组合举例，但不是唯一，也不是只有这些组合，最终如何使用，还是要从解决问题的需求出发。

4.6.3.1 基于组织解决问题的工具组合策略

下面主要是从组织需要解决的几个常规问题角度来设计的测评工具组合策略。相对于个体而言，组织遇到的问题会更复杂，要解决的问题会更多，在使用测评工具组合外，还应该考虑外部环境的影响以及组织不同发展阶段的影响。同时，测评结果应作为参考而非唯一依据，还需要结合员工的实际工作业绩、工作表现进行综合评估。具体如表4-16所示。

表 4-16　基于组织解决问题的工具组合策略

需要解决的问题	工具组合策略	实施方法
选拔与组织需求和文化相匹配的人才	霍兰德职业兴趣测评+舒伯职业价值观测评+爱德华个人偏好测验	首先通过霍兰德职业兴趣测评评估候选人的职业兴趣,确保其兴趣与职位需求匹配;其次通过舒伯职业价值观测评评估候选人的职业价值观,确保其价值观与组织文化相契合;最后使用爱德华个人偏好测验深入了解候选人的个性需求和动机,确保其在组织中的长远发展潜力
帮助员工了解自我职业锚和兴趣,制订个性化的职业发展和培训计划,提升员工满意度和组织效能	施恩职业锚测评+舒伯职业价值观测评	首先通过施恩职业锚测评帮助员工了解自己的职业锚,确定核心职业动机和长期发展方向;其次通过舒伯职业价值观测评评估员工的职业价值观,确保培训和发展计划符合其需求
通过了解员工的职业兴趣、价值观和个人偏好,打造和谐高效的团队,促进积极的组织文化	舒伯职业价值观测评+爱德华个人偏好测验+霍兰德职业兴趣测评	首先通过舒伯职业价值观测评了解团队成员的职业价值观,确保团队和组织文化的一致性;其次通过爱德华个人偏好测验了解团队成员的个性需求和动机,优化团队成员间的互补性;最后使用霍兰德职业兴趣测评评估团队成员的兴趣类型,促进团队内的兴趣互补和协作
在组织变革和战略调整中,确保员工的配置适应新战略和新文化,提升组织灵活性和适应性	施恩职业锚测评+舒伯职业价值观测评+霍兰德职业兴趣测评	首先通过施恩职业锚测评评估员工的职业锚,理解其核心动机,帮助其适应组织变革;其次通过舒伯职业价值观测评评估员工的职业价值观,确保其在变革中保持积极态度和高效工作;最后使用霍兰德职业兴趣测评了解员工的兴趣变化,确保其在变革后的岗位中继续保持高效和积极

4.6.3.2　基于个体职业规划不同阶段的工具组合策略

下面根据职业规划初期、职业发展初期、职业发展中期、职业转型期四个阶段不同的职业规划目标以及要解决的问题出发来设计测评工具的组合。需要注意的是,通常前三个阶段是每个人都会遇到的,最后一个阶段(职业转型期)并不一定是每个人都会遇到;但是,随着数字技术与人工智能的发展,有一些职业可能消失,同时也会出现一些新的职业。因此,可以预见,在未来大部分人的一生可能会经历一个甚至一个以上的职业转型阶段。具体组合策略如表4-17。

表4-17 基于个体职业规划不同阶段的工具组合策略

职业规划阶段	需要解决问题	工具组合策略	实施方法
职业规划初期（高中生、大学生）	了解职业兴趣、价值观和个人偏好，初步规划职业方向	霍兰德职业兴趣测评+舒伯职业价值观测评	首先通过霍兰德职业兴趣测评确定个人的职业兴趣类型，缩小职业选择的范围，聚焦于与个人兴趣相匹配的职业领域；其次在确定兴趣类型后，使用舒伯职业价值观测评来进一步明确个人在职业中重视的价值观，在符合兴趣的职业中，筛选出与个人价值观相契合的职业
职业发展初期（刚进入职场的新人）	调整职业方向，提升职业满意度	霍兰德职业兴趣测评+舒伯职业价值观测评+施恩职业锚测评	首先通过霍兰德职业兴趣测评评估当前职业与兴趣的匹配度，探索可能的职业调整方向；其次通过舒伯职业价值观测评了解个体在职场中的核心价值观，评估当前工作环境与个人价值观的契合度；最后使用施恩职业锚测评初步了解个体的职业锚，确定未来职业发展的稳定方向
职业发展中期（有一定职业经历的专业人士）	深入了解职业动机，调整职业方向，寻求职业稳定	施恩职业锚测评+舒伯职业价值观测评+爱德华个人偏好测验	首先通过施恩职业锚测评了解职业锚，确定核心职业动机和长期职业方向；其次通过舒伯职业价值观测评重新评估职业价值观，确保职业发展方向与个人价值观一致；最后使用爱德华个人偏好测验深入分析个人需求和动机，确保职业选择符合个人偏好
职业转型期（考虑职业变动或转型）	做出重要职业变化或转型的决策，探索新的职业方向	施恩职业锚测评+霍兰德职业兴趣测评+舒伯职业价值观测评	首先通过施恩职业锚测评明确职业锚，理解职业变动的核心驱动力；其次通过霍兰德职业兴趣测评评估新的职业兴趣方向，探索可能的职业变动选择；最后运用舒伯职业价值观测评确保新职业选择符合个人价值观

5

职业心态测评与管理

职业心态是个人主观感受的体现，同时也会对个体发展及组织绩效产生深远影响。深入探索个体的成就动机、自我效能感以及职业幸福感，是有效管理职业心态的关键。洞察这些因素，不仅能助力个人实现更好的职业成长，还能增强其职业幸福感。同时，积极向上的职业心态，对于组织的可持续发展也至关重要。它能够促进团队协作，提升工作效率，从而推动组织不断创新与进步。

5.1 对职业心态的理解

5.1.1 职业心态的特点

职业心态是指个体在职业活动中所表现出来的心理状态和态度，它反映了个体对职业、工作环境、职业发展等方面的看法和感受。职业心态不仅影响个体的工作表现和职业发展，还会对其整体生活质量产生重要影响。职业心态的影响与特点如图 5-1 所示。

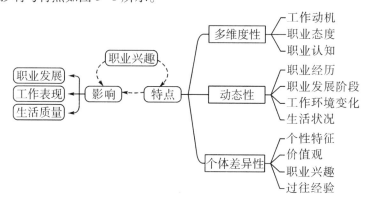

图 5-1 职业心态的影响与特点

5.1.1.1 多维度性

职业心态是一个多维度的概念，涉及多个方面的心理状态和态度，包括工作动机、职业态度与职业认知。

（1）工作动机，即推动个体从事某一职业或完成某一任务的内在驱动力。不同的人可能有不同的动机，如追求成就、权力或与他人的亲和关系等。

（2）职业态度，个体对工作、工作环境、同事、上司等的整体态度，包括工作满意度、组织承诺和职业认同等。

（3）职业认知，对职业、工作任务和职业发展的认知和理解，包括对工作意义的认知、职业前景的认知以及职业发展规划等。

5.1.1.2 动态性

职业心态并不是一成不变的，而会随着时间的推移和环境的变化而发生改变。影响职业心态动态变化的因素包括职业经历、职业发展阶段、工作环境变化、生活状况。

（1）职业经历，不同的职业经历会影响个体的职业心态。例如，经历过职业成功的人可能会表现出更高的工作动机和职业认同。

（2）职业发展阶段，职业生涯的不同阶段，如初入职场、职业中期、职业高峰期等，都会具有不同的职业心态。

（3）工作环境变化，工作环境的变化，如公司文化变动、团队重组、工作任务调整等，都会影响个体的职业态度和动机。

（4）生活状况，个人生活中的重要事件，如婚姻、子女出生、健康问题等，也会影响个体的职业心态。

5.1.1.3 个体差异性

每个人的职业心态都是独特的，由其个性特征、价值观、职业兴趣和过去经历多种因素决定。

（1）个性特征，不同性格特征的人在职业心态上会表现出不同的倾向。例如，外向型的人可能在团队合作和沟通方面表现得更加积极。

（2）价值观，个体的价值观会影响其职业选择和职业态度。例如，重视家庭生活的人可能会追求工作与生活的平衡。

（3）职业兴趣，不同的职业兴趣会影响个体对职业的认同和满意度。例如，喜欢创造性工作的人可能会在艺术或设计类职业中表现出更高的职业成就感。

（4）过往经验，过往的工作经验和职业成功或失败的经历会影响个体的职业心态。例如，经历过职业挫折的人更能够客观看待现实工作，有更高的满意度。

5.1.1.4 影响广泛性

职业心态不仅影响个体的工作表现和职业发展，还会对其整体生活质量产生重要影响。

（1）工作表现，积极的职业心态有助于提升个体的工作效率和工作质量，而消极的职业心态则可能导致工作效率低下和工作质量下降。

（2）职业发展，积极的职业心态有助于个体在职业生涯中获得更多的发展机会和职业成就，而消极的职业心态则可能限制个体的职业发展。

（3）生活质量，职业心态会影响个体的整体生活满意度和心理健康状态。积极的职业心态可以提高生活满意度和幸福感，而消极的职业心态则可能导致心理健康问题和生活满意度下降。

5.1.2　职业心态的形成过程

职业心态的形成是一个复杂且动态的过程，它受到多种因素的影响，包括个体的个性特征、价值观、职业兴趣、教育背景、工作经验以及社会环境等。这些因素在不同的职业生涯阶段对职业心态的形成和发展起着不同的作用。

5.1.2.1　个性特征与早期经历

职业心态的形成始于个体的个性特征和早期经历。个性特征，如外向性、情绪稳定性、开放性、尽责性等，影响着个体对职业环境和职业挑战的反应方式。例如，外向型的人通常更容易在团队中找到自己的位置，而情绪稳定性高的人则更能应对职业压力。

早期的教育和家庭环境也在很大程度上影响了个体的职业心态。例如，鼓励孩子独立思考和解决问题的家庭环境可以培养孩子的成就动机和自我效能感，这些特质在未来的职业心态中发挥重要作用。

5.1.2.2　教育与职业选择

教育阶段是职业心态形成的关键时期。在学校中，个体通过学术成就和社交经验逐渐形成对自我能力和职业前景的认知。例如，学术上的成功可以增强个体的自信心和成就动机，而良好的同学关系则有助于培养合作精神和团队意识。

在选择职业方向时，个体的职业兴趣、价值观和职业认知开始发挥作用。例如，喜欢科学研究的人可能会选择科研类职业，而重视社会贡献的人可能更倾向于公共服务类职业。这些职业选择进一步影响了个体的职业心态发展。

5.1.2.3 初入职场与职业适应

初入职场是职业心态形成的重要阶段,在这一阶段,个体需要适应新的工作环境、角色和任务。工作初期的经历对职业心态的塑造有着深远的影响。例如,积极的工作体验,如获得上司的认可、与同事的良好互动等,可以增强个体的职业认同和工作满意度,而负面的工作经历,如频繁的失败和压力等,可能导致消极的职业心态。

在适应新工作环境的过程中,个体会逐渐形成对职业和组织的态度。这些态度包括对工作的整体满意度、对组织的忠诚度以及对职业发展的期望等。这一阶段的职业心态往往会影响个体未来的职业行为和决策。

5.1.2.4 职业发展与持续学习

随着职业的进展,个体的职业心态会进一步发展和成熟。在这一过程中,职业发展机会、职业成就感和职业挫折等因素都会对职业心态产生影响。

职业发展机会,如晋升、加薪和承担重要项目等,可以增强个体的工作动机和职业成就感,促进积极的职业心态形成。而职业挫折,如工作中的失败、职业瓶颈和不公平待遇等,则可能导致消极的职业心态,产生不公平感或对工作的不认同感。

持续学习和职业技能提升也是影响职业心态的重要因素。通过不断学习和提升技能,个体可以增强对职业发展的信心和控制感,从而保持积极的职业心态。

5.1.2.5 社会支持与工作生活平衡

社会支持,包括来自家庭、朋友和同事的支持,对职业心态的形成和维护起着重要作用。积极的社会支持可以帮助个体应对职业压力和挑战,保持良好的职业状态和心理健康。

工作与生活的平衡也是影响职业心态的重要因素。能够有效平衡工作和生活的人往往能保持较高的工作满意度和生活满意度,进而形成积极的职业心态。

案例　小李的职业心态形成

小李从小在一个鼓励独立思考和创新的家庭环境中成长，这培养了他的成就动机和自我效能感。在学校期间，小李通过努力学习和积极参与社团活动，形成了对自我能力和职业前景的积极认知。毕业后，小李选择了自己感兴趣的软件工程师职业。

初入职场时，小李通过积极适应工作环境、与同事建立良好关系，以及获得上司的认可，逐渐增强了对工作的满意度和对公司的认同感。然而，在职业发展的中期，小李遇到了挫折。在一次重要的晋升竞争中，小李失败了，职位被另一位同事获得。小李认为自己的努力和贡献没有得到应有的认可，产生了组织不公平和对组织不满意的想法。

这次挫折使小李感到职业发展的道路上充满了挑战和不确定性。他经历了一段时间的消极情绪和低落期，对工作的热情有所减退。然而，小李并没有放弃。他开始反思自己的职业生涯，寻找自身的不足，并积极寻求提升自己的方法。

小李报名参加了多项职业培训课程，提升了自己的技术技能和管理能力。同时，他主动向上司和同事请教，吸取他们的经验和建议。在这个过程中，小李逐渐认识到自己在团队合作和项目管理方面的不足，并通过不断实践加以改进。

随着技能和经验的提升，小李在工作中逐渐找回了自信和动力。他开始承担更多的重要项目，表现出色，赢得了同事和上司的赞赏。几个月后，公司内部再次出现了晋升机会，小李凭借出色的表现和显著的进步，成功获得了晋升。

这次成功不仅增强了小李对组织的认同感，也让他感受到了职业成就带来的幸福感和满足感。他对自己的职业前景重新充满信心，对组织的满意度也显著提高。小李认识到，职业生涯中难免会遇到挫折和挑战，关键在于如何应对和克服这些困难，不断提升自己。

通过这次经历，小李形成了更为成熟和积极的职业心态。他懂得了职业发展的道路上不仅需要努力和能力，还需要坚持和韧性。同时，他也更加注重平衡工作和生活，保持良好的心理健康状态和生活满意度。

5.2 成就动机

5.2.1 对成就动机的理解

5.2.1.1 成就动机的概念

成就动机的概念最早由美国人格心理学家亨利·默里（Henry Murray）在1938年提出的。他在《人格探索》一书中指出了人类存在多种需要，其中包括成就需要，这为后续成就动机量表的发展奠定了理论基础。

成就动机是一个心理学概念，指的是个体追求成功、展示能力、超越他人和自我提升的内在驱动力。这种动机通常与个人的目标设定、努力程度、坚持性和对挑战的态度有关。

（1）追求成功。成就动机强的个体通常设定具有挑战性的目标，并努力实现这些目标。他们对成功的追求不仅仅是为了获得外在的奖励，更多的是为了满足内心的成就需求。

（2）展示能力。成就动机强的个体倾向于通过完成困难的任务来展示自己的能力。他们享受解决问题和克服障碍的过程，因为这能够证明他们的技能和才干。

（3）竞争和超越。成就动机往往与竞争密切相关，具有强烈成就动机的人可能会将他人的成就作为激励，努力超越他人，争取成为"最好的"。

（4）提升自我。成就动机也是个人成长和自我提升的驱动力，这种动机促使个体不断学习和进步，以实现更高的个人成就。

（5）接受挑战。成就动机强的个体通常对挑战持开放态度，他们愿意接受风险和不确定性，因为这些因素能够带来成长和进步的机会。

（6）内在激励。成就动机往往源自内在的激励，而不是外在的奖励。即使没有明显的奖励，具有高成就动机的人也会因为完成任务本身而感到满足和快乐。

（7）目标导向。成就动机通常与明确的目标设定相关。具有高成就动机的人会设定清晰的目标，并制订计划来实现这些目标。

（8）持久性和坚持。在面对困难和失败时，成就动机强的个体表现出坚持不懈的精神，他们愿意付出额外的努力，即使是在长期没有明显进展的情况下也能保持动力。

理解成就动机有助于解释为什么有些人似乎总是追求更高的成就，而有些人则可能更满足于现状。在教育和职业环境中，成就动机被认为是预测个体成功的重要因素之一。培养和激发成就动机，可以帮助个体实现更高的个人和职业成就。

5.2.1.2　成就动机对个体与组织的影响

（1）提升工作绩效。成就动机，能够激发个体对工作的热情和投入，使个体更加专注于自己的任务，全身心地沉浸在工作中，这种高度的专注和投入，可以提升工作的效率和质量。成就动机强的个体在工作中展现出强烈的上进心和责任感，他们勇于面对挑战，从不轻言放弃，这种坚忍不拔的意志，使得他们在面对困难和挫折时，能够保持足够的耐心和毅力。

成就动机强的个体在工作中总是全力以赴，不遗余力，面对困难时能够迎难而上，通过不断的努力和尝试，找到解决问题的最佳方案。他们不会选择逃避或放弃，而是勇往直前。更重要的是，他们不会等待别人的指示或帮助，而是主动出击，通过自己的思考和努力，找到解决问题的办法。这种主动性不仅让他们在工作中更加得心应手，也让他们在面对困难时，能够迅速找到突破口，顺利完成任务。

可见，成就动机对于个体的工作绩效有着深远的影响，它不仅能够激发他们的工作热情，提升他们的工作效率，更能培养他们的主动性，让他们在工作中不断突破自我，实现更大的成就。

（2）促进职业发展。每个人的职业道路选择都深受其内心动机的影响，而成就动机的强弱则直接关系到个体对于职业的定位和期望。对于那些成就动机强的个体来说，他们更倾向于选择那些风险较高、具有创新性和挑战性的工作。这种动机驱使他们勇于探索未知，不畏艰难，始终保持着对工作的热情与决心。在职业发展的道路上，他们敢于决策，勇于担当，这种勇气和决心无疑为他们的职业成长铺设了坚实的基石。

并且，成就动机源于个体内心深处对于自我成长和进步的渴望，它超越了简单的外部奖励或惩罚，成为推动个体不断前行的真正动力。因此，对于个体来说，培养和激发自己的成就动机，不仅有助于提升工作绩效，更能为自身的职业发展注入源源不断的活力，实现个人价值的最大化。

（3）增加主观幸福感。当个体对自己的工作有强烈的成就动机时，他们会更加投入，更容易从工作中获得满足感和自豪感。这种正面的情感体验，会转化为生活中的愉悦与幸福。研究表明，成就动机与主观幸福感之间确实存在显著的正相关关系。换句话说，那些追求成功、渴望实现自我价值的人，在日常生活中也更容易感受到幸福。这种幸福感不仅来源于工作上的成就，更源于内心深处对于自我实现的满足。

（4）促进团队协作。成就动机是团队协作的强大推动力，那些具有强烈成就动机的个体，总是以积极的态度去迎接每一个挑战和困难。他们的这种坚韧与乐观，像是一股无形的力量，悄然影响着团队中的每一个成员，在这样的氛围下，团队的抗逆力和解决问题的能力自然得到了极大的增强。

不仅如此，成就动机还在团队中点燃了一种健康的竞争意识。这种竞争并不是零和游戏，而是团队成员之间互相激励、共同进步的过程。每个人都渴望为团队贡献更多，也都在努力成为更好的自己。值得一提的是，成就动机高的个体，他们往往不会把个人成就与团队成功割裂开来。他们深知，只有团队合作，才能实现更大的目标。这种观念促使团队成员更加紧密地合作，每个人都愿意为实现共同目标而努力。

此外，高成就动机的个体，很多时候都展现出了卓越的领导力。他们勇于承担责任，有能力引领团队稳步前进。在一个团队中，这样的领导力是无比宝贵的，它往往决定了团队是否能够成功。

5.2.2 成就动机测评

成就动机测评的起源与发展可以追溯到 20 世纪初。美国心理学家赫伯特·A.默里（Herbert. A. Murray）最早在 1938 年对成就动机的概念进行了阐释。随后，戴维·麦克利兰（David McClelland）和约翰·威廉·阿特金森

（John William Atkinson）进一步发展了这一理论，并通过主题统觉测验（TAT）来测量成就动机。

随着心理学研究的深入，其他学者也开发出了不同的成就动机测评工具，如麦克利兰的成就动机问卷（achievement motivation inventory，AMI）和爱德华·迪西（Edward Deci）的自我决定理论（self-determination theory，SDT）中的相关测评。这些工具和方法都在不同程度上受到了阿特金森理论的影响。

1970年，心理学家挪威心理学家吉斯米（Gjesme）和尼加德（Nygard）编制并出版了《成就动机测量表（AMS）》，后几经修订渐趋完善。其中文版本由我国上海师范大学学者叶仁敏和挪威学者Hegtvet于1988年合作翻译出版。

5.2.2.1　成就动机测评量表

成就动机测评的主要目的是测量个体的成就动机水平，评估个体在追求高标准倾向时的表现，包括完成有难度的任务、高效率地完成任务、超越自我或他人等。

成就动机测评量表（AMS）在我国应用比较广泛，对于我国的样本，该量表的信度与效度均较高，并且没有发现性别差异。因为，本书选择该量表说明成就动机的测评过程、结果解读，以及应用。该量表共有30个题项，采用4点量表计分。

成就动机测评量表

5.2.2.2　成就动机测评计分结果解释

成就动机量表的内容主要包括两个因素：趋近性动机和回避性动机。趋近性动机涉及个体对成功情境的积极评价和期望，而回避性动机则涉及对失败情境的消极评价和期望。因此，30个题项分成两个部分，分别测评这两个因素。

成就动机测评量表的计分规则如表5-1所示。

表5-1　成就动机测评计划规则

选项	A. 完全符合	B. 基本符合	C. 有点符合	D. 完全不符合
计分	4	3	2	1

对 1～15 题的总分记为 MS（追求成功），对 16～30 题的总分记为 MAF（避免失败）。

当 MS-MAF>0 时，分值越高，成就动机越强。他们有追求成功的强烈愿望，喜欢挑战性的任务，愿意为自己设置高目标，肯冒风险，喜欢尝试新事物，希望在竞争中获胜。他们在工作过程中积极主动，愿意承担责任。

当 MS-MAF=0 时，追求成功和害怕失败相当，个体有时愿意承担一定难度的任务，并能承担一定的责任。他们对任务的看法很大程度上受情绪的支配。他们在对成功与失败归因时，态度往往不稳定，情绪消极时会对自己的信念、目标有所怀疑。

当 MS-MAF<0 时，数值越小（负数），成就动机越弱。他们通常不愿意面对挑战性的任务，不喜欢参加与他人有竞争的活动，工作中可能会表现得比较保守，不太愿意承担责任，出现问题时，可能会喜欢抱怨他人，回避责任，听之任之。

🛡 案例　吴庆的成就动机测评

吴庆从大学毕业后就进入了现在的 L 公司，从事运营工作。最初的几年，他对工作充满了热情，积极参与各类项目和团队活动。然而，随着时间的推移，他发现自己在工作中遇到了瓶颈，职业发展停滞不前。虽然他努力工作，但晋升和加薪的机会却寥寥无几。这种状况让吴庆感到沮丧和失望。

在公司内部的一次员工心理健康与职业发展辅导培训中，吴庆接触到了成就动机测评。他决定参加测评，看看自己的成就动机水平到底如何。测评结果显示，吴庆的成就动机得分为-9分，这个分数表明他的成就动机较弱。

根据测评结果分析，他可能存在三个方面的问题。一是追求卓越的愿望不足：吴庆在工作中缺乏追求卓越和不断提升自己的愿望。他对工作的兴趣逐渐减少，变得更加被动和消极。这可能是因为他在过去的几年中没有看到努力带来的回报，导致他对自身能力和未来发展的信心不足。二是对成就结果的重视程度不高：成就动机较低的人往往对工作结果不够重视，缺乏明确的目标和计划。吴庆在工作中没有设定清晰的目标，缺乏长远的职业规划，这使得他在工作中感到迷茫和缺乏方向感。三是对失败的恐惧感较强，吴庆在工作中害怕失败，缺乏尝试新事物和承担风险的勇气。这种对失败的恐惧使他在面对挑战时容易退缩，从而错失了许多潜在的发展机会。

吴庆听了职业咨询师的分析后，表示他确实存在这些问题。

由此，职业咨询师对吴庆给出了如下建议：一是设定明确的职业目标，建议吴庆设定明确的职业目标和发展计划。可以通过与上司深入沟通，了解自身的优势和不足，制定具体的职业发展路径。这将帮助他增强对工作的目的性和方向感。二是增强对工作结果的重视程度，吴庆可以通过制定短期和长期的工作目标，并在实现每个目标后进行自我评估和反思。这样不仅可以增强他的成就感，还能提高他对工作结果的重视程度。三是克服对失败的恐惧，吴庆需要学会看待失败，将其视为成长和学习的机会。

同时，职业咨询师针对吴庆的现状，给人力资源部提供了帮助吴庆提高成就动机，从而提升工作满意度的建议：一是培养其追求职业发展的愿望，公司可以为吴庆提供更多的学习和培训机会，帮助他提升专业技能和综合能力。同时，鼓励他参与具有挑战性的项目，让他在实践中逐渐建立自信心和成就感。二是提供激励和支持，建议吴庆的上司为吴庆提供更多的激励和支持，通过认可他的努力和贡献，增强他的工作积极性。三是帮助他参与挑战性工作，为他提供一个包容的工作环境，鼓励他大胆尝试和创新，帮助他逐渐克服对失败的恐惧。

5.2.3 管理成就动机

管理成就动机至关重要，可以提高组织的绩效、增强员工满意度、培养积极的工作文化、促进个人的职业发展、吸引和留住人才、应对挑战和变化。通常管理个体成就动机有以下这些方法：

5.2.3.1 设定高吸引力的目标

高吸引力的目标是指那些能够激发个人动机、促进其追求并最终实现的具有挑战性和明确性的目标。成就动机理论强调，应设定符合个体成就需求的具有挑战性的具体目标，并监控其实现这些目标的进度。目标设定理论也支持这一观点，指出当个体有明确定义的目标时，通过设想结果并了解实现目标所需的步骤，更容易保持动力。管理者可以通过设定具有挑战性的目标来激发员工的成就动机，确保目标既不太容易也不过于困难，适度的挑战性可以激发高水平的成就动机，从而让员工感到有挑战性和成就感。

5.2.3.2 提供及时反馈和肯定

根据成就激励理论，个体的成就动机受到追求卓越和取得成功的需要的驱动。及时反馈可以帮助个体意识到自己的努力和成果，从而增强成就感和自我效能感。此外，及时反馈还可以帮助个体总结过去的经验，指导未来的行为。在团队管理中，及时、正向、持续的反馈对于提升团队成员的工作效率和生产力至关重要。管理者应及时向员工提供关于他们工作表现的反馈，包括肯定成绩和指出不足之处，这有助于员工更好地认识到自己的成绩，从而激发他们的成就动机。

5.2.3.3 提供发展机会

成就动机理论认为，员工追求成就感的同时也追求个人成长和发展。提供职业发展机会和培训资源可以帮助员工实现职业目标，从而激发他们的成就动机。通过员工发展计划，企业可以激发员工的潜能，培养能力，并建立反馈机制，这些都有助于提高员工的工作满意度和成就感。此外，当员工感受到企业对其成长和发展的关注和支持时，他们会更加满意并愿意为之努力，从而提高工作绩效。

5.2.3.4 通过训练或分享提高成就动机

成就动机可以通过后天教育加以改变。麦克利兰的成就动机理论指出，动机是可以训练和激发的，因此可以通过系统的训练程序来培养和提高个体的成就动机。具体来说，成就动机训练可以分为多个阶段，包括意识化、体验化、迁移、内化等，这些阶段有助于提高员工的技术能力和成就感。

分享成功经验和故事可以促进员工之间的互动和学习，提高工作能力和团队协作水平。通过这种方式，员工可以启发和鼓舞彼此，从而在工作中取得更好的成果。

5.2.4 数字化对成就动机的影响

在数字化时代，职场发生了较大的变化，由此成就动机也会受到相应的影响，主要原因包括：技术发展和数字原住民的加入改变了工作方式和技能需求；数字经济加速了新旧职业的更替，促进了职业向服务化、智能化、技术化、多元化方向的发展；新技术对就业的影响深远，包括对工作组织形式和非认知技能需求的影响；数字化转型对员工技能要求的提高和对职业身份的影响。

5.2.4.1 远程工作和灵活就业对成就动机的影响

远程工作和灵活就业对职场人员成就动机的具体影响可以从多个角度进行分析。首先，根据社会学习理论，虚拟/远程工作环境中的自我效能感是影响员工职业发展的一个重要因素。在缺乏物理接触的情况下，员工需要依靠自己的认知能力来确保职业成功，这种自我赋能的过程可能会影响他们的成就动机。

远程工作的研究表明，虽然它与更高的组织承诺、工作满意度和工作相关福祉相关联，但这些好处是以工作强度增加和更难以切换到非工作状态为代价的。这表明远程工作可能会对员工的成就动机产生负面影响，因为过度的工作压力可能导致工作与生活的平衡受损，从而影响到个人的职业成就感。

此外，远程工作还可能导致"在家办公"的现象，员工可能会因为家庭环境的舒适而减少工作时间和质量，从而影响到他们的成就动机。然而，也有研究显示，远程工作可以通过提供更多的自主性和减少干扰来提高员工的工作满意度和绩效，进而正向影响他们的成就动机。因此，对于"在家办公"是否对成就动机产生负面影响，有待进一步的研究。

可见，远程工作和灵活就业对职场人员成就动机的影响是复杂且多面的。一方面，它们提供了更多的自主性和灵活性，有助于提高工作满意度和绩效，提高成就动机；另一方面，过度的工作压力和生活平衡的破坏可能会降低员工的成就动机。

5.2.4.2 人机协作技术重塑成就感

成就感被视为成就动机的结果或反馈。当个体通过努力实现了目标，体验到了成功的喜悦，这种成就感会进一步激发其成就动机，促使个体继续追求更高的成就。

人机协作技术通过多种机制重塑员工的成就感。首先，人机协作能够提升员工的任务绩效，这是因为智能机器与员工的互动增强了员工的角色认同和自我效能感，在工作中取得更好的成绩。

其次，人机协作通过提高员工的职业适应力来影响其工作绩效。研究表明，人机协作认同正向影响职业适应力，而职业适应力又正向影响工作绩效。这意味着，当员工对人机协作有较高的认同时，他们更容易适应新的工作环境和技术要求，从而提高工作效率和质量，产生较强的成就感。

此外，人机协作还能够通过增强员工的工作重塑行为来提升工作意义感。研究发现，当员工认为人机协作能够增强而非替代他们的工作能力时，他们更愿意进行工作重塑，以寻找更有意义的工作方式。

最后，组织支持感在人机协作中扮演着重要的调节角色。当组织提供足够的支持时，增强的人机关系认知与工作重塑之间的正向关系会得到加强，同时也能促进员工的工作意义感。这意味着，组织的支持不仅能够直接提升员工的工作绩效，还能通过增强员工对人机协作的认同感来间接提升工作意义感，促使员工产生成就感。

5.3 自我效能感

5.3.1 对自我效能感的理解

自我效能感是美国心理学家阿尔伯特·班杜拉（Albert Bandura）于 1977 年在社会认知理论中提出的一个核心概念。它指的是个体对自己完成特定任务或达成目标的能力的信念。这种信念影响着个体的行为选择、动机性努力、认知过程以及情感过程。自我效能感对个体的动机、行为和情绪有着深远的影响。

5.3.1.1　自我效能感的四个主要来源

（1）直接经验。直接经验也称为掌握经验，是指个体通过亲身经历成功完成某项任务而获得的效能感。这是自我效能感最重要和最直接的来源。当个体成功完成一项任务时，会增强其对类似任务的信心。反之，失败则可能削弱这种信心。然而，适当的挑战和成功的体验能有效提升自我效能感，而频繁的失败则会产生负面影响。例如学生通过努力学习获得好成绩，会增强其对学习的自我效能感；员工通过完成一个复杂项目获得上司认可，也会提升其在工作中的自我效能感。

（2）替代经验。替代经验是指通过观察他人（特别是与自己相似的人）成功完成某项任务而产生的效能感。观察他人成功完成任务，尤其是当观察者认为自己与被观察者具有相似能力时，会增强自身的效能感。相反，如果被观察者失败，观察者可能会降低对自身能力的信心。例如学生看到同学成功解决一道难题，会相信自己也能做到；员工看到同事成功升职，会增强对自己职业发展的信心。

（3）言语劝说。言语劝说是指他人通过言语鼓励和正向反馈来增强个体的自我效能感。积极的言语劝说可以帮助个体相信自己有能力完成任务。然而，言语劝说的效果往往不如直接经验和替代经验那么强烈，但它仍是自我效能感的重要来源。例如上司的认可和支持可以增强员工对自己工作能力的信任。

（4）生理与情感状态。个体在面对任务时的生理和情感状态也会影响其自我效能感。积极的情感状态和健康的生理状况通常会增强自我效能感，反之则可能削弱自我效能感。当个体在面对任务时感到焦虑、紧张或身体不适，会影响其对任务的信心和执行能力。相反，放松和积极的情绪状态会提高个体的自我效能感。例如运动员在比赛前感到紧张和压力，可能会影响其比赛表现；学生在考试前感到放松和自信，会更容易取得好成绩。

5.3.1.2　自我效能感的形成过程

（1）信息收集与加工。个体在不同情境中，通过上述四个来源获得有关自身能力的信息。这些信息通过观察、经验、劝说和生理反馈等渠道不断累积。信息加工过程包括对成功和失败的归因、对他人行为的评价以及对反馈信息的内化。个体会根据这些信息来评估自身的能力和潜力。

（2）信念构建。信息收集与加工后，个体形成对自身能力的初步信念。这些信念会影响个体对未来任务的期望和态度。自我效能感高的个体往往认为自己能够克服困难，完成任务；自我效能感低的个体则可能对自身能力产生怀疑，容易放弃或退缩。

（3）行为选择与执行。自我效能感会直接影响个体的行为选择和任务执行。当个体相信自己有能力完成任务时，会更加积极地投入和坚持。在任务执行过程中，个体的信念和动机会相互作用，影响其表现和结果。成功的任务执行会进一步强化自我效能感，而失败则可能削弱自我效能感。

自我效能感的形成与作用机制如图 5-2 所示。

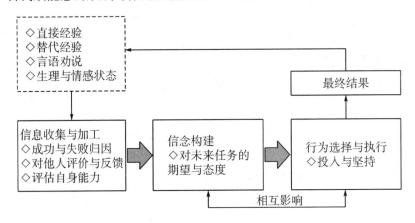

图 5-2　自我效能感的形成与作用机制

5.3.1.3　影响自我效能感的因素

（1）个体特质。性格特征如外向性、自信心和情绪稳定性等都会影响自我效能感。自信心强、情绪稳定的人通常会有较高的自我效能感；个人过去的经历和背景，如教育程度、家庭环境和成长经历等，也会对自我效能感产生影响。

（2）环境因素。一是社会支持，来自家庭、朋友、同事和上司的支持和鼓励，可以增强个体的自我效能感。二是工作环境，积极的工作环境和良好的组织文化可以提高员工的自我效能感；相反，压力大、竞争激烈的工作环境则可能削弱自我效能感。

（3）任务特征。一是任务的难度和复杂性，适当的挑战可以增强自我效能感，但挑战过于复杂和难以完成的任务则可能导致自我效能感下降；二是任务的明确性和目标设定，有清晰的任务目标和明确的任务要求可以帮助个体增强自我效能感。

5.3.2 自我效能感测评

在测评自我效能感时，用得较多的是"一般自我效能感量表（general self-efficacy scale，GSES）"，该量表是由德国心理学家马蒂亚斯·耶利内克（Matthias Jerusalem）等编制的一种心理测量工具，用于评估个体对自己在不同情境下应对需求或面临新环境时的总体自信心。该量表自 1981 年首次编制完成至今，已被广泛应用于国际上的多项研究中，用于探讨自我效能感与各种心理、行为及健康相关变量之间的关系。随着 GSES 的广泛应用，研究者开始关注其跨文化适用性，GSES 被翻译成超过 30 种语言，包括英语、西班牙语、法语、中文、日语等，并在不同文化背景下进行验证。研究发现，GSES 在不同文化背景下的信度与效度良好，表明该量表具有较高的跨文化适用性。

5.3.2.1 一般自我效能感量表

一般自我效能感量表包含 10 个题项，每个题项都是关于个体应对压力和挑战的信心和能力。受试者需要根据自己的实际情况对每个题项进行评分。每个题项都采用四级评分系统，从"完全不同意"到"完全同意"，以此来量化个体的自我效能感受。量表的结构被证实为单维的，即所有题项共同构成一个整体，反映个体的一般自我效能感水平。

一般自我
效能感量表

5.3.2.2 评测结果解释

一般自我效能感量表的计分方法为：完全同意至完全不同意，分别计 4~1 分，具体如表 5-2 所示。

表 5-2　一般自我效能感测评计分方法

选择项	完全同意	基本同意	有点同意	完全不同意
计分	4	3	2	1

将 10 个题项的得分相加，再除以 10，就可以得到个体的自我效能感得分。分数越高，表明个体的自我效能感越强，即他们对自己处理各种情况的信心越强。高自我效能感水平的个体在面对生活中的挑战时，更容易采取适应性的行为，从而更有效地应对压力和困难。具体如表 5-3 所示。

表 5-3　一般自我效能感测评结果解释

得分	特征
高分 （3.1~4）	高度自信：面对复杂或困难的任务时，个体会感到自信，认为自己能够成功应对和解决问题；他们通常会设定高目标，并相信自己有能力达成这些目标。 积极的应对策略：高分个体在面对挑战时，倾向于使用积极的应对策略，如制订计划、寻求支持和主动解决问题；他们较少出现回避行为或放弃的情况。 强心理韧性：高自我效能感与高心理韧性相关；个体在面对逆境时表现出更强的韧性，能够迅速从挫折中恢复。 积极情绪和良好心理健康：研究表明，高自我效能感与更积极的情绪和更好的心理健康状态相关；他们较少经历抑郁、焦虑等负面情绪
中分 （2.1~3）	适度自信：个体在大多数情况下对自己的能力有一定信心，但在面对特别困难或新的任务时可能会感到不确定；他们可能设定中等难度的目标，并认为自己有一定的能力实现这些目标。 灵活的应对策略：个体通常能在大多数情况下使用适当的应对策略，但在遇到特别大的压力或困难时，可能会显得不够坚定或果断。 情绪稳定：他们在大多数情况下情绪稳定，但在面对重大压力或挑战时，可能会经历一定程度的焦虑或不安。 适应性较强：个体通常能够适应变化和挑战，但可能需要额外的支持和资源来帮助他们应对极端情况
低分 （≤2）	缺乏自信：面对任务和挑战时，个体常常缺乏信心，认为自己无法成功完成任务；他们倾向于设定较低的目标，避免挑战性的任务。 消极的应对策略：低分个体可能更多使用消极的应对策略，如逃避、拖延和依赖他人解决问题；他们可能更容易感到无助和被动。 负面情绪和较差的心理健康：低自我效能感与较高的抑郁、焦虑和压力水平相关。个体可能经常感到压力和情绪低落。 低心理韧性：个体在面对挫折和逆境时，通常恢复能力较差，容易被挫折打败；他们可能需要更多的外部支持和干预来提高其应对能力和心理韧性

5.3.3 提升自我效能感的原因和方法

5.3.3.1 提升自我效能感的原因

自我效能感是个体对自己完成特定任务或达成目标的能力的信念，提高自我效能感对于个人成长、心理健康、职业发展以及整体生活质量都具有深远的影响。

（1）增强自信心与勇气。当自我效能感提升时，个体对自己的能力更加自信，这种自信是克服困难和挑战的重要动力。在面对未知或具有挑战性的任务时，高自我效能感的个体更有勇气去尝试，因为他们相信自己有能力应对并成功完成任务。这种自信心不仅有助于个体在任务中表现出色，还能在心理上给予他们强大的支持，使他们更加坚定和从容地面对各种挑战。

（2）激发内在动机与积极性。自我效能感与个体的动机水平密切相关，当个体相信自己能够成功时，他们会更加积极地投入到任务中去，因为成功完成任务能够带给他们满足感和成就感。这种正向的反馈循环会进一步激发个体的内在动机，使他们更加主动地寻求挑战和成长机会。相反，如果个体对自己的能力缺乏信心，他们可能会因为害怕失败而避免尝试新事物，从而错失成长和发展的机会。

（3）改善心理健康与情绪状态。自我效能感对个体的心理健康具有重要影响。高自我效能感的人通常更加乐观、自信，能够更好地应对压力和挫折。他们相信自己有能力解决问题，因此在面对困难时更加冷静和理智，不易陷入消极情绪中；相反，低自我效能感的人可能更容易感到焦虑、沮丧和自卑，这些负面情绪会进一步削弱他们的自信心和动力。因此，提高自我效能感有助于改善个体的心理健康状况，使他们更加积极、乐观地面对生活。

（4）促进职业发展与成功。在职场中，自我效能感的高低直接影响着个体的职业表现和职业发展。高自我效能感的员工更有可能设定并实现具有挑战性的目标，他们对自己的工作充满热情和动力，愿意投入更多的时间和精力去追求卓越。这种积极的态度和行为不仅有助于提升他们的工作绩效，还能赢得同事和上司的认可和赞赏。相反，低自我效能感的员工可能对自己的能力缺乏信心，不敢承担重要任务或挑战高难度工作，从而限制了他们的职业发展空间。因此，提高自我效能感对于促进个体的职业发展和成功至关重要。

（5）提高生活质量与幸福感。自我效能感不仅影响个体的职业表现和心理健康，还渗透到日常生活的各个方面。高自我效能感的人更有可能尝试新事物、享受生活并建立良好的人际关系，他们相信自己能够应对生活中的各种挑战和变化，因此更加乐观和积极。这种心态有助于提升他们的生活质量和幸福感，使他们更加满足和充实地度过每一天。相反，低自我效能感的人可能缺乏自信而错过许多美好的经历和机会，导致生活质量下降和幸福感缺失。

5.3.3.2 提高效能感的方法

提升自我效能感是一个复杂而持续的过程，涉及个体对自身能力的认知、情感反应以及行为调整等多个方面。心理学家阿尔伯特·班杜拉认为自我效能感是个体对自己能否成功完成某一行为的主观判断，这一判断基于个体过去的经验、他人的反馈、情绪状态以及生理反应等多种因素。因此，提升自我效能感需要从这些方面入手，通过积极的干预和策略来增强个体的信心和信念。

（1）积累成功经验。成功经验是提升自我效能感最直接、最有效的方式之一。个体应选择适合自己能力和兴趣的任务或目标，并努力实现它们。每次成功都会增强个体对自己能力的信心，从而提升自我效能感。例如，个体在学习新技能时，可以从简单的任务开始，逐步增加难度，不断通过小成功来积累信心和动力。

（2）积极思考与自我肯定。个体要培养积极的思维方式，关注自己的优点和长处，避免过度自我批评和消极思考。个体要学会正面看待自己的能力和成就，即使面对失败也要从中寻找积极的因素，如经验教训、成长机会等。同时，个体要进行自我肯定练习，经常对自己说一些鼓励的话，如"我能行""我做得很好"等，以增强自信心和自我效能感。

（3）寻求社会支持。个体要与他人分享自己的目标和挑战，寻求他们的支持和鼓励。他人的认可和支持可以增强个体的自信心和动力。此外，个体可以寻找志同道合的伙伴或导师，与他们一起努力、相互激励，共同进步。

在团队或集体中工作也有助于提升自我效能感，因为个体会感受到来自团队的支持和信任。

（4）观察与学习榜样。个体可以观察那些成功的人或角色模型，并从他们的经验和策略中汲取灵感，模仿他们的成功之路，学习他们的思维方式和行为模式。通过替代性经验（观察他人的成功）来提升自我效能感是一种常见的做法。当看到与自己相似的人取得成功时，个体会更加相信自己也有能力实现目标。

（5）设定合理目标并制订计划。这是指将大目标分解为小的可管理的步骤，并为每个步骤制订详细的计划。逐步实现这些小目标可以增强个体的自信心和自我效能感。同时，要确保目标是具体、可衡量和具有挑战性的，这样既能激发个体的动力，又能避免因为目标过于遥远或模糊而失去信心。

（6）持续学习与成长。个体通过持续学习和提升自己的技能和知识来增强自我效能感。不断学习新的知识和技能可以使个体更加自信地应对各种挑战和任务。此外，成长过程中的每一次进步都会成为个体自信的源泉，从而进一步提升自我效能感。

（7）勇于面对挑战与困难。个体勇于接受挑战并将其视为成长的机会。面对困难和挑战时保持积极的心态和坚定的信念，相信自己有能力克服它们并取得成功；通过不断克服困难和挑战来提升自己的能力和信心，从而进一步增强自我效能感。

（8）关注情绪与身体健康。保持良好的情绪状态和身体健康对于提升自我效能感至关重要。负面情绪如焦虑、抑郁等会降低个体的自信心和动力，而积极情绪如乐观、自信等则能增强个体的自我效能感。因此，个体需要学会管理和调节自己的情绪状态，保持积极乐观的心态。同时，保持身体健康也是提升自我效能感的重要因素之一，因为良好的身体状态能够为个体提供充足的能量和精力去应对各种挑战和任务。

相关总结如图5-3所示。

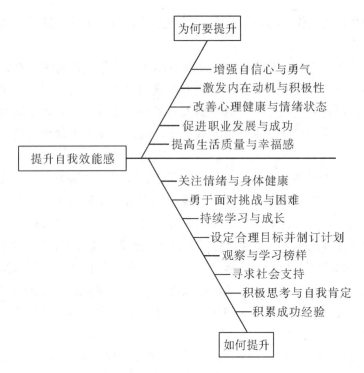

图5-3　提升自我效能感的原因和方法

在实际的工作与生活中应用上述策略时需要注意以下三点：一是要持之以恒地实践这些策略并将其融入日常生活中；二是要根据自己的实际情况和能力水平选择合适的策略和方法；三是要保持开放的心态和灵活的思维模式不断调整和优化自己的策略和方法，以适应不断变化的环境和需求。

> 🐌 **案例　李阳阳的自我效能感测评**
>
> 李阳阳是一名入职近两年的市场专员，具有本科学历，专业是市场营销，主要工作职责就是开展市场调查与市场推广活动。当公司让他独立完成一个市场推广活动的工作时，他感到压力非常大，认为自己无法胜任这一任务。他开始拖延准备工作，并试图将任务转交给同事。但是每个人都很忙，大家都有自己的事要做。最终，他策划实施的市场推广活动没能达

到预期效果，上司批评了他。

他开始对自己的职业前景感到迷茫和不安，甚至提出了辞职申请，但由于他平时的工作表现不错，工作态度比较端正，他的上司与人力资源部决定进一步帮助他。

由此，人力资源部让李阳阳做了一个自我效能感测评，测评结果为1.7分。懂心理学的人力资源部主任给李阳阳设计了一套提升方案，让李阳阳的上司刘经理督促并支持他完成这套方案。具体方案如下：

（1）建立支持系统。让李阳阳与一位资深的市场推广主管建立了导师关系，每周进行一次指导会议，讨论工作中的挑战和应对策略。

（2）提供培训与学习机会。为李阳阳安排市场推广方面的线上培训课程，并提供时间管理和组织技能的培训，帮助他提升工作效率。

（3）设定小目标并逐步实现。在接受了市场推广活动任务后，让李阳阳将市场推广活动分解为多个小任务，如制订推广计划、联系媒体、设计宣传材料等，每完成一个任务，他都记录下成功经验，并给予自己小奖励。

（4）模拟情境训练。在正式推广活动前，让李阳阳进行两次模拟演练，通过演练熟悉流程并获取反馈，改进自己的策略和方法。

通过以上方法，经过一年时间，李阳阳独立完成了市场推广活动，并且取得了良好的效果。

5.3.4　数字化对自我效能感的影响

数字化对自我效能感有着深远的影响，既有积极的一面，也有潜在的消极一面。

5.3.4.1　积极影响

数字化对自我效能感的积极影响是多方面的，主要体现在提供广泛的学习资源和工具、给予即时反馈和自我监控的工具，以及增强社交支持和社区感这三个方面。

（1）提供广泛的学习资源和工具。数字化为个体提供了前所未有的学习资源和工具。在线课程、教育视频、电子书籍等数字化学习资源丰富多彩，使得学习变得更加便捷和高效。无论身处何地，只要有网络连接，个体就能轻松访问这些资源，自主学习和提升技能。这种便捷性不仅极大地拓宽了学习的广度和深度，还使得个体能够根据自己的需求和兴趣进行个性化学习。当个体通过利用这些资源取得实际进步时，他们的自信心和自我效能感会得到显著提升。

（2）提供即时反馈和自我监控工具。数字化工具如学习管理系统（LMS）等提供了即时反馈和自我监控的功能。这些工具能够实时跟踪用户的学习进展和成就，以数据的形式清晰地呈现出来。即时反馈使得个体能够及时了解自己的学习成果和不足，从而调整学习策略。数据跟踪则让个体能够更直观地看到自己的进步轨迹，这种可视化的进步能够极大地增强个体的自信心和自我效能感。

（3）增强社交支持和社区感。通过社交媒体和在线社区增强了个体的社交支持和社区感，在这些平台上，个体可以与他人分享经验、获取支持和鼓励。这种社交互动不仅让个体感到更加连接和归属，还能从他人的成功和经验中汲取灵感和动力。例如，某些职业社交平台允许用户与同行交流，获取职业发展建议，这种互动不仅拓宽了职业视野，还显著增强了职业自信心和自我效能感。

5.3.4.2 消极影响

数字化对自我效能感的消极影响是一个不容忽视的问题，主要体现在信息过载和选择困扰、社交比较和自尊心下降，以及数字疲劳和心理健康问题这三个方面。

（1）信息过载和选择困扰。数字化带来的信息过载问题可能导致个体感到困惑和压力，进而影响自我效能感。在数字化时代，信息以爆炸性的速度增长，个体面临着海量的信息选择。然而，过多的信息输入不仅增加了个体的认知负担，还可能导致决策困难和信息焦虑；当个体在面对复杂任务时感到无所适从，难以集中注意力并有效决策时，他们的自信心和应对能力可能会受到打击。这种困境可能让个体感到自己的能力不足以应对数字化时代的挑战，从而降低自我效能感。

（2）社交比较和自尊心下降。社交媒体上的虚拟展示往往经过修饰和筛选，这可能导致个体进行不现实的社交比较，进而感到自己不如他人。这种负面的社交比较可以削弱自我效能感，特别是当个体频繁暴露在他人成功和成就的展示中时。看到他人的光鲜亮丽，个体可能会忽视自己的优点和成就，而过分关注自己的不足和缺陷。这种不健康的比较心态不仅会降低自我效能感，还可能引发自卑和嫉妒等负面情绪。

（3）数字疲劳和心理健康问题。长时间使用数字设备和不断接收信息可能导致数字疲劳和心理健康问题，如焦虑和抑郁。这种数字疲劳和心理负担会降低个体的自信心和自我效能感，使他们在面对挑战时感到更加无力。在数字化时代，个体往往需要长时间面对电脑、手机等数字设备，处理大量的信息和任务。这种高强度的数字使用不仅可能导致个体身体疲劳和眼睛不适，还可能对心理健康造成负面影响。当个体感到疲惫不堪、无法应对日常生活中的挑战时，他们的自我效能感自然会受到损害。

数字化对自我效能感的影响是双面的。它提供了丰富的资源、即时反馈和社交支持，能够显著增强个体的自信心和能力感。然而，信息过载、负面社交比较和数字疲劳也可能削弱自我效能感。关键在于个体如何利用数字化工具，采取积极的应对策略，如合理安排时间、选择适当的学习资源和避免不必要的社交比较，以最大化数字化带来的积极影响，减少其潜在的消极影响。

案例　张若欣的职业发展与自我效能感提升

张若欣是一名客户服务部副经理，在没有提拔之前，她的工作一直表现出色。但在晋升为客户服务部副经理后，一方面，她担心自己的资历浅，部门内比她年长并且工作时间也比她长的下属不服她；另一方面，面对每天众多的信息推送，她总觉得自己的技能需要进一步提升，以应对不断变化的市场需求和客户需求。

她在社交平台上与同行多次交流后，意识到数据分析技能对提高客户服务效率和质量至关重要，因此决定通过在线课程平台提升自己的数据分析技能。

张若欣注册了多个在线课程，包括数据分析、Excel 高级应用、SPSS 应用等。通过这些课程，她学会了如何利用数据分析工具来更好地理解客户需求、优化客户服务流程，并制定更加有效的客户服务策略。

在课程中，她不仅掌握了理论知识，还通过实践项目将所学技能应用到实际工作中。例如，她设计了一套新的客户满意度调查问卷，并利用数据分析软件对结果进行深入分析，从中找出了客户满意度较低的关键因素，并提出了改进措施。

通过这些新技能，张若欣在工作中做出了显著的成绩。例如，她通过数据分析发现了一些客户流失的关键原因，提出了针对性的解决方案，大大提高了客户的保留率。此外，她还优化了客户服务流程，减少了客户投诉，提高了客户满意度。她因这些成绩得到了上司的高度认可。

在提升技能的同时，张若欣也积极利用领英（LinkedIn）等社交媒体平台与行业专家交流，获取职业发展建议。通过这些交流，她了解到行业最新的发展趋势和最佳实践，并将这些知识应用到工作中。此外，她还通过参加行业线上研讨会和论坛，扩大了自己的职业网络，获取了更多的支持和资源。

尽管取得了显著的职业成就，张若欣也面临一些挑战。社交媒体上的负面比较是其中之一。她经常在微信上看到同行的成功故事和职业成就，这使她有时感到自己不如他人。这种负面比较时常会动摇她设定挑战性目标的勇气，降低对自己的要求；但有时，她又感到自己还很年轻，也才只是一个部门副职，应该有更好的发展，做出更好的业绩。

为此，她咨询了公司的心理辅导专家鲁教授，获得了以下应对建议：

（1）理性对待社交媒体：要理性认识到社交媒体上的成功故事往往是经过修饰和筛选的，并不代表现实的全貌。因此，她要学会理性看待这些信息，避免与他人进行不必要的比较。

（2）关注自我提升：将更多的精力放在自我提升和实际成就上，而不是他人的表现。她要设定个人发展目标，并通过不断努力实现这些目标，以增强自信心。

（3）寻求心理支持：建议她与同事、朋友和家人分享自己的感受，寻求他们的支持和鼓励。她通过这些社交支持，可以获得情感上的安慰和实际的帮助。

一段时间以后，张若欣又找回了刚参加工作时那个自信满满的自己，并且感到自己充满了正能量。

5.4　职业幸福感

5.4.1　对职业幸福感的理解

职业幸福感的概念是随着组织行为学和工业心理学的发展逐渐形成并完善起来的。20 世纪 20 年代末到 20 世纪 30 年代初，埃尔顿·梅奥（Elton Mayo）及同事在美国西部电气公司霍桑工厂进行了一系列研究，这些研究揭示了工作环境、社交因素和员工态度对工作效率和满意度的影响。这些实验标志着对工作中人际关系和员工幸福感的重视，是职业幸福感研究的早期基础之一。

埃德温·A.·洛克（Edwin A. Locke）在 1976 年提出了目标设定理论（goal setting theory），强调了目标设定对工作动机和满意度的影响。洛克还详细讨论了职业幸福感的定义，认为职业幸福感是员工对其工作的态度，是一种正面的情感状态。

5.4.1.1　对职业幸福感的理解

职业幸福感（见图 5-4）是一种主观的情感体验，是个体对工作及其环境的总体评价。这种评价不仅限于工作本身，还涉及工作与生活的平衡、职业发展前景、个人成就感和意义感等方面。职业幸福感的高低直接影响个体的工作积极性、效率和生活质量。

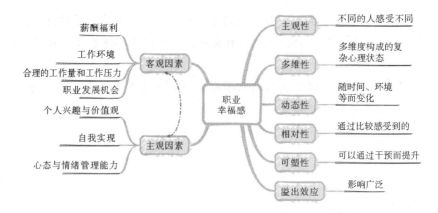

图 5-4　对职业幸福感的理解

职业幸福感作为个体在从事职业活动时所感受到的一种积极心理状态，具有以下六个显著特点：

（1）主观性。职业幸福感是一种主观感受，它基于个体对工作的认知、评价和情感体验。不同人对同一份工作的幸福感可能截然不同，这取决于他们的个人价值观、兴趣、期望以及工作满足他们需求的程度。

（2）多维性。职业幸福感不是单一的感受，而是由多个维度构成的复杂心理状态。它可能包括对工作内容的满意度、对工作环境的舒适度、对职业发展的期待、对工作成就的自豪感，以及对工作与生活平衡的满意度等。

（3）动态性。职业幸福感不是静态的，它会随着时间的推移和工作环境的变化而波动。个体在职业生涯的不同阶段，对工作的感受和需求也会发生变化，从而影响他们的职业幸福感。

（4）相对性。职业幸福感是相对的，它受到个体过去经验、当前环境以及未来期望的影响。一个人对工作的满意度往往是在与其他工作、其他时期或其他人进行比较后得出的。

（5）可塑性：职业幸福感是可以通过干预而提升的。组织可以通过改善工作环境、提供职业发展机会、增强对员工的社会支持等方式来提高员工的职业幸福感。同时，个体也可以通过调整自己的心态、提升工作技能、寻求工作与生活平衡等途径来增强自己的职业幸福感。

（6）溢出效应。职业幸福感不仅影响个体的工作表现和生活质量，还可能对家庭、社交圈甚至整个社会产生积极影响。一个感到职业幸福的个体更可能展现出积极的工作态度、更高的工作效率和更好的人际关系，从而对整个工作环境和社会氛围产生积极影响。

5.4.1.2　职业幸福感的影响因素

职业幸福感受到薪酬福利、工作环境、工作量与工作压力、职业发展机会等客观因素以及个人兴趣与价值观、自我实现需求、心态与情绪管理能力等主观因素的共同影响。

（1）客观因素。影响职业幸福感的客观因素主要包括薪酬福利、工作环境、工作量与工作压力以及职业发展的机会。

第一，薪酬福利是影响职业幸福感的重要因素之一。经济收入作为个体生活的基本保障，直接影响其生活质量和生活满意度。当薪酬福利能够满足个体的基本生活需求，甚至超出其预期时，个体更容易感受到职业带来的幸福感。相反，长期低收入或薪酬增长停滞不前，往往会导致个体生活压力增大，幸福感降低。有研究表明，薪酬福利对主观幸福感的影响比例约占40%，可见其重要性。

第二，工作环境的影响也不可忽视。工作环境包括物理环境和人文环境两个方面。物理环境如工作场所的舒适度、安全保障等，直接影响个体的工作体验和身心健康；人文环境则包括人际关系、学习氛围、管理效益等，良好的人文环境能够激发个体的工作热情，增强团队凝聚力，从而提升职业幸福感。一个和谐、支持性的工作环境，能够让个体感受到归属感和价值感，进而提升职业幸福感。

第三，合理的工作量和工作压力是保持职业幸福感的关键。工作强度过大，长期处于紧张、疲劳状态，容易导致个体身心疲惫，幸福感降低。相反，适度的工作压力能够激发个体的潜能，提高工作效率，从而增强职业幸福感。因此，合理安排工作量，避免过度劳累，是提升职业幸福感的重要途径。

第四，职业发展机会也是影响职业幸福感的主要因素。当个体看到自己在组织中有明确的职业发展规划和晋升机会时，会更加积极地投入工作，努力提升自己的能力和业绩。这种对未来的期待和憧憬，能够激发个体的工作热情和创造力，从而提升职业幸福感。

（2）主观因素。主观因素主要包括个人兴趣与价值观、自我实现需求、心态与情绪管理能力。

第一，个人兴趣与价值观是影响职业幸福感的重要主观因素之一。当个体从事自己感兴趣的工作，并且这份工作符合其个人价值观时，更容易产生工作热情和满足感。相反，如果个体对工作本身缺乏兴趣或认为工作与自己的价值观相悖，就难以感受到职业带来的幸福感。

第二，根据马斯洛的需求层次理论，自我实现是人类的最高层次需求。当个体在工作中能够充分发挥自己的才能和潜力，实现个人价值时，会感受到极大的满足感和幸福感。因此，组织应为员工提供展示自我、实现价值的平台，鼓励个体参与创新和创造，从而提升其职业幸福感。

第三，心态与情绪管理能力也是影响职业幸福感的主观因素之一。积极乐观的心态和良好的情绪管理能力能够帮助个体更好地应对工作中的挑战和困难，保持积极的工作态度和情绪状态。相反，消极悲观的心态和不良的情绪管理能力则容易导致个体在工作中产生挫败感和焦虑感，降低职业幸福感。

5.4.2 职业幸福感测评

职业幸福感测评量表是用于评估个体在职业生涯中感受到的幸福和满足感的工具。与其他测评不同的是，一方面职业幸福感具有动态性、可塑性等特点；另一方面职业幸福感受薪酬福利、工作环境、工作量等特定职业要素影响较大，因此很难用一个统一的量表来测定从事不同职业个体的职业幸福感。

现有研究开发了公务员、教师、医务工作者及护士等职业的职业幸福感测评问卷。

本书推荐适用较广泛的总体幸福感量表。

5.4.2.1 总体幸福感量表

总体幸福感量表（general well-being schedule，GWB）是一个由美国国家健康统计中心（National Center for Health Statistics，NCHS）开发的用于评估个体总体幸福感和心理健康状态的自评工具。该量表共有 33 个题项。在我国，段建华于 1996 年对该量表进行了修订，形成了中国版的总体幸福感量表。中国版的量表包含 18 个题项，并且其中一些题项采用反向评分。这些题项被分为以下六个因子。

> 正情感（positive well-being）：衡量个体积极情绪的频率和强度。

> 自控感（self-control）：评估个体对自己情绪和行为的控制力。

> 舒适感（relaxation）：衡量个体的放松程度和无压力状态。

> 活力（vitality）：评估个体的活力水平和精力充沛的状态。

> 健康关注（health concerns）：衡量个体对健康问题的关注程度。

> 抑郁和焦虑（depression and anxiety）：评估个体的抑郁和焦虑状况。

总体幸福感量表不仅用于评定总体幸福感，还可以对幸福感的六个因子进行评分。这种量表在国内的应用主要集中在调查研究中，了解不同群体的幸福感特点与影响因素。

需要注意的是，由于幸福感这样的主观感受是在不断变化，因此，在回答量表的问题时，主要是参考最近一个月的心理感受。

总体幸福感量表

5.4.2.2 测评结果解释

总体幸福感量表的计分标准并不统一，有 5 点量级、6 点量级与 10 点量级的计分，其中 1、3、6、7、9、11、13、15、16 项等项是负向问题。得分越高，主观幸福感越强。我国的常模得分男性为 75 分，女性为 71 分。

（1）高分。高分个体在各个维度上均表现出较高的幸福感和良好的心理健康状态。这些个体通常体验到更多的积极情绪，具有较强的自控能力，感到放松且精力充沛，较少关注健康问题，也较少经历抑郁和焦虑。

（2）中分。中等得分的个体在总体幸福感和心理健康状态上处于中等水平，可能存在一些压力和负面情绪，但总体上仍能较好地应对日常生活。这类个体在积极情绪和负面情绪之间有平衡，具备一定的自控能力和活力，但可能偶尔会感到疲倦或压力。

（3）低分。低分个体可能存在较多的负面情绪和心理健康问题，如频繁的抑郁和焦虑症状，较差的自控能力和舒适感，缺乏活力，并且对健康问题有较多关注。这类个体可能需要进一步的心理干预和支持，以提升其总体幸福感和生活质量。

同时，人们可以通过测试，了解对生活的满足和兴趣、对健康的担心、精力、忧郁或愉快的心境、对情感和行为的控制、松弛和紧张方面的主观感受。

六个因子与 18 个题项的对应情况见表 5-4。

表 5-4　六个因子对应题项

六个因子	对应题项
正情感	6、11
自控感	3、7、13
舒适感	2、5、8、16
活力	1、9、14、17
健康关注	10、15
抑郁和焦虑	4、12、18

5.4.3　提升职业幸福感的原因和方法

职业幸福感不仅关乎员工的心理健康和工作满意度，还直接影响到组织的整体绩效和长远发展。

5.4.3.1　提升职业幸福感的原因

（1）提升工作满意度和忠诚度。职业幸福感是个体对工作及其环境的整体感受，包括对工作内容的兴趣、工作关系的和谐，以及工作成就的认可等。当个体感到幸福时，他们更可能对工作持积极态度，表现出更高的工作满意度和忠诚度。这种满意度和忠诚度能够转化为更高的工作效率和更好的工作表现，从而降低员工流失率。

（2）增强员工心理健康。职业幸福感与心理健康密切相关，幸福感高的个体心理健康状况更好，压力和焦虑水平较低。反之，职业幸福感低的个体更容易出现心理健康问题，如抑郁和焦虑。提升职业幸福感，可以提高个体的心理健康水平，减少因心理健康问题导致的工作效率下降和病假等。

（3）改善组织绩效。职业幸福感高的个体更有可能展现出高度的创造力和创新能力。当个体感到被尊重、被重视，并且能够在工作中找到乐趣和成就感时，他们更愿意尝试新方法、提出新想法，这有助于推动组织的持续创新和发展。同时，职业幸福感高的个体更容易与同事建立良好的合作关系，团队合作能力更强，幸福感高的团队成员在工作中更愿意分享信息、互相支持，有利于增强团队凝聚力，这些都是组织绩效提升的关键因素。

（4）提升组织声誉。重视个体职业幸福感的组织更容易获得积极的公众形象和良好的雇主品牌。这有助于吸引和保留高素质的人才，增强组织在行业内的竞争力。

（5）实现可持续发展。从长远来看，提升个体的职业幸福感是实现组织可持续发展的关键。一支拥有高度幸福感的员工队伍，能够持续为组织创造价值，推动组织在竞争激烈的市场环境中保持领先地位。同时，幸福的员工也是组织吸引和保留顶尖人才的重要筹码，这对于组织的长期发展至关重要。

5.4.3.2 提升职业幸福感的方法

管理个体的职业幸福感是一个复杂而多维的任务，它涉及组织、领导、个体以及工作环境等多个层面的交互作用。个体可以通过明确职业目标与愿景、提供成长与发展机会、建立正面的工作关系等方式提升职业幸福感。提升职业幸福感的方法见图5-5。

图 5-5 提升职业幸福感的方法

（1）明确职业目标与愿景。首先，个体需要明确自己的职业目标和愿景。一个清晰的职业目标能够帮助个体在工作中保持方向感，知道自己为何而努力，从而更容易体验到意义感。组织可以通过提供职业规划工具、导师制度或定期的职业发展讨论来帮助员工明确和追求他们的职业目标。

（2）提供成长与发展机会。职业成长是提升职业幸福感的关键因素之一。组织应该为个体提供持续的学习和发展机会，如培训、研讨会、在线课程等，以帮助他们不断提升自己的技能和知识。此外，鼓励个体参与跨部门项目、承担新职责或领导小型项目，也能提供宝贵的成长经验，增强他们的职业自控感。

（3）建立正面的工作关系。良好的工作关系对于职业幸福感至关重要，组织应该营造一个开放、包容和尊重的工作环境，鼓励员工之间的积极互动和合作。领导者在这一点上起着关键作用，他们需要通过自己的行为示范如何以尊重和同理心对待他人，同时通过解决冲突和建立团队凝聚力的培训。

（4）认可与奖励。及时的认可和奖励能够显著提升个体的职业幸福感。这不仅包括传统的薪酬和晋升机会，还包括非物质的奖励，如公开表扬、感谢信、灵活的工作安排或额外的休假时间。组织应该建立一个公正、透明的绩效评估体系，确保个体的努力得到应有的认可和回报。

（5）工作与生活的平衡。工作与生活的平衡是当代职场中一个日益重要的问题。长期的工作压力和过度劳累会对个体的身心健康造成严重影响，从而降低他们的职业幸福感。组织可以通过提供灵活的工作时间、远程工作选项、家庭友好政策（如育儿假等）以及心理健康支持来帮助员工更好地管理他们的工作和生活。

（6）培养积极心态与应对压力的能力。个体自身也需要培养积极的心态和应对压力的能力。这包括学习如何管理自己的情绪、采用积极的心理策略（如感恩、乐观思维）、进行定期的自我反思以及寻求必要的专业帮助。组织可以通过提供心理健康培训、建立员工援助计划（EAP）或鼓励个体参与冥想、瑜伽等放松活动来支持这一点。

（7）创造有意义的工作。人们往往更容易从他们认为有意义的工作中获得幸福感。组织应该鼓励个体参与那些能够对他们个人、团队或社会产生积极影响的项目和任务。此外，通过明确传达组织使命和价值观，帮助个体理解他们的工作是如何与组织的整体目标相联系的，也能增强他们的工作意义感。

（8）促进自主性与责任感。给予个体一定的自主性和责任感，让他们在自己的工作领域内做出决策和承担责任，可以极大地提升他们的职业幸福感。这不仅能够增强个体的自信心和自我效能感，还能让他们感到自己的工作是被重视和信任的。

（9）持续沟通与反馈。持续、开放和真诚的沟通是提升职业幸福感的基础。组织应该建立一个鼓励双向沟通的文化，让个体感到他们的声音被听到，他们的意见受到重视。定期的员工满意度调查、一对一的反馈会议，以及开放的政策都是实现这一目标的有效工具。

5.4.4 数字化与人工智能对职业幸福感的影响

数字化与人工智能对职业幸福感的影响是多方面的，既有积极的影响，也存在一些潜在的消极影响。

5.4.4.1 积极影响

数字化与人工智能的发展可以优化劳动生产方式、增加工作便捷性和灵活性、改善工作环境和条件、提升个性化需求满足度、增加工作挑战性和丰富性等，从而提升个体的职业幸福感。

（1）优化劳动生产方式。数字化和人工智能技术的发展使得机器人或算法能够部分替代劳动力，优化劳动生产方式。例如，智能机器人可以替代人类从事重复性体力劳动，如流水线、搬运、分拣等工作，减轻劳动者的劳动强度。同时，算法具备超强的信息整理与分析能力，能替代人力完成许多重复性的智力劳动，提高工作效率。

这种优化不仅提高了生产效率，还改善了工作环境，使个体能够从事更有价值、更具挑战性的工作，从而提升其职业幸福感。

（2）增加工作便捷性和灵活性。数字化技术使得工作不再受时间和空间的限制。例如，借助互联网平台，劳动者可以突破地域限制，远程办公、兼职、副业等工作方式成为可能。这种灵活性不仅提高了工作效率，还使得员工能够更好地平衡工作和生活，提升职业幸福感。

（3）改善工作环境和条件。人工智能的应用能够替代一些对劳动者人身安全构成威胁的工作，如深海钻探、高空作业等。这些工作的自动化不仅降低了劳动者的安全风险，还改善了工作环境条件，使个体能够在更安全、更舒适的环境中工作，从而提升职业幸福感。

（4）提升个性化需求满足度。在组织管理方面，数字化和人工智能技术使得管理能够定制化，满足个体的个性化需求。例如，通过大数据和 AI 技术，组织可以了解个体的绩效表现、职业发展规划等信息，为个体提供个性化的职业培训和晋升路径，使个体在职业生涯中感受到更多的成长和满足感。

（5）增加工作挑战性和丰富性。人工智能的发展促使劳动者面临更为复杂的人机协同和交互任务窗口，工作任务更具有丰富性和挑战性。这种变化使得劳动者需要不断学习和提升自己的技能和能力，以适应新的工作要求。同时，面对更具挑战性的工作，劳动者也更容易获得成就感和满足感，从而提升职业幸福感。

5.4.4.2 消极影响

数字化与人工智能的发展可能产生职业替代和失业风险、减少与人类同事的互动、数据隐私与安全问题，从而对职业幸福感产生消极的影响。

（1）职业替代和失业风险。数字化和人工智能的发展可能导致一些传统职业的工作者被机器取代，从而引发失业风险。例如，一些低技能、低收入、高重复性的职业可能会逐渐消失，如收银员、客服等。这种职业替代不仅给劳动者带来经济压力，还可能对其心理产生负面影响，降低职业幸福感。

心理压力和孤独感：

（2）减少与人类同事的互动。人工智能的广泛应用可能使得劳动者在工作中与机器或算法的交互增多，而与人类同事的交互减少。这种变化可能导致劳动者产生孤独感和心理压力，影响其职业幸福感。一些研究表明，使用人工智能的员工更容易感到孤独和失眠，并可能因此产生其他心理问题。

（3）数据隐私和安全问题。数字化和人工智能技术的应用需要处理大量的个人和企业数据。如果这些数据没有得到妥善保护，就可能引发数据泄露和隐私侵犯等问题。这些问题不仅可能对劳动者的个人生活造成困扰，还可能对其职业信任感和幸福感产生负面影响。

6

职业情绪测评与管理

在数字化时代，职场中人与人的关系、人与组织的关系发生着不同程度的变化，原有的职场情绪也面临新的问题，数字化加重了焦虑与孤独感，职场压力与职业倦怠也呈现出新的特点。我们不能一味地以负面的眼光看待这些问题，而是要通过测评把问题化解在过程中，及早干预。

6.1　对职业情绪的理解

6.1.1　职业情绪的特点

职业情绪主要指的是个体在其职业生涯中，与工作相关的各种情绪体验的总和。这些情绪体验可能源自工作环境、工作内容、工作压力、工作关系等多个方面。职业情绪会对个体的心理状态和行为产生显著影响。具体来说，职业情绪涵盖了在工作环境中可能体验到的所有情绪，如满意、不满、焦虑、压力、挫败、成就感等。

职业情绪，作为职场生活的重要组成部分，其特点丰富而深刻，不仅影响着个体的工作效率、创造力，还直接关系到整个组织的氛围和绩效。以下是对职业情绪特点（见图6-1）的详细分析：

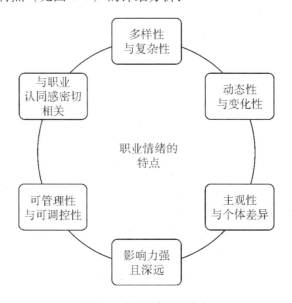

图 6-1　职业情绪的特点

6.1.1.1 多样性与复杂性

职业情绪的首要特点是多样性与复杂性。在职场中，个体可能面对各种各样的情境和挑战，从而产生多样化的情绪体验。例如，当成功完成一个重要项目时，可能会感受到巨大的成就感和满足感；而当项目遭遇挫折或延期时，则可能陷入焦虑和压力之中。此外，职场中的人际关系也是引发复杂情绪的重要因素，如与同事冲突、被上司批评等都可能让个体产生愤怒或失望的情绪。

6.1.1.2 动态性与变化性

职业情绪并非静态不变，而是随着工作环境、工作任务和个人职业发展的变化而动态变化的。例如，一个初入职场的员工可能因对工作环境的不熟悉而感到紧张和不安，但随着时间的推移和经验的积累，这种情绪可能会逐渐转化为自信和从容。同样，当个体面临新的工作任务或挑战时，可能会经历从最初的迷茫和不确定到后来的专注和投入的情绪转变。这种动态性和变化性要求个体具备良好的情绪调节能力，以适应不断变化的职场环境。

6.1.1.3 主观性与个体差异

职业情绪具有明显的主观性，即不同个体对同一职场情境可能产生截然不同的情绪体验。这种主观性源于个体的性格、价值观、职业期望以及过往经验等多种因素。例如，面对同样的工作压力，有的个体可能将其视为成长的机会和挑战，从而激发出积极的工作热情和动力；而有的个体则可能感到无法承受，进而产生消极的情绪反应。因此，组织在关注个体的职业情绪时，需要充分考虑个体差异，采取个性化的管理策略。

6.1.1.4 影响力强且深远

职业情绪对个体的心理状态和行为具有显著且深远的影响。积极的职业情绪能够激发员工的工作热情和创造力，提高工作效率和绩效；而消极的职业情绪则可能导致员工工作满意度下降、工作效率降低，甚至引发职业倦怠和离职等行为。例如，一个长期受到上司打压和忽视的员工，可能会逐渐失去对工作的热情和信心，进而产生离职的念头。这种消极情绪不仅影响员工个人的职业发展，还可能对组织的整体氛围和绩效产生负面影响。

6.1.1.5 可管理性与可调控性

尽管职业情绪受到多种因素的影响，但并非完全不可控。个体和组织都可以通过一定的策略和方法来管理和调控职业情绪。例如，个体可以通过学习情绪管理技巧、调整心态、寻求社会支持等方式来应对消极情绪；组织则可以通过改善工作环境、提供职业发展机会、加强团队建设等方式来提升员工的职业情绪。

6.1.1.6 与职业认同感密切相关

职业情绪往往与个体的职业认同感密切相关。当个体对自己的职业有高度的认同感时，他们更可能体验到积极的职业情绪，如自豪感和成就感；反之，如果个体对自己的职业缺乏认同感，他们则更可能体验到消极的职业情绪，如不满和厌倦。例如，一位热爱教育事业的教师可能会因为学生的进步和成就而感到无比自豪和满足；一位对自己职业缺乏认同感的销售人员则可能对工作感到厌倦和无力。

6.1.2 职业情绪的形成机理

职业情绪的形成是一个复杂的过程，它涉及个体心理、工作环境、工作特性以及社会互动等多个层面；同时，也涉及情绪体验、情绪表达、情绪调节等多个环节。在理解职业情绪的形成机制前，首先要了解认知评价理论。

6.1.2.1 认知评价理论

认知评价理论是由心理学家理查德·拉扎勒斯（Richard Lazarus）和苏珊·福尔克曼（Susan Folkman）提出的，用于解释个体如何通过认知过程对环境刺激进行评估，进而产生情绪反应的理论。该理论主要强调了情绪是个体对事件或情境进行主观评价后的结果，而不是事件本身直接引发的。

初级评估阶段，个体首先评估事件的意义及其对自己目标和幸福的影响。这一步骤决定了事件是被视为威胁、挑战、损失还是无关紧要。如果事件被评估为有潜在的负面影响，会引发焦虑、恐惧等负面情绪；如果被评估为积极的挑战，则可能引发兴奋、期待等正面情绪。

次级评估阶段，在初级评估之后，个体评估自己应对这一事件的能力和资源。这包括评估自身的控制感、自我效能感以及可利用的外部支持。如果个体认为自己有足够的资源应对事件，会产生积极的情绪；相反，如果认为资源不足，则会产生无助、焦虑等情绪。

再评估阶段，随着时间和环境变化，个体会不断地对事件进行再评估，调整情绪反应。这是一个动态的、循环的过程。

6.1.2.2 职业情绪的形成

职业情情绪的形成主要包括工作事件、初级评估、次级评估、情绪体验、情绪表达、情绪调节、情绪后果七个环节，如图 6-2 所示。

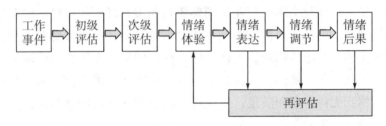

图 6-2 职业情况的形成过程

（1）工作事件。工作环境中的特定事件或情境，如完成一个项目、遇到困难、与同事发生冲突等。

（2）初级评估。个体评估事件对个人目标、需求和期望的潜在影响。这一步骤决定了事件是被看作威胁、挑战还是无关紧要的事。例如，接到一项新的工作任务，如果被评估为挑战，可能会引发积极的情绪；如果被评估为威胁，则可能引发焦虑或压力。

（3）次级评估。个体会评估自己应对这一事件的能力和资源。如果个体认为自己有能力应对，将会产生积极情绪；相反，如果认为无法应对，将会产生负面情绪。

（4）情绪体验：基于初级和次级评估，个体会产生相应的情绪体验。这些情绪体验可能是积极的，如喜悦、满足；也可能是消极的，如焦虑、沮丧。情绪体验具有主观性，即不同个体对同一事件可能产生不同的情绪反应。例如，程序员小张接手了一个复杂的项目。在项目开发过程中，他遇到了许多技术难题，经常需要加班加点地工作，而且在过程中发现自己在处理问题时缺乏足够支持。面对这些挑战，小张的情绪体验逐渐从最初的兴奋转变为焦虑和压力。他担心项目无法按时完成，也担心自己的技术能力无法满足项目需求。

（5）情绪表达。个体通过行为、语言或生理反应表达情绪。正面的情绪表达，如满意、兴奋、自豪等，这些情绪表达通常与工作成就、团队协作或职业发展相关，能够增强团队士气和工作动力；负面情绪表达，如焦虑、愤怒、挫败等，这些情绪表达可能与工作压力、冲突或不满有关，如果不适当处理，可能会损害工作关系和生产力。

（6）情绪调节。为了维持情绪的稳定性和适应性，个体会采取一系列情绪调节策略。这些策略包括对事件的认知再评估，改变对事件的解释和评价，或抑制情绪的外在表现、向他人倾诉或寻求帮助等。例如，面对焦虑和压力，小张开始尝试进行情绪调节。他首先通过认知再评估的方式来改变自己对项目的看法，将挑战视为成长的机会而非威胁；其次，他也积极寻求同事和上司的帮助和支持，共同解决问题。这些情绪调节策略有效地缓解了小张的焦虑情绪。

（7）情绪后果。情绪后果是情绪体验、情绪表达、情绪调节对个体和组织产生的影响。这些后果可以是积极的，也可以是消极的，取决于情绪的类型、强度，以及它们如何被个体和观察者处理。

在个体层面，情绪后果包括情绪如何影响个人的认知过程、决策制定、行为表现以及心理健康。例如，正面情绪如快乐可以增强个体的创造力和问题解决能力，而负面情绪如愤怒可能会导致破坏性行为。此外，情绪还会影响个体的社会互动和人际关系的质量。

在组织层面，情绪后果涉及情绪如何影响团队合作、领导力、客户满意度以及整体组织绩效。情绪劳动，即调节以符合组织期望的情绪表达，虽然可以提高服务行业的服务质量，但也可能导致个体的心理压力和情感耗竭。情绪的社会功能理论指出，情绪表达可以通过影响个体的感知和推理过程来影响组织成员的行为。

6.2 压力

6.2.1 对压力的理解

"压力"一词的使用频率似乎越来越高了，那么什么是压力？压力既可以是物理术语又可以是心理学名词。从心理学角度看，压力是心理压力源和心理压力反应共同构成的一种认知和行为体验过程，是一个人觉得自己无法应对环境要求时产生的负性感受。压力源可以是那些偶尔发生的大事，也可以是日常生活中的小事。

也有一些学者认为，压力是生物对环境变化做出的即刻反应。哈佛大学著名的心身医学教授赫伯特·本森将压力定义为：压力是一种对我们的生理和（或）心理健康存在威胁的感觉，是一种我们认为无法应对这种威胁的信念。

对压力的感受是人类的一种本能，是通过大脑不同部位感受到的，有些感受可以被我们及时准确地识别出来，而另外一些却并不一定会以我们认为的压力表现形式体现出来，因而会被忽略。按照压力发生的时间长短分类，压力可以分为急性压力和慢性压力两种。如果急性压力反复发生或者没有得到很好的管理，就会变成慢性压力。人们通常认为，适当的压力对个体的影响不大，但超过个体应对能力范围的压力，将会对身体造成损耗并最终导致躯体或心理疾病。

长期处于压力状态的个体可出现行为异常，如人际冲突增加、工作效率降低、缺勤率增加、抱怨增多等；压力加诸于人体，常见的症状为肩颈背部肌肉僵硬、头痛、失眠、倦怠感、腰部酸痛等，且容易造成神经系统、内分泌系统失调，形成诸多慢性疾病和精神官能症。图 6-3 体现了压力对健康与绩效的影响。有研究认为，压力使端粒变短，从而会进一步缩短寿命。因此，对压力的管理也成为热门的话题。

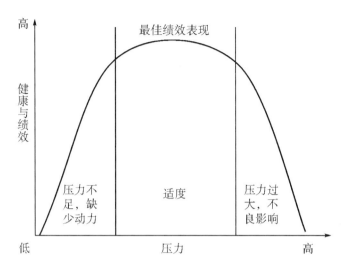

图 6-3　压力对健康与绩效的影响

　　不同的人对同一件事情感受到的压力是不同的，这是生活常识。那么为什么会是这样的呢？各种研究和实验都表明，面对压力时，个体一般会有两种反应模式。

　　第一种反应是"威胁"。夜晚，你一个人走在无人的寂静大街上，隐约之中，你突然感到后面有一个人鬼鬼祟祟跟着你，你会感到非常害怕，想要尽可能走快一点，离这个人远一点，你这个时候的反应就是"威胁"。这种状态下，你的血管会收缩，血流量会减少。你的肾上腺开始释放皮质醇，给你带来更多的葡萄糖。你的心率会加快、血压会升高，你的迷走神经活动下降，你的手脚感到冰凉。

　　第二种反应是"挑战"。同样是上面描述的场景，如果此时你满脑子想的不是如何远离那个危险源，而是想着怎样制服这个人，甚至想到自己可能会因此变成网红，跃跃欲试地想要战胜这个压力场景，那你这个时候的反应就是"挑战"。这时，你的心率还是会增加，肾上腺也会释放皮质醇，但是你的血管并没有收缩，你血液中的含氧量升高了，你把全身的资源调动起来，准备"战斗"，你感到很兴奋！这就是世界上那些成功人士，他们面对压力时，感到的不是威胁，而是挑战，压力引发的生理反应反而成了他们的助力。

为什么会有这样两种反应呢？显然，大家都希望能有第二种"挑战"的反应，因为它对人产生的是正面影响。但是每个人由于其生活的环境、对现实的感受与预期，自身的性格、能力等，必然会导致其对压力的认知差异。心理学家发现，有一些关键因素能决定压力对人是产生正面影响还是负面影响，包括我们对压力的感知、我们给压力赋予的意义、我们能否与不确定性和模棱两可的事物相处、我们对产生压力的环境的掌控程度。

同时，也不能指望人们面对压力的时候总是产生挑战反应，而不是威胁反应。同一个人，对不同场景下的压力会产生不同的反应，比如一个成功的精英女士，当面对工作压力时，她会当成是挑战，对她产生正面的影响；而当她面对上述黑夜中可能的袭击者，她由于自己缺少体力和应对技术，必然会产生威胁的感受。

影响压力强度的因素较多，但主要有以下五个方面：

第一，人格特质。1974年，弗雷德曼和罗森门两位心理学家在对心脏病病人的研究中发现，A型性格的行为方式与压力的产生有关。心理学上，把那些竞争意识强、工作勤奋努力、争强好胜、缺乏耐心、成就动机高、说话办事讲求效率、时间紧迫感强的人，称为A型性格特征；而把个性随和、生活悠闲、对工作要求不高、对成败得失看得淡薄的人，称为B型性格特征。通常A型性格的人求胜心切，总想在最短时间内处理大量难以确定的事物，长期处于紧张的压力状态下；而B型性格的人压力较小。研究发现A型性格者患心脏病的人数是B型性格者的2~3倍。

第二，认知评估。美国心理学家拉扎鲁斯认为一个事件是否有压力取决于人们怎样在认知上评价和解释它。通常人们在接触到压力源时，首先是在觉察、理解的基础上，评估压力源的性质、程度及压力源对自己的利弊，进而评估自己的实力，确定自己能否应对以及确定应对方式。对压力事件的看法，愈是负向愈具挑战性，压力愈大。

第三，应对能力。当事件出现时，人们首先会基于自身的经验与能力做出评估，对事件的评估包括初次评估和二次评估。在初次评估中，人们会评估这件事是包含已经造成的伤害或损失、对未来的威胁，还是一项有待克服的挑战，当人们把压力看成一项有待克服的挑战而不是一种威胁时，就会减少压力。在二次评估中，人们会衡量自己的资源，确定怎样可以有效地利用自己的资源来处理事件。

第四，主观喜好。当事件出现并引起人们的心理冲突时，就会产生较大的压力。心理冲突是指相互对立和排斥的目的、愿望、动机和反应倾向同时出现时引起的一种矛盾的心理现象。

第五，严重性评估。对事件严重性的评估也会影响压力的体验，通常过高评估客观事件的严重性，会增强对压力的感觉。对相同事件严重性的评估强度高低，会因人而异。

6.2.2 职场压力的来源

本质上，职场压力来源于人与环境交互作用下而产生的不良感受，形成职场压力的因素很多，主观上，有人员自身的性格、承受能力的差异产生的压力，也有客观上来自繁重的工作任务、沟通不畅、职场人际关系、工作环境、胜任能力、不恰当的考核、晋升与成长的需要等导致的压力感。图 6-4 描述了工作压力产生的过程。

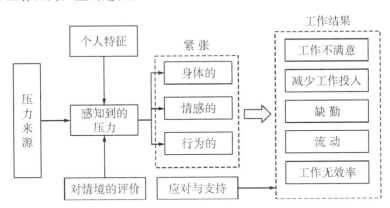

图 6-4　工作压力产生的过程及结果

职场压力主要来源于以下七个方面：

6.2.2.1　繁重的工作任务

工作任务是指职业活动中个体能独立执行的活动，它来自岗位职责以及上级临时交办的工作，通常在确定岗位职责时，会通过工作分析使岗位的工作量适中，并给临时交办任务、员工休假等留有一定的空间。但现实中，很多组织会忽略工作分析的作用，凭经验或现在实际人员数量安排工作，在人员数量不够，或对临时性工作量预测不够的情况下，就会使个体的工作量增加，工作时间延长。做不完的工作、工作时间过长都会使人感到身心疲惫，进而产生压力，同时，在没有反馈，对出色工作缺少认同、不知道何时才是"尽头"的情况下，压力会增加。

6.2.2.2 沟通不畅

沟通是工作的基础，通过沟通使团队成员了解对方的意图，领会上司的工作安排与要求。沟通不畅时，信息传达不及时、缺少明确的指示、成员之间彼此之间缺少配合等会导致无法达到预期的工作效果，对成员产生挫败感。团队主管会认为他们的团队不能胜任工作，表现出对团队成员的失望，从而导致压力感。

6.2.2.3 职场人际关系

对于 8 小时都在工作场所的人来说，你与同事共处的时间可能比与家人共处的时间还长。在与同事相处中，可能由于不会表达或表达不到位、没有注意到同事的情绪、不小心在背后批评了同事又被传话产生矛盾，再或者由于自身性格与兴趣原因，很难融入同事的闲聊，还有的因为工作能力太强，鹤立鸡群，被同事忌妒、孤立等，这些都会产生人际关系困扰，从而形成人际关系的压力。

6.2.2.4 工作环境

工作环境既指工作地周围的物理环境，也包括个体在工作场所感受到的气氛。不同的组织由于文化不一样，工作的氛围往往有较大的差异；同时，不同的团队领导人，由于其管理风格不同，对个体的工作环境感受也有比较大的差异。常年处于监控下工作、沉闷的氛围、不苟言笑、喜欢批评下属的上司等都会给个体形成一定的压力。

6.2.2.5 胜任能力

胜任能力指的是个体完成工作所需要具备的知识、技能、能力以及各种身体与心理特征。一方面，如果在不断努力的情况下，凭借自己的能力仍然解决不了工作中遇到的问题，并且这种情况经常发生，就会产生压力；另一方面，如果个体的身体与心理特征长期不能适应工作，也会产生压力，比如让一个不善言辞或不愿意多说话的人去从事销售，让一个力气小、缺少体力的人去扛重物等，也会产生压力。此外，对于长期固定的单一的工作所产生的烦躁感也会形成工作的压力。

6.2.2.6　不恰当的考核

不管是对组织还是个体，考核都是必要的，它可以帮助组织、团队及个体检视目标是否达成，工作是否符合目标要求，找到改进的方向，提升个体与整体绩效，同时，考核也能区分工作质量的优劣，并使报酬更合理，起到了指引与激励的作用。但是，正因为考核有这样一些重要的作用，在使用过程中，也被误用、滥用，将一些个体无法控制的指标强加给员工，并且不分轻重，比如将销售指标不加分解，硬生生地挂在每个人的头上，使个体由于无力控制，却还要被考核而产生压力。另一种情形是，凡事不分轻重、不分对工作的影响大小都做相同的考核挂钩，使个体时时处处都面临被考核的压力。

6.2.2.7　晋升与成长的需要

正常情况下，每个人都期望在工作中不断进步，寻求自身的价值，找到工作的意义感。但是，如果某人工作了五六年还是感觉自己与之前相比，没有能力的提升，也没有升职加薪的期望，而自己的同龄人都成长了，或是晋升了，自然会产生压力，并且随着年岁的增长，压力感会更强。

案例　潘攀承受的人际关系压力

潘攀前些天给朋友李力打电话，声嘶力竭地说："我快要崩溃了。"半年前他跳槽到一家公司担任部门主管，但下属员工非常不配合他的工作，因为他是"空降"来的，大家都认为，如果没有他，那么升任部门主管的人会是员工赵一明，这导致赵一明对他的意见很大。

赵一明是这家公司的老员工，业务比较熟，人缘也很好，赵一明对他的态度，很大程度影响了部门里的其他同事。在开始的两三个月，潘攀觉得只要自己有耐心，总会和同事们搞好关系，但大半年下来，赵一明对他依旧充满敌意，常常在部门会议上给他难堪，让他在其他下属面前抬不起头，渐渐地他感到不被同事们尊重。

近一两个月以来，部门例会前或需要给部门同事安排临时工作任务时，潘攀都会感到莫大的压力，工作时、甚至下班后不自觉就会胡思乱想，还会感到头疼、胸闷，他说自己对公司的各项业务都很熟悉了，但感觉好像根本适应不了新公司新环境，也无法完全融入部门当中。

6.2.3 压力测评

常用的测评压力的量表有 LCU 量表（生活事件心理应激事件量表或社会再适应评定量表）、PSTR 测评量表、WYB 心理测量量表等。目前，PSTR 测评量表较多使用于对职场人士的压力测评。

6.2.3.1 PSTR 测评量表

PSTR 测评，即心理压力与应对能力测评，是一种科学评估个体在面对压力时的应对方式及心理承受能力的测评工具。其目的在于帮助个体了解自己在压力环境下的反应模式，从而引导个体采取更有效的应对策略。PSTR 测评量表以德国心理学家穆瑞在 1968 年提出的心理压力因素理论为

PSTR 测评量表

基础，由瑞士心理学家爱德沃兹于 1983 年编制。该量表共有 50 个题项，每个题项有 5 个选择项，分别是"总是""经常""有时""很少""从未"。

6.2.3.2 PSTR 测评结果解释

对于量表中的选择项，分别是"总是"计 4 分，"经常"计 3 分，"有时"计 2 分，"很少"计 1 分，"从未计" 0 分。具体如表 6-1 所示。

表 6-1　各选项得分

选项	计分
总数	4
经常	3
有时	2

表6-1(续)

选项	计分
很少	1
从未	0

量表测评的总分为0~200分，分数越高，压力越大。通常认为，分数为43~65分，压力是适中的，不必寻求改变生活状态；但如果分数低于43或高于65，那就可能需要调整生活状态。低分者需要更多刺激，高分者则需要更好的压力管理。

93分及以上：个体确实经受着极度的压力且这种压力正在伤害他的健康，可能需要专业的心理治疗师给予一些建议，帮助个体消减对于压力的知觉，并改善生活的品质。

82~92分：个体正经历太多的压力且这种压力正在损害他的健康，并令其人际关系发生问题。他的行为会伤害自己，也可能会影响其他人。因此，对他来说，学习如何减少自己的压力反应是非常重要的。

71~81分：个体的压力程度中等，这种压力可能对他的健康有影响。他需要学习在压力出现时控制自己的肌肉紧张，以消除生理激活反应。如果可能的话，他可以找心理咨询师获得帮助，或者选择适合的放松训练方式进行放松训练。

60~70分：个体生活中的兴奋与压力适度。偶尔会有一段时间压力较大，但他也许有能力去管理压力，并且很快地回到平静的状态，因此，这样的压力对个体的健康并不会造成威胁

49~59分：个体能够控制自己的压力反应，能够比较放松。也许他对于所遇到的各种压力，并没有将它们解释为威胁，所以他很容易与人相处，可以较好地胜任工作，保持自信。

38~48分：个体对所遭遇的压力毫不在乎，好像并没有发生过一样。这对他的健康不会有什么负面的影响，但他的生活缺乏适度的兴奋，因此，趣味也有限。

27~37分：个体的生活可能是相当沉闷的，即使刺激或有趣的事情发生

了，他也很少有反应。他需要参与更多的社会活动或娱乐活动，以增加他的压力激活反应。

16~26 分：个体在生活中所经历的压力经验不够，或者他并没有正确地分析自己。他最好更主动些，在工作、社交、娱乐等活动上多寻求些刺激。

6.2.4 有效管理压力

过度的压力会产生负面影响，如焦虑、抑郁、健康问题和工作表现下降。因此，找到适度压力的平衡点，避免压力过载，是维护个人健康和工作生活平衡的关键。有效管理压力不仅有助于维护个人的身心健康，还能提升个人在职场和社会中的表现和幸福感。但是，管理压力并不是完全无压力，研究发现，保持适度的压力对个人的心理和生理健康，以及工作和生活表现都有积极的作用。保持适度压力的积极作用与方法如图 6-5 所示。

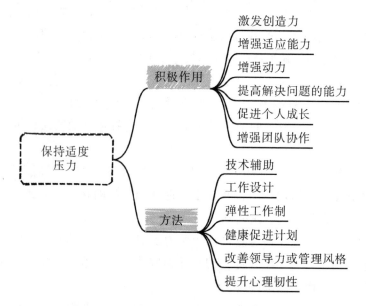

图 6-5 保持适度压力的积极作用与方法

6.2.4.1 保持适度压力的积极作用

适度的压力在心理学中被称为"积极压力"或"有益压力"，它对个体的职业发展以及组织的发展都有许多积极的影响。

（1）激发创造力。适度的压力如同一剂强心针，能够激发个体的创造力。面对挑战，个体往往能在适度压力的推动下，跳出传统思维的束缚，探索并尝试新的解决方案和创新方法。例如，许多伟大的发明和创新都是在紧迫的时间限制或资源有限的条件下诞生的，正是这些压力促使创新者不断突破自我，最终创造出令人瞩目的成果。

（2）增强适应能力。适度的压力是增强个体适应能力的有效途径，在快速变化的世界里，新环境和新情况层出不穷，适度的压力可以帮助个体更快地学会适应，提高他们在面对未知和变化时的灵活性和应变能力。例如，一位新员工在初入职场时可能会感到压力重重，但正是这些压力促使他迅速学习工作技能，适应企业文化，最终成长为团队中不可或缺的一员。

（3）增强动力。适度的压力还能成为激发个体内在动力的源泉，当个体感受到一定程度的压力时，往往会更加明确自己的目标，并激发出追求成功的强烈愿望。这种内在动力驱使着个体不断前行，克服困难，直至达成目标。正如运动员在备战重大赛事时，虽然承受着巨大的心理和身体压力，但正是这些压力转化为他们不断突破自我、追求卓越的强大动力。

（4）提高解决问题的能力。适度的压力在提高个体解决问题能力方面也发挥着重要作用。面对压力，个体往往会更加专注于问题本身，积极思考，寻找最有效的解决方案。这种高度集中的思考状态有助于个体发现问题的本质，从而制定出更为精准有效的应对策略。

（5）促进个人成长。适度的压力是促进个人成长和职业发展的宝贵财富，在压力之下，个体更倾向于主动学习新技能和知识，以适应外界环境的变化。这种持续的学习过程不仅丰富了个体的知识体系，也为其职业生涯的长期发展奠定了坚实的基础。例如，一位管理者在面对项目管理的压力时，可能会主动学习先进的管理理念和方法，最终不仅成功完成了项目，也提升了自己的管理能力。

（6）增强团队协作。在团队环境中，适度的压力如同一股无形的纽带，将团队成员紧密相连。它不仅能够激发每个成员的潜能，还能促使团队成员之间相互支持、紧密合作，共同应对各种挑战。面对适度的压力，团队成员往往会更加积极地交流想法，共享资源，共同寻找解决问题的最佳方案。例如，在一个项目团队中，面对紧迫的时间线和高标准的要求，团队成员可能会感到一定的压力，但这种压力也会促使他们更加频繁地沟通，协同工作，最终不仅按时完成项目，还可能超出预期目标，显著提高团队的整体绩效。

6.2.4.2 保持适度压力的方法

保持适度压力是一个持续的过程，需要个体、团队和组织共同努力。可以通过技术辅助、工作设计、弹性工作制、健康促进计划、改善领导力或管理风格、提升心理韧性等方式。

（1）技术辅助。利用最新的技术工具，可以有效地提高工作效率并减少工作负担。例如，时间管理小程序可以帮助个体规划每日的任务和时间，确保工作的有序进行；生产力分析工具则可以让大家了解自己在工作中的表现，从而找出提升效率的方法；协作平台则能促进团队成员之间的沟通和合作，使得工作更加顺畅。此外，人工智能和自动化技术的发展也提供了处理重复性任务的可能，从而释放个体的时间和精力，能够专注于更有价值的工作。

（2）工作设计。通过实施工作设计策略，可以使工作更加有趣和挑战性。工作轮换、项目团队工作和跨职能合作都是有效的方法，它们可以减少工作的单调性，增加挑战性，并激发个体的创造力和创新精神。同时，明确工作目标和职责，使个体感到工作对个人和组织的价值，也是创造有意义工作的重要方式。

（3）弹性工作制。弹性工作政策可以为个体提供更多的自由和灵活性，使其能够更好地平衡工作与个人生活。允许个体根据个人需求和工作条件调整工作时间和工作地点，鼓励远程工作和灵活的工作安排，都是实现这一目标的有效方法。

（4）健康促进计划。身心健康是应对压力的重要基础。实施健康促进计划，包括定期健康检查、健身补贴、心理健康资源和支持，都是关爱员工的重要举措。同时，鼓励个体参与体育活动和健康饮食，也是缓解工作中压力的有效途径。

（5）改善领导力或管理风格。领导力和管理风格对团队氛围和个体压力水平有着重要影响。培养支持性领导力，鼓励开放式沟通和员工参与决策，可以营造一个更加积极、和谐的工作环境。同时，采用积极的反馈和认可机制，也可以增强个体的工作满意度和动力，从而降低不必要的压力。

（6）提升心理韧性。心理韧性是个体应对压力和挑战的重要能力。提供心理韧性培训，帮助个体学会适应变化和压力，提高应对能力，是提升心理素质的有效途径。同时，培养个体的自我意识和情绪管理技巧，也是更好地应对职场压力的重要方法。

6.2.5 数字化对压力的影响

对数字化时代职场压力的理解，可以从理解技术压力着手。技术压力（technostress）是与使用信息和通信技术（ICT）相关的特定类型的压力，在数字化时代越来越受到重视。该概念最早被提出，是为了理解广泛使用技术如何影响员工的心理健康和工作效率。技术压力包括各种与 ICT 使用相关的压力源，如技术过载（感到被大量技术所淹没）、技术复杂性（难以应对复杂技术）、技术不安全感（担心因技术而失去工作）以及技术不确定性（对技术变化的不确定性）。

在临床医学领域，技术压力最初是由临床心理学家 Brod（1984）提出来的，他认为技术压力是个体难以通过正确恰当的方式应对技术变化的一种现代疾病，这种压力会导致头疼、噩梦等，从而影响个体的身心健康。

在信息管理领域，Tarafdar 等（2007）将技术压力视为个体由于无法应对信息技术而产生的适应性问题，并提出技术负荷、技术入侵、技术复杂性、技术不安全性、技术不确定性是技术压力的重要压力源。

在组织行为领域，为了更好地了解技术压力对组织中个体的影响，Ayyagari 等（2011）将技术压力引入组织环境，并提出技术压力是个体由于无法处理信息技术使用的需求而经历的压力，技术的可用性、入侵性和动态性特征是技术压力的重要来源。

在不同的领域，对技术压力的描述有所不同，但都是由于对新技术所造就的环境难以适应，或使用新技术遇到困难而产生的压力。在智能手机上就能接收和处理信息，也被视为压力源。Steele 等（2020）归纳了数字压力的四个组成部分，包括回应压力、认可焦虑、错失恐惧和连接过载。

回应压力，主要有两个方面：一是自己对社交网络上信息的回应，害怕没有满足他人的回应需要而产生压力；二是期待别人回应，由于没有得到及时回应，而"想太多"产生的压力。

认可焦虑，数字媒体为人们提供了更多的机会，让他们可以打造或控制自我形象。正因为此，人们期望通过信息和数字足迹来塑造自我给人的印象，但他人对自己所发的信息等的看法是自己不能控制的，存在较大的不确定性，会让自己产生压力。与男性相比，女性对于认可的期望更高，压力会更大。

错失恐惧，曾听人说，自己一早起来就疯狂刷微博、看朋友圈以及各个平台的视频，因为他们害怕一夜之间错失了什么，自己变得"落伍"，听不懂别人在聊什么。还有一些人可能会因为"错过恐惧"而购买一些同事或朋友也有，但是更好更贵的东西，因为他们不想错过拥有某样更好的东西，或者他们想借此机会更好地融入社会。研究发现，那些整体情绪较差、对生活满意度较低的人，"错失恐惧"会更加严重。

连接过载，当人们在数字媒体上接收的信息，超过了个人处理能力的信息量，就会产生一种主观痛苦的体验。例如，当面对过多信息时，一个人可能会难以做出决策或对所做出的选择感到不确定，这样就会产生压力，甚至干脆就避免做出决策。

在数字化时代，数字技术的应用在工作场景中日渐普及，从根本上改变了人们的生活方式和工作环境，例如数字技术让人们可以随时随地处理信息，缩短工作时间，提高员工个人和组织整体的工作效率。正如我们在第 2.4 节中讨论过的"永久性连接"，虽跨越了时空限制，但却带来较多的工作负荷、角色模糊，增强了人们的数字压力。

6.3 焦虑

6.3.1 对焦虑的理解

有读者可能会问，压力与焦虑有什么样的差异呢？压力和焦虑虽然都涉及个体的心理紧张状态，但它们在定义、来源、表现形式和影响上有所不同。

压力更多与外部事件和内部要求相关，而焦虑则更多与个人对未来的担忧和恐惧相关。举个关于压力的例子，一位学生在考试前感到压力很大，因为考试结果对他的未来学业有重要影响。他可能会表现出紧张不安，学习效率下降，甚至出现失眠。这种压力主要来源于外部的学业要求和内部的期望。

再看一下关于焦虑的例子，一位职场人士在没有明显工作压力的情况下，仍然持续担心自己的工作表现，害怕被辞退或不被认可。这种担忧可能影响到他的日常生活和工作效率，即使实际上他的工作表现是出色的。这种焦虑主要来源于内部的过度担忧和对未来的不确定感。

焦虑是一种情绪体验，主要表现为对未来可能发生的、难以预测的、不可控制的危险或不幸事件的担忧和害怕。它通常伴随着紧张、不安、忧虑、烦恼、恐惧等感受，并可能出现一系列的身体反应，如心慌、胸闷、气短、出汗、颤抖、恶心等。焦虑是一种普遍的情绪体验，但当它变得过于强烈、持久，或者影响到日常生活、工作和人际关系时，就可能构成焦虑症，需要专业的医疗关注。

从不同的视角出发，人们对焦的理解有所不同。

6.3.1.1 心理学视角

焦虑是一种自然的生存机制，它提醒个体注意可能的风险，并促使采取行动以应对这些风险；焦虑可以是适应性的，帮助个体准备应对挑战，提高警觉性和专注力；过度或长期的焦虑可能是一种心理障碍，需要通过心理治疗、药物治疗或生活方式的改变来管理。

6.3.1.2 生物学视角

焦虑涉及大脑中的多个化学物质和神经通路，特别是与恐惧反应相关的杏仁核和前额叶皮层；焦虑的生物学基础表明，它是一种复杂的生理现象，可以通过药物治疗来调节。

6.3.1.3 社会文化视角

焦虑在社会文化因素影响下可能会有所不同，不同的社会和文化对焦虑的表达和应对方式有不同的看法。在某些社会文化中，焦虑可能被视为一种负面情感，需要被压抑或隐藏。持这种观念可能导致个体在表达焦虑时感到羞耻或内疚，进而加剧焦虑情绪。而在另一些社会文化中，焦虑可能被视为一种正常的情感反应，个体被鼓励寻求支持和寻求帮助。这种开放的态度有助于个体更好地应对焦虑，减少焦虑的负面影响。

社会压力、期望和规范也会影响焦虑。例如，在某些社会文化中，个体可能面临巨大的社会压力，要求他们在职场中取得成功、在家庭中扮演好角色等。这种压力可能导致个体感到焦虑，因为他们担心无法达到这些期望。此外，社会规范也可能加剧焦虑，例如，某些社会可能强调竞争和成功，这可能导致个体感到焦虑，因为他们担心自己无法达到这些标准。

6.3.1.4 个人发展视角

从个人发展的角度来看，焦虑并不完全是负面的。事实上，焦虑可以是一个成长的机会，通过面对和克服焦虑，个体可以学习新的应对策略，增强自我认知和自我效能感。焦虑经历可以帮助个体更好地理解自己的价值观和生活方式，从而进行积极的改变。

首先，焦虑可以促使个体反思自己的行为和决策，从而发现自己的弱点并加以改进。这种反思过程有助于个体建立更强的自我认知，更好地了解自己的需求和目标。

其次，焦虑可以激发个体的自我效能感。通过面对焦虑并成功地克服它，个体可以增强对自己能力的信心，相信自己可以应对类似的挑战。这种自我效能感有助于个体在未来的工作和生活中取得更好的成绩。

最后，焦虑经历可以帮助个体更好地理解自己的价值观和生活方式。在面对焦虑时，个体可能会重新审视自己的生活方式和价值观，从而发现更适合自己的生活方式和目标。这种积极的改变有助于个体实现更满意的生活。

6.3.1.5 哲学视角

从哲学角度来看，焦虑可能与存在的本质有关，如存在主义哲学中探讨的焦虑是人对自由、无意义和死亡的反思。存在主义哲学中的焦虑反映了个体对自由和无意义的担忧。自由意味着个体可以做出自己的选择，但同时也意味着他们必须承担选择带来的后果。这种自由可能会导致焦虑，因为它要求个体对自己的生活负责。死亡也是存在主义焦虑的一个来源，面对死亡，人们可能会感到恐惧和焦虑，因为它意味着生命的终结和存在的结束。死亡提醒人们时间的有限性，让他们意识到必须珍惜自己的生活和时间。

6.3.1.6 职场视角

在职场环境中，焦虑扮演着双重角色。适度的焦虑可以成为推动个体前进的动力，它能够激发个体的警觉性，提高专注力，从而提升工作效率和绩效。这种焦虑促使个体不断学习和适应，以应对工作中的挑战和变化，进而促进个人和组织的成长。然而，过度的焦虑则可能成为一种阻碍。当焦虑超过一定阈值，会导致个体的心理压力增大，影响决策能力，降低工作效率。

6.3.2 职场焦虑的来源

职场焦虑，作为现代社会中普遍存在的心理状态，会降低工作效率，导致个体在做工作时老是出错，对工作产生倦怠，脾气变差，对客户或同事、下属发火。它源自多方面的压力与挑战，既有个人内在的心理因素，也有外部环境的影响。

6.3.2.1 工作压力与目标期望

工作压力是职场焦虑的主要来源之一。现代职场竞争激烈，工作强度高，很多时候需要面对繁重的工作任务、紧迫的时间要求以及高标准的工作质量期望。当个体感到自己无法胜任工作或难以满足期望时，焦虑感便油然而生。此外，职场中的晋升压力也是一大焦虑源。大家都渴望在职场上取得成功，但晋升机会有限，往往需要付出更多努力并面临更大的竞争压力。

6.3.2.2 人际关系与沟通难题

职场中的人际关系复杂多变，处理不当很容易引发焦虑。与同事、上司、下属以及客户之间的沟通难题，如意见不合、冲突、误解等，都可能导致个人感到紧张和不安。特别是对于那些内向或不擅长社交的人来说，职场中的人际交往更可能成为他们焦虑的源泉。

6.3.2.3 职业发展与未来不确定性

职业发展的不确定性是职场焦虑的另一个重要方面。职场中的个体追求成长和进步是常态，但面对行业变化、技术更新以及职业路径的不确定性，他们可能会感到迷茫和焦虑。特别是对于那些处于职业转型期或初入职场的个体来说，对未来的不确定感更加强烈。

6.3.2.4 工作与生活的平衡问题

在现代职场中，工作与生活的平衡问题日益凸显。长时间的工作、加班、出差等，使得个体很难有足够的时间和精力去照顾家庭、进行休闲活动和关注个人健康。这种不平衡状态不仅影响了个体的生活质量，还可能导致身心健康问题，从而引发职场焦虑。

6.3.2.5 个人价值与自我认同的困惑

职场中的个人价值与自我认同问题也是焦虑的一个重要来源。许多人在工作中追求成就感和自我价值实现，但当他们感到自己的工作没有得到应有的认可，或者自己的职业选择与个人价值观不符时，便可能陷入自我怀疑和焦虑之中。

6.3.2.6 经济压力与职场稳定性

经济压力是职场焦虑不可忽视的一个方面。在现代社会中，职场往往与个人经济状况紧密相连。失业、降薪、经济不景气等外部经济因素都可能给职场人士带来巨大的心理压力。同时，职场中的不稳定性，如企业重组、裁员等，也使得个体对自己的职业前景感到担忧。

6.3.2.7 技术与信息过载

随着科技的发展，职场中的技术与信息过载也成为一个新的焦虑源。快速变化的技术环境要求职场人士不断学习新知识、掌握新技能，以保持竞争力。然而，这种持续的学习和适应过程对于许多人来说是一种沉重的负担，容易引发焦虑感。同时，信息过载也使得个体难以集中注意力，影响工作效率和心理健康。

> **案例 互联网行业青年员工的职业焦虑**
>
> 互联网行业以其收入高、福利好、工作的技术含量高、社会认同度较高等特点成为热门行业之一，对年轻人具有一定的吸引力。但是，互联网行业从业人员的职业焦虑程度却相对较高。
>
> 调查发现，互联网行业从业人员的焦虑主要来自三个方面：一是担心跟不上发展。互联网行业发展迅猛，不仅技术更新换代快，经营模式也在不断迭代，员工反映，不只自己害怕所学的知识跟不上技术的发展，他们的老板也在焦虑市场变化太快。二是升职压力大。程序员从某种意义上说，是吃"青春饭"的，到了30多岁还没有升职，就会产生很强的焦虑

感，离开公司不一定能找到合适的工作，继续做下去又不能胜任现有岗位。三是行业内的优秀人才太多，竞争压力大。很多从业人员都坦言，如果自己不一直保持勤奋努力的工作状态，很容易被新的更优秀的人才所取代。

通常年轻人去互联网行业的原因有两类，一类是基于体面、高薪，但并不知道自己是否适合；另一类是对互联网行业有一定的了解，出于喜欢而进入互联网行业。调查发现，相比较而言，第一类人的焦虑程度更高，而出于喜欢进入互联网行业的第二类人员其学习能力、承接压力的能力相对更好，出于体面和高薪的人员，进入行业后，对需要承担的压力预期不足，对未来发展的自我掌控感也不够，焦虑自然就更甚。

6.3.3 焦虑测评

用于焦虑测评的量表有焦虑自评量表（SAS）、汉密尔顿焦虑量表（HAMA）、焦虑状态-特质问卷（STAI）、显性焦虑量表（MAS）、测验焦虑量表（TAI）、交往焦虑量表（IAS）、贝克焦虑量表（BAD）等，这些量表的适用情景见表6-2。其中，焦虑状态-特质问卷（STAI）适用范围较广，并不专门针对焦虑病人。

表6-2　不同焦虑量表的适用情景

量表名称	适用情景
焦虑自评量表（SAS）	主要用于评定精神病人的主观感受
汉密尔顿焦虑量表（HAMA）	可以了解病人的焦虑特点，主要用于评定精神病人和其他病人的焦虑程度
焦虑状态-特质问卷（STAI）	评定人们的感受及情绪体验，适合初中生、高中生、大学生和成年人的状态和特质焦虑量表，同时该量表还开发了适用于儿童的量表
显性焦虑量表（MAS）	测定显性焦虑，适合文化程度偏低的受试者
测验焦虑量表（TAI）	目前国际上最有效且应用最广泛的考试焦虑量表

表6-2(续)

量表名称	适用情景
交往焦虑量表（IAS）	用于评定独立于行为之外的主观社交焦虑体验的倾向
贝克焦虑量表（BAD）	适合具有焦虑症状的成年人，主要用于测量受测者主观感受到的焦虑程度

6.3.3.1　焦虑状态-特质问卷（STAI）

状态-特质焦虑问卷（STAI）由查尔斯·D. ·斯皮尔伯格（Charles D. Spielberger）等人编制，首版于1970年问世，曾经过2 000项研究，1988年译成中文。该量表可以分别评定状态焦虑与特质焦虑，优于其他焦虑量表，中译本的信、效度都通过检测，适用于我国。该量表为自评量表，由40个题项组成，量表分为两个部分，其中状态焦虑量表（简称S-AI），包括20个题项，在量表中为1-20题，主要描述一种通常是短暂性的不愉快情绪体验，如紧张、恐惧、忧虑和神经质，伴有植物神经系统的功能亢进。特质焦虑量表（T-AI），同样包括20个题项，在量表中为21~40题。特质焦虑描述的是相对稳定的，作为一种人格特质且具有个体差异的焦虑倾向。

焦虑状态-特质问卷（STAI）

本书提供的量表是针对成人的，可以用来筛查高校学生及职业人群的焦虑问题。

6.3.3.2　STAI测评结果解释

焦虑状态-特质问卷（STAI）采用1~4级计分，分别计算S-AI和T-AI量表的累加分，最小值20，最大值为80，反映状态或特质焦虑的程度。其中，对于状态焦虑："完全没"有计1分，"有些"计2分，"中等程度"计3分，"非常明显"计4分。对于特质焦虑："几乎没有"计1分，"有些"计2分，"经常计"3分，"几乎总是如此"计4分。题项1、2、5、8、10、11、15、16、19、20、21、23、24、26、27、30、33、34、36、39按反序计分。具体计分方法如表6-3所示。

表6-3 焦虑状态-特质问卷（STAI）计分

题项序号	选项及计分				题项序号	选项及计分			
	完全没有	有些	中等程度	非常明显		几乎没有	有些	经常	几乎总是如此
1	4	3	2	1	21	4	3	2	1
2	4	3	2	1	22	1	2	3	4
3	1	2	3	4	23	4	3	2	1
4	1	2	3	4	24	4	3	2	1
5	4	3	2	1	25	1	2	3	4
6	1	2	3	4	26	4	3	2	1
7	1	2	3	4	27	4	3	2	1
8	4	3	2	1	28	1	2	3	4
9	1	2	3	4	29	1	2	3	4
10	4	3	2	1	30	4	3	2	1
11	4	3	2	1	31	1	2	3	4
12	1	2	3	4	32	1	2	3	4
13	1	2	3	4	33	4	3	2	1
14	1	2	3	4	34	1	2	3	4
15	4	3	2	1	35	1	2	3	4
16	4	3	2	1	36	4	3	2	1
17	1	2	3	4	37	1	2	3	4
18	1	2	3	4	38	1	2	3	4
19	4	3	2	1	39	4	3	2	1
20	4	3	2	1	40	1	2	3	4

　　量表的得分越高，反映了受试者该方面的焦虑水平越高，建议受试者要将所测分数与相关群体的常模做比较后得出结论。如果是对团体成员测评，应与该团体的常模做比较。

6.3.4　管理焦虑情绪

图 6-6 为管理焦虑情绪的理由与方法。

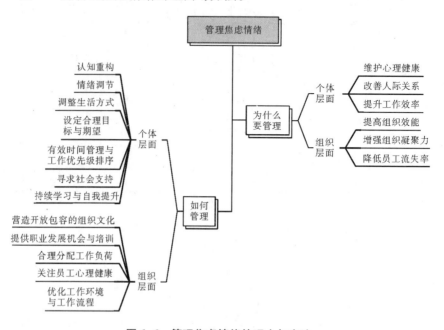

图 6-6　管理焦虑情绪的理由与方法

6.3.4.1　管理焦虑情绪的理由

焦虑是一种常见的情绪反应，但长期而未能有效管理的焦虑情绪会对个体的身心健康与生活质量以及对组织的运营效率产生负面影响。

（1）个体层面。从个体层面看，管理焦虑可以维护心理健康、改善人际关系、提升工作效率。

维护心理健康：焦虑情绪是一种常见的心理状态，适度的焦虑可以激发人的潜能，但过度的焦虑则会对个体的心理健康造成严重影响。长期处于焦虑状态，个体可能会出现失眠、记忆力减退、注意力不集中，免疫功能下降等问题，严重时甚至可能引发焦虑症、抑郁症等心理疾病。因此，管理焦虑情绪对于维护个体的心理健康是至关重要的。

改善人际关系：焦虑情绪还可能对个体的人际关系造成负面影响，焦虑的个体可能变得易怒、敏感，难以与他人有效沟通，从而损害人际关系。同时，工作中的焦虑也会影响到家庭生活，增加家庭成员间的压力和矛盾，破坏家庭和谐。通过管理焦虑情绪，个体可以改善自己的沟通方式，增强与他人的互信与合作，建立更加和谐的人际关系。

提升工作效率：焦虑情绪会干扰个体的思维过程，降低工作效率和创造力。当个体感到焦虑时，他们可能难以集中注意力，思维变得混乱，决策能力下降。通过有效管理焦虑情绪，个体可以保持清晰的思维，提高工作效率，更好地应对工作中的挑战。

（2）组织层面。从组织层面看，管理焦虑可以提高组织效能、增强组织凝聚力、降低员工流失率。

提高组织效能：个体的焦虑情绪会直接影响到组织的整体效能，当个体感到焦虑时，他们的工作效率下降，创造力减弱，这可能导致整个组织的绩效下滑。通过有效管理个体的焦虑情绪，组织可以营造更加积极、健康的工作氛围，从而提高整体效能。

增强组织凝聚力：情绪焦虑还可能导致员工之间的信任度降低，破坏组织的凝聚力。当个体感到焦虑时，他们可能变得孤僻、猜疑，难以与他人合作。通过管理焦虑情绪，组织可以促进员工之间的沟通与理解，增强团队的凝聚力，共同应对工作中的挑战。

降低员工流失率：长期的焦虑情绪可能导致个体对工作的满意度下降，进而增加员工流失的风险。员工流失不仅会给组织带来额外的招聘和培训成本，还可能破坏组织的稳定性和连续性。通过有效管理焦虑情绪，组织可以提高员工的工作满意度和忠诚度，降低员工流失率。

6.3.4.2　管理焦虑情绪的方法

需要说明的是，这里提出的管理焦虑的方法仅是针对一种情绪的缓解与调节，而非针对焦虑病症；如果持久而严重的焦虑已经形成一种病症，则应借助于专业的心理治疗与药物治疗，这不是本书讨论的范畴。

（1）个体层面。个体应通过认知重构、情绪调节、调整生活方式、设定合理目标与期望、有效时间管理与工作优先级排序、寻求社会支持、持续学习与自我提升的方式来应对职场焦虑。

认知重构：认知重构是管理职场焦虑的重要方法之一，个体需要识别不合理的思维模式，如过度担忧、灾难化思维或自我批评。通过认知重构，个体可以更加客观地看待工作和生活中的挑战，减少焦虑情绪。例如，当面对工作任务时，个体可能会产生"我无法完成这项任务"的负面思维。通过认知重构，个体可以将其转变为"这项任务可能具有挑战性，但我可以采取措施来应对"。

情绪调节：个体首先需要对自己的情绪状态有清晰的认识，了解自己在什么情况下容易感到焦虑，并学会调节情绪。通过冥想、深呼吸、放松训练等方法，个体可以在焦虑情绪出现时迅速平复心情，保持冷静和理性。同时，建立积极的心态，将挑战视为成长的机会，也是缓解职场焦虑的有效途径。

调整生活方式：一是规律作息，保持规律的作息时间，确保充足的睡眠有助于身体和心理的恢复，减少焦虑。二是健康饮食，均衡饮食对于管理职场焦虑具有积极作用，研究发现，个体应避免过多摄入咖啡因和糖，这些物质可能会加剧焦虑；确保摄入足够的维生素和矿物质，特别是维生素 B 族和镁，有助于情绪稳定。三是适量运动。个体可以选择散步、跑步、游泳或参加健身课程等方式进行适量的运动，释放内啡肽，减少焦虑和压力。

设定合理目标与期望：职场焦虑往往源于过高的期望和不切实际的目标，个体应根据自身能力和实际情况，设定合理的工作目标和职业发展规划。个体应避免盲目追求成功和认可，以免给自己带来过大的心理压力。同时，个体要学会接受自己的不完美，认识到失败和挫折是成长的一部分。

有效时间管理与工作优先级排序：合理安排工作时间和任务优先级，避免工作堆积和过度加班，是减少职场焦虑的有效方法。个体应制订详细的工作计划，将任务分解成小块，逐一完成。同时，要学会拒绝不必要的加班和任务，确保有足够的休息和放松时间。

寻求社会支持：与家人、朋友或同事分享自己的感受和焦虑，寻求他们的支持和理解，可以减轻个体的心理压力。同时，加入职场社群或兴趣小组，与志同道合的人交流经验和心得，也可以帮助个体更好地应对职场焦虑。

持续学习与自我提升：职场变化迅速，个体需要不断学习新知识和技能，以适应不断变化的工作环境。通过参加培训、阅读书籍、关注行业动态等方式，个体可以提升自己的竞争力和自信心，减少因担心被淘汰而产生的焦虑情绪。

（2）组织层面。组织应通过营造开放包容的组织文化、提供职业发展机会与培训、合理分配工作负荷、关注员工心理健康、优化工作环境与流程的方式来为员工创造更加健康、积极的工作环境。

营造开放包容的组织文化：组织应营造一种开放包容的文化氛围，鼓励员工表达自己的想法和感受，尊重员工的个性和差异。组织通过定期举办团队建设活动、员工座谈会等方式，增强员工之间的沟通和信任，减少因误解和猜疑而产生的焦虑情绪。

提供职业发展机会与培训：组织应为员工提供明确的职业发展路径和晋升机会，以及丰富的培训资源和学习机会。通过帮助员工制定个人职业规划、提供专业技能培训等方式，组织可以激发员工的工作热情和积极性，降低因职业前景不明朗而产生的焦虑情绪。

合理分配工作负荷：首先，实现公平的任务分配，这意味着要确保每个岗位的工作负荷都在可承受的范围内，避免过度压力导致的焦虑。其次，明确的职责和期望，组织通过清晰定义每个岗位的职责和期望，可以减少角色模糊和冲突，使个体更加明确自己的工作目标和责任，从而降低不确定性带来的焦虑感。

关注员工心理健康：组织应关注员工的心理健康状况，提供必要的心理支持和辅导服务。通过建立员工心理援助计划（EAP）、设立心理咨询热线等方式，组织可以帮助个体解决心理困扰和问题，缓解职场焦虑情绪。

优化工作环境与工作流程：组织应不断优化工作环境和工作流程，减少不必要的繁琐程序和冗余工作。通过引入先进的工作技术和工具、改善办公设施和环境等方式，组织可以提高个体的工作效率和舒适度，降低因工作压力过大而产生的焦虑情绪。

6.3.5　数字化对焦虑的影响

毋庸置疑，数字化在工作效率提升、促进沟通、增加工作灵活性、快速获取信息、提供个性化学习与发展等方面具有显著的积极作用，这无疑是技术进步带来的巨大福利，但同时也悄然加重了个体的焦虑情绪。

6.3.5.1 数字化对焦虑情绪的负面影响

（1）数字化社交依赖滋生了职场焦虑。随着社交媒体的普及，人们的社交活动逐渐从线下转移到线上。数字化社交的便捷性和随时可得性，给人们带来了极大的安慰和满足感，进而形成了一种依赖性。然而，这种依赖却在不经意间促成了焦虑的产生。

社交媒体上充斥着各种经过精心挑选和美化的工作状态和生活状态。当人们在浏览这些内容时，往往会不自觉地进行比较。看到别人过得如此惬意，而自己却在辛苦加班，这种对比会不断加剧内心的焦虑感。久而久之，人们就会开始质疑自己的生活状态，甚至认为自己存在问题。

此外，社交媒体上的信息更新速度极快，人们总是担心错过重要的内容或无法及时回应。这种持续的担忧和压力，进一步加剧了焦虑情绪的产生。人们开始感到无法逃离社交媒体的束缚，即使在休息时间也无法完全放松。

（2）信息过载与职场认知能力的局限引发的焦虑。数字化时代带来了信息的自由流动，但这也导致了"好消息"与"坏消息"的铺天盖地。人们面临着海量的信息选择，往往来不及仔细分辨和思考，就被各种消息所裹挟。

然而，我们的认知能力是有限的。德国心理学家冯特曾设计过一个实验，让钟摆通过某一点时同时响起铃声，以判断人能否同时知觉这两个刺激（视觉刺激和听觉刺激）。结果表明，这一看似难度并不大的任务是不可完成的。人们只有先加工完成其中一个刺激后才能去加工另一个刺激。这意味着，在面对海量信息时，我们无法同时处理所有的信息，而必须做出选择。

不幸的是，负面情绪具有自我加工的优势，能够更容易被关注到。在信息过载的情况下，人们往往更容易注意到那些负面的、令人不安的信息，如行业波动、公司裁员等，而忽视了积极的、有益的信息。这种负面信息的积累，进一步加重了人们的焦虑情绪。此外，个体可能会因为频繁的邮件、微信或 QQ 消息通知和各种数字化平台的信息流而感到不堪重负。

（3）信息来源渠道的丰富与职场负面情绪的感染力会加剧焦虑。数字化时代使得信息来源渠道日益丰富，但同时也加重了职场负面情绪的感染力。

一些负面的新闻或事件往往能够迅速通过社交媒体平台传播开来，引发个体的共鸣和焦虑。这种负面情绪的快速传播和感染使得个体更加容易陷入焦虑和不安之中，无法保持冷静和理性的思考。例如，某地发生了一起严重的交通事故，传统上，这样的消息可能主要通过电视、报纸等有限渠道传播，传播速度和范围相对有限。但在今天，事故现场的照片或视频很可能迅速通过社交媒体平台如微博、抖音等被大量转发和分享。这些直观、具有冲击力的画面伴随着事故的描述，很容易引发公众的同情、恐惧或愤怒等负面情绪。

（4）大数据算法与信息茧房对独立思考能力的削弱导致焦虑。在数字化时代，大数据算法的应用使得人们更容易被自己所喜欢的内容所吸引。然而，这种个性化推荐却也在不经意间形成了"信息茧房"。大数据算法根据用户的点击、阅读、购买等行为数据，分析出用户的喜好和兴趣，并据此推送符合用户喜好的内容。这种个性化推荐虽然提高了用户的满意度和黏性，但却也限制了用户的视野和思维。

长期处于信息茧房中的个体，逐渐失去了对不同观点和声音的接触和了解，思维变得狭隘和片面。这种封闭的信息环境使得个体更加容易陷入焦虑和偏见之中，无法做出全面和客观的判断和决策。同时，由于缺乏对不同观点的了解和思考，个体在面对问题时往往缺乏创新和解决问题的能力，进一步加剧了焦虑情绪的产生。

6.3.5.2 应对策略

避免数字化对焦虑产生负面影响，需要提高自我认知与意识、培养批判性思维、建立健康的数字使用习惯、培养多元化的兴趣爱好。

（1）提高自我认知与意识。一是认识数字化焦虑，要认识到数字化时代带来的焦虑情绪，如信息过载、社交媒体压力、隐私泄露担忧等。二是通过自我观察，了解自己的数字化使用习惯，识别哪些行为可能导致焦虑，如过度刷社交媒体、深夜使用电子设备等。

（2）培养批判性思维。个体需要培养批判性思维的能力，学会质疑和分析信息来源、真实性、准确性等，以减少对错误和虚假信息的接受。通过培养批判性思维，可以更好地识别和过滤不准确或误导性的信息。

（3）建立健康的数字使用习惯。一是为电子设备的使用设定合理的时间限制，特别是社交媒体和娱乐应用。可以使用手机或电脑的时间管理功能来设置提醒或自动关闭。二是定期进行数字排毒，即在一段时间内完全远离电子设备，如周末的某一天不使用手机或电脑，专注于现实生活中的活动和人际交往。三是优化使用场景，避免在睡前使用电子设备，减少蓝光对睡眠质量的干扰。同时，在工作或学习时，尽量保持专注，减少不必要的干扰。

（4）培养多元化的兴趣爱好。一是鼓励自己参与线下社交活动、体育运动、艺术创作等，这些活动有助于减轻对数字世界的依赖，增加现实生活的乐趣和满足感。二是阅读纸质书籍不仅可以减少对电子屏幕的依赖，还能提升专注力和思考能力。

6.4　孤独感

6.4.1　对孤独感的理解

孤独感是一个复杂且多维的心理现象，它涉及个体在社会关系中的感知、情感体验以及与他人互动的频率和质量。

从心理学的视角看，孤独是由于某种社会需要得不到满足，或者对社会关系的渴望与现实拥有的实际水平产生了差距。孤独是一种主观感觉和体验，而不是一种客观状态。瑞典学者拉尔斯·安德松将孤独定义为：一个人感到与他人疏远，遭受误解，或被他人拒绝，或者（以及）缺乏适当的社交伙伴来开展他期待的活动，尤其是那些能提供社会融合感和情感亲密机会的活动时，所表现出的一种持久的情感困扰。一个人可能会在热闹非凡的社会场合中仍然感到孤独，也可能在漫长的独处中毫无孤独感。

对孤独感的研究有三种理论取向：行为主义、认知、精神分析。行为主义者认为孤独感源于不充分的社会强化，是对重要的社交强化的缺乏或不充分的反应；认知理论则强调孤独感是对社交关系的知觉、比较和评价，是期望的社会交往与实际的社会交往之间不一致而产生的知觉；精神分析学派认为孤独感与个体未实现的各种社会交往需要有关，是需要得不到满足导致的。

孤独是一种令人不愉快的负面情绪体验，是一种复杂而不愉快的情绪反应。在孤独时，人们往往会感到寂寞、郁闷、焦虑、空虚、无助、冷漠甚至绝望，常伴有强烈的精神空落感。心理学家弗洛姆认为，人也许能够忍受诸如饥饿或压迫等痛苦，但却很难忍受全然的孤独。虽然轻微的、短暂的孤独不会导致心理与行为的紊乱，但长期的或严重的孤独则可引发某些情绪障碍，降低人的心理健康水平。

心理学家从不同的角度对孤独进行分类，有的分为情感孤独与社会孤独，也有的分为低度孤独、社会孤独、情感孤独、社会及情感孤独。本书比较认可的分类是存在主义心理治疗大师欧文亚龙的分类，他认为人有三种不同的孤独：人际孤独、心理孤独、存在孤独。

6.4.1.1　人际孤独

人际孤独通常是指人们感受到的寂寞，是与他人分离的孤独。它涉及个体在物理或情感上与他人的隔离，导致一种缺乏陪伴和交流的感觉。一是地理空间的限制，如远离家人和朋友；二是缺乏有效的社交技巧，难以建立深入的人际关系；三是自身性格的缺陷，如内向、害羞等，导致难以融入社交圈。

人际孤独可能导致个体感到被孤立、无助和不被理解，进而影响其心理健康和幸福感。

6.4.1.2　心理孤独

心理孤独是指个体在面对不愉快的体验时，为了避免可能造成的伤害，会将内心分隔成好几个部分，去除其中的一部分，使得这种体验脱离了通常的思维过程。这是一种自我与自我分离的孤独。一方面，个体可能无法完整地体验自己的情绪和感受，如压抑、否认或解离等防御机制的作用；另一方面，在精神分析中，心理孤独常被解释为个体无法与自己的内心建立真实的联系，导致一种内心的空虚和分裂感。

心理孤独可能使个体在人际情境中体验不到正常的快乐，感到内心的冷漠和疏离，进而影响其情感表达和人际交往能力。

6.4.1.3　存在孤独

存在孤独是指个体和任何其他生命之间存在着的无法跨越的鸿沟，是与世界分离的孤独。它反映了人类存在的基本事实之一，即每个人都是独一无二的个体，无法完全与他人融合。一方面，即使与他人有着最圆满的沟通或最高程度的自我知识和自我整合，这种孤独感也不会消失；另一方面，个体可能会意识到自己在本质上是孤独的，这种孤独感无法被完全消除，但可以被理解和接受。

存在孤独是每个人都需要面对的基本人生课题之一。它促使个体深入思考自己的存在意义和价值，以及与世界的关系。通过接受和理解存在孤独，个体可以更加珍惜与他人之间的联系，同时也更加关注自我成长和发展。

6.4.2 职场孤独感的来源

职场孤独感就是个体在工作中体验到的一种消极情绪，反映了个体在工作场所中组织存在价值和人际关系匮乏的一种状态。

职场孤独感的来源是多元化的，它可能源自工作环境、职场排斥、工作过载、组织成员身份感缺失以及个体特质等多个方面。

6.4.2.1 工作环境

工作场所的物理和社会隔离也是导致孤独感的重要因素。当个体在工作中大部分时间远离他人时，他们开始感受到社会隔离，这会进一步加剧他们的孤独感。

此外，工作环境中的个体与环境的匹配程度也会影响个体的孤独感，当个体感觉到个人特质与工作环境高度匹配时，他们的孤独感会减少。例如，张华是一位外向且喜欢团队合作的营销专员。她加入了一家以严格分工和个人责任为文化特色的企业。在这家公司，员工被期望独立完成任务，并且很少有机会进行团队协作或跨部门沟通。张华很快发现，这种工作环境与她格格不入。她喜欢与人交流、分享想法，并在团队中与同事共同解决问题。然而，在这家企业中，她感到自己被孤立在一个角落里，很少有机会与同事互动或参与团队项目。她逐渐感到自己在团队中没有归属感，也没有被理解和认可。她开始感到孤独和沮丧，因为她无法在工作中找到满足自己社交和合作需求的机会。

6.4.2.2 职场排斥

一方面，职场排斥作为一种典型的职场"冷"暴力，普遍存在于各类组织中，对个体的工作态度和行为产生消极影响。这种排斥不仅包括同事间的排斥，也包括上级或组织层面的排斥。当个体在职场中感受到被忽视或受到沉默性排挤时，他们可能会感到孤立无援，从而产生职场孤独感。另一方面职场排斥通过损害个体的自我价值感和自我概念的清晰度，间接增加了他们的孤独感。

6.4.2.3 工作过载

工作过载是指个体在工作中感受到的超出其能力范围的工作量。一方面，工作过载会直接导致情感耗竭。情感耗竭是指个体在面对持续的情感和人际压力时，感到筋疲力尽的状态。当个体因为工作过载而经历情感耗竭时，他们可能会感到与同事之间的联系减少，从而增加了职场孤独感的风险。另一方面，工作过载还会通过影响个体的工作满意度和团队绩效，从而间接增加职场孤独感。当个体因为过高的工作负荷而无法有效地完成工作任务时，他们的工作满意度可能会下降，这不仅会影响他们与同事的关系，还可能导致他们在团队中的孤立。

6.4.2.4 组织成员身份感缺失

组织成员身份感缺失是指个体在职场中因缺乏归属感和身份认同感，导致与组织关系网络相脱离而产生的孤独感。这通常表现为个体觉得自己不被团队所接纳，缺乏团队归属感，从而在工作中感到孤立无援。例如，一位在大型跨国公司工作的工程师，尽管技术过硬，但由于文化差异和沟通障碍，他发现自己很难融入团队的文化和氛围。团队活动时，他常常感到自己像个局外人，无法与同事建立起深厚的友谊和信任关系。这种身份认同感的缺失让他在工作中感到沮丧和孤独。

6.4.2.5 个体特质

性格内向、社交焦虑、有自卑感等，也可能导致职场孤独感。

（1）性格内向的人通常更倾向于独处，享受独自进行的活动，而不喜欢频繁的社交互动。他们在社交场合中可能会感到不适和疲惫，更倾向于避免与人交往。这种行为模式在职场中会限制他们与同事建立紧密联系和社交支持网络的机会，从而导致孤独感。

（2）社交焦虑是指个体在社交情境中体验到强烈的不安和恐惧，这种焦虑使得个体在社交互动中感到紧张和不自在，常常担心被他人负面评价。因此，他们可能会避免社交互动，即使是必需的工作交流，也会显得拘谨和冷淡，导致社交关系的建立和维护受到阻碍，进而感到孤独。

（3）自卑感是指个体对自己的能力和价值缺乏信心，认为自己比别人差。这种感觉会使得个体在职场中对自己产生怀疑，不愿意主动参与团队活动或表达自己的意见，担心被他人否定或嘲笑。长时间有自卑感会导致个体逐渐远离同事，缺乏支持和认可，感到孤独。

> **☋ 案例 小王的孤独感**
>
> 小王是一家广告公司的设计师，对电脑的依赖度很高，一天中大约有12个小时左右都得面对电脑。他性格比较内向，与同事没什么共同话题，用他自己的话说，就是不知道与同事聊什么。在公司里他经常被人忽略。平时他喜欢独来独往，行事也很"低调"，在公司里任何时候说话都很小声，如果不注意或者周围环境稍有噪声，基本上听不清他在说什么。开会时，他永远坐在最靠边的角落，不声不响，工作时不善于与同事沟通，如果实在需要交流时，也是选择通过 QQ、微信等聊天软件交流。他从来不参加单位聚会，聚餐也总是缺席。工作之余或双休日他都只跟电脑做伴，正如他自己所说的："我喜欢玩电脑游戏，感觉游戏比现实世界有意思多了。我的同事们不了解我，我也不了解他们。"
>
> 小王的同事们很烦恼，觉得与他沟通比较难，有时对他的设计不满意，告诉他时，他总是单向地接受意见，然后毫无怨言地修改，虽然态度很好，但并不与同事互动，同事想要通过双向沟通达到更理想的设计效果就很难。

6.4.3 孤独感测评

用于孤独感测评的成熟量表有 UCLA 孤独量表，孤独感分类量表，情感、社交孤独量表，状态特质孤独量表，Rasch 型孤独量表等，目前国内用得较多的是 UCLA 孤独量表。

6.4.3.1　UCLA 孤独量表

UCLA 孤独量表（UCLA loneliness scale）是由丹尼尔·罗素（Daniel Russell）、勒诺尔·A. 佩尔（Letitia A. Peplau）和玛丽·L. 弗格森（Mary L. Ferguson）开发的心理测量工具，用于评估个体的孤独感。

第一版量表于 1978 年编制而成，之后在 1980 年和 1988 年进行了两次修订，分别为第二版和第三版。本书所用的量表为第三版。

UCLA 孤独量表

该量表为自评量表，主要评价由对社会交往的渴望与实际水平的差距而产生的孤独感。测评主要根据最近一周的感觉。四个选项的衡量标准如表 6-4 所示。

表 6-4　UCLA 孤独量表四个选项的衡量标准

选项	衡量标准
从不	过去一周内，出现类似情况的时间不超过 1 天
很少	过去一周内，出现类似情况的时间在 1~2 天
有时	过去一周内，出现类似情况的时间在 3~4 天
总是	过去一周内，出现类似情况的时间在 5~7 天

6.4.3.2　UCLA 孤独测评结果解释

UCLA 孤独量表采用 4 级评分法，第 2、3、4、7、8、11、12、13、14、17、18 题依次评分为 1、2、3、4 分；第 1、5、6、9、10、15、16、19、20 题依次评分为 4、3、2、1 分。具体如表 6-5 所示。

表 6-5　UCLA 孤独量表计分

题项序号	选项及计分				题项序号	选项及计分			
	从不	很少	有时	总是		从不	很少	有时	总是
1	4	3	2	1	11	1	2	3	4
2	1	2	3	4	12	1	2	3	4
3	1	2	3	4	13	1	2	3	4

表6-5(续)

题项序号	选项及计分				题项序号	选项及计分			
	从不	很少	有时	总是		从不	很少	有时	总是
4	1	2	3	4	14	1	2	3	4
5	4	3	2	1	15	4	3	2	1
6	4	3	2	1	16	4	3	2	1
7	1	2	3	4	17	1	2	3	4
8	1	2	3	4	18	1	2	3	4
9	4	3	2	1	19	4	3	2	1
10	4	3	2	1	20	4	3	2	1

根据表6-5，我们将分数相加后得到总分，即测评结果。

UCLA 孤独量表的总分范围 20~80 分，量表得分越高表示孤独感越强，其中得分>44 分为高度孤独感，39~44 分为中等偏高孤独感，33~38 分为中等水平孤独感，28~33 分为中等偏低孤独感，得分≤27 为低度孤独感。

高度孤独感（44 分以上）：不相信别人，宁愿活在自己的世界也不愿意与人交流，导致其内心十分空虚寂寞，缺乏关心与爱。

中等偏高孤独感（39~44 分）：有几个不错的朋友，但不愿意把心事与人倾诉，或许在外面大咧咧的，但实际上其内心充满了寂寞，夜深人静的时候会感到孤独。

中等水平孤独感（33~38 分）：性格比较稳定，有一群可以交心的好朋友，而且懂得释放压力，懂得交心，所以很少感觉到孤独。

中等偏低孤独感（28~33 分）：基本不会感觉到孤独感的，活泼开朗，人际关系良好，而且拥有一帮可以交心的知己，有事没事时，朋友都会陪伴在其身边，所以情绪长期处于快乐满足的状态。

如果测评得分高于44 分，而且明显感觉工作与生活都受到了影响，就可以考虑通过专业的心理咨询解决问题。心理学家认为，通过基本社交技能的训练，可以使孤独者走出孤独的恶性循环，并已广泛应用于心理咨询与治疗的实践中。

6.4.4　减轻职场孤独感

减轻职场孤独感非常重要，因为职场孤独不仅影响个人的心理健康和福祉，还会对工作表现、团队合作和整体职业发展产生影响。其负面影响和减轻办法如图 6-7 所示。

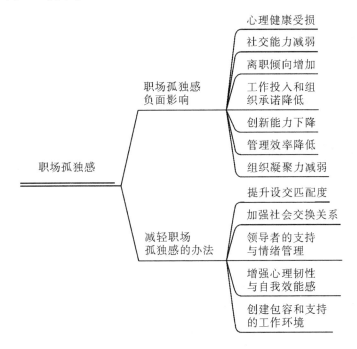

图 6-7　职场孤独感的负面影响和减轻办法

6.4.4.1　职场孤独感的负面影响

职场孤独感作为一种消极情绪体验，对个体和组织都产生了深远的影响。对于个体的负面影响主要表现在心理健康受损、社交能力减弱、离职倾向增加；对于组织的负面影响主要表现在团队合作受阻、管理效率降低、创新能力下降、企业凝聚力减弱。

（1）心理健康受损。一是绪低落与抑郁，孤独感增加个体情绪低落、抑郁情绪的可能性；二是自尊心受损，孤独感使个体缺乏对自己价值和能力的

235

认可，自尊心受损；三是焦虑感增加，孤独感会摧毁个体对社会的认知，影响人际交往行为，导致对抗、消极、否定、沮丧等情绪的膨胀，进而增加焦虑感。

（2）社交能力减弱。职场孤独感使个体在职场中缺乏归属感，导致他们不愿意或不敢主动与他人交往，社交能力逐渐减弱。

（3）离职倾向增加。孤独感可能使个体对组织产生不满，增加离职倾向，进而影响组织的稳定性和发展。据阮荣彬、陈莞（2022）的研究发现，职场孤独感与员工离职倾向的相关系数为 0.41。

（4）工作投入和组织承诺降低。职场孤独感会减少个体的工作投入，并且这种减少与组织承诺呈正相关，当个体感到孤独时，他们可能会更加关注自己的情绪状态而非工作表现，从而导致对工作的热情和忠诚度下降。

（5）创新能力下降。一方面，孤独感使个体缺乏与他人交流和分享的机会，导致思维受限，难以产生新的想法和观点；另一方面，长期的孤独感可能使个体对外部世界的变化和新知识、新技术缺乏敏感度和兴趣，限制了创新的可能性，从而减少了组织内部的创新活力，不利于组织的长期发展。

（6）管理效率降低。一方面，孤独感会增加个体之间的沟通难度，使得管理信息难以顺畅传递；另一方面，职场孤独感会破坏团队内部的和谐氛围，降低团队成员之间的协作效率。

（7）组织凝聚力减弱。职场孤独感会影响个体对组织的认同感和归属感，降低组织的凝聚力，使得组织难以形成统一的价值观和行动方向。

6.4.4.2　有效减轻孤独感的方法

减轻职场孤独感是一个系统工程，需要组织和个体的共同努力，在这个过程中，每个人都不再是孤独的航行者，而是携手同行的伙伴。综合应用心理学、管理学的相关研究以及实际工作经验中的有效策略，有效减轻孤独感的方法可以有以下五种。

（1）提升社交匹配度。调节匹配理论强调，领导与下属、个体与团队之间的默契配合，是减轻孤独感的金钥匙。这要求组织不仅要关注个体技能的匹配，更要深入探索性格、价值观层面的契合。例如，通过性格测试、价值观研讨会等方式，促进领导者与员工之间的深度了解，实现"人以群分"的正面效应。同时，团队内部也应鼓励多元背景的融合，利用差异促进创新，让每位成员都能在团队中找到归属感。

（2）加强社会交换关系。社会交换理论揭示了人际交往中的互惠原则，即良好的社交关系能够成为抵御职场孤独感的坚固盾牌。组织应成为这一过程的催化剂，通过定期的团队建设活动、线上社交平台搭建等，为个体创造交流的机会。比如，组织户外拓展、兴趣小组、在线读书会等，不仅增进了解，还能激发共同兴趣，使得信息流更加顺畅，情感支持更加及时，从而有效缓解孤独感。

（3）领导者的支持与情绪管理。感知到组织支持的个体，如同拥有了一座坚实的后盾，能够更加自信地面对挑战，抵御孤独感的侵袭。领导者应主动倾听员工的心声，提供情感上的慰藉，并通过开放、透明的沟通机制，增强员工的归属感和安全感。此外，领导者的情绪管理能力也至关重要，一个能够自我调节、保持积极态度的领导，能够带动整个团队氛围的正向转变，减少负面情绪的传播。

（4）增强心理韧性与自我效能感。面对职场孤独感，个体的内在力量是不容忽视的防线。心理韧性和自我效能感，如同心灵的盔甲，帮助个体在逆境中成长，将孤独感转化为前进的动力。组织可以通过专业的培训和发展计划，如心理韧性工作坊、自我效能提升课程，帮助个体建立面对挑战的信心，学会从失败中汲取教训，不断自我超越，从而减轻孤独感，促进个人与组织的共同成长。

（5）创建包容和支持的工作环境。研究表明，当个体感受到组织内的信任时，他们的孤独感会显著减轻。这要求组织从顶层设计开始，就注重培养一种"我们而非我"的文化，鼓励正向互动和合作，尊重多样性，让每一位员工的声音都能被听见，每一个创意都能得到尝试的机会。比如，设立匿名反馈渠道，让员工敢于表达真实想法；实施多元化招聘策略，让团队更加丰富多彩。

📱 案例　李先森等人的孤独感与应对策略

李先森是某公司生产部的一名库房管理员，由于工作性质较为独立，他长期在库房内工作，与同事和外界的交流相对较少。随着时间的推移，李先森逐渐感受到强烈的孤独感，这种心理状态对他的工作产生了负面影响。

在工作中，李先森开始表现出沟通和协调方面的问题。他与同事之间的信息交流变得不畅，经常误解或忽视他人的需求和建议。此外，他在库房物资管理上也出现了差错，如物品数量不符、存放位置错误等，并且这些问题往往不能及时上报和解决。

为了关注员工的心理健康，公司工会组织了一次孤独感测评。测评结果显示，李先森的得分是 55 分，属于孤独感较强的范围。同时，生产部还有几位员工的得分也在 50 分左右。这一结果引起了公司管理层和工会的高度重视，他们意识到需要采取措施帮助李先森等人缓解孤独感，改善工作状态。

经过咨询公司的心理咨询专家，工会采取了以下措施：一是为李先森等人安排一个工作伙伴，规定他们要定期交流工作心得和遇到的问题，相互支持和帮助；二是优化工作环境，如增加休息区、阅览区，使工作环境更加舒适和宜人，员工之间有更多接触的机会；三是生产部的分工会每个月组织一次工会活动，内容包括徒步、野餐、集体过生日等。

半年后，经过再次测评，李先森等人的孤独感测评得分为 35~41 分，同时，当与他们交流时，也明显感觉比以往顺畅，工作差错也有所减少。

6.4.5　数字化对孤独感的影响

随着互联网、数字化的发展，沟通的方式越来越多，与熟人交流，可以打电话、用 QQ、微信、电子邮件，还有单位自己的办公平台等，而与陌生人交流可以上抖音、快手、小红书……同时，交流的方式也更加便捷，不受时间、空间的影响，只要拿出手机就可以开始交流。

一些研究表明，数字技术的使用可以显著减少孤独感，并通过感知社会支持而增加归属感。例如，社交媒体在一定程度上帮助那些社交隔离的人们摆脱孤立，使他们能够找到志同道合的朋友并建立新的社交网络。此外，手机和社交媒体的使用也能够缓和个体的孤独感，促进心理健康水平的提升。

但是，也有调查显示，半数以上的人感觉更孤独了。韩炳哲在《消失的他者》中写道，数字化并未使人们更容易地遇见他者，反而让人们从陌生者和他者身边经过，无视他们的存在。

人们的精神生活随着现代技术的发展，正在被引向网络世界，在那里，个体与他者、社会、世界建立起了虚拟的信息连接，每个人都可以通过自媒体分享信息，各式各样的信息正在满足不同人的需求。随着信息网络的频繁使用，人们对网络形成了巨大的依赖，对于简单、快捷、趣味性的需求也随之增加，似乎只有在网络世界中个体才能找到乐趣。无论是工作、学习还是生活中，大部分人的闲暇时间都被手机、电脑等新现代通信设备所占据，人与人之间的面对面交流在减少，情感连接的纽带变得模糊。

我们每个人都很熟悉的场景：你与朋友、家人外出吃饭，你们随便说几句话后，突然觉得没啥可说的，于是各自埋头看手机，各自沉浸在你们自己的世界里，更有甚者，在家里的餐桌上，一家人各自吃饭各自刷手机，你知道自己身边人在看什么吗？你知道他带着怎样一种什么样的心情在看手机吗？父母与子女之间的隔阂在加深，亲朋之间很难感受到彼此存在的重要性。

随着信息技术与数字化的发展，人们的工作方式和工作情景发生了较大的改变，移动办公、即时通信技术、虚拟团队的出现等，使得个体更多地通过网络媒介传递信息，哪怕同在一个办公室，常常也是通过网络媒介沟通。线上办公、云会议等工作方式使职场中的同事关系由"线下"转为"线上"，各种智能化的设备和应用程序成为我们朝夕相处的工作伙伴。

毋庸置疑，这些数字化、智能化的设备与手段，使工作更便捷，更高效。但对于个体而言，归属和建立亲密人际关系的需要在进入工作场所后并没有停止，"线上"的同事关系增加了同事间的距离，面对面处理工作和沟通交流的机会变得越来越少，淡化了职场人际关系，个体感受到更多的孤独，来自工作的枯燥感也更强烈。美国心理学家特克尔（Turkle）认为，互联网给生活提供便利的同时，也弱化了人们面对面社交的能力，使人们更加分离、孤独，难以建立亲密的关系。

在新就业形态下，诸如外卖骑手、快递员、网约车司机、网约家政服务员和网络主播等平台从业者，都是独立完成工作，缺乏一个具体的组织或工作场所来培养归属感，更容易产生孤独感。同时，一方面，由于这些从业者的工作时间与收入高度相关，他们在自愿通过投入更多的时间换取更多的收入，没有时间社交；另一方面，高强度的工作，使他们下班后也没有精力再参与社交，更多的倾向于使用手机刷短视频来满足娱乐需要，从而进一步恶化了他们的孤独感。

对于孤独感，本书提出另一种可能性，供大家思考，供学者们研究：随着数字技术的发展，信息的随时随处可得，人们从小赖以生存的环境已经变化了，数字化重新训练了人们的心灵需求，因此，对于孤独的感受将与以往不同？对人际关系的需要也将发生与传统认知中不同的变化？

6.5　职业倦怠

6.5.1　对职业倦怠的理解

职业倦怠是指由于长期的工作压力、超负荷的工作量和缺乏足够的休息和恢复时间，导致个体在工作中出现的身心疲惫、情感耗竭、成就感下降和对工作的冷漠疏离。职业倦怠的研究始于 20 世纪 70 年代，最早由美国临床心理学家赫伯特·J. 弗罗伊登贝格尔（Herbert J. Freudenberger）于 1974 年提出，他认为职业倦怠的实质是情绪的耗竭，当工作本身对个体的能力、精力、资源要求过度，从而导致工作者感到情绪耗竭、筋疲力尽时，职业倦怠就产生了。早期关于职业倦怠的研究主要集中于医疗保健人员，但随着社会竞争的加剧，人们承受的压力越来越大，每个人都可能出现职业倦怠的情绪。

2019 年 5 月 25 日，在日内瓦召开的世界卫生大会首次正式地将"职业倦怠"纳入《国际疾病分类》第 11 次修订本。世界卫生组织将"职业倦怠"

定义为一种由于长期的工作压力没有得到有效管理而产生的一种综合征。不过，世界卫生组织未将其归类为疾病或健康状况，而是作为一种职业现象被列入《国际疾病分类》。

社会心理学家马斯拉奇从三个维度来描述职业倦怠，即情感耗竭、去人格化以及成就感降低。

6.5.1.1 情感耗竭

情感耗竭是职业倦怠中最具代表性的体现，能明显地被感知到，表现为缺少活力，疲惫不堪，感觉自己的情绪和资源都被消耗完了，没有工作热情，既不想干，也没有工作热情。例如，一想到要开始工作了，就会感到累或不安，需要强迫自己，做很久的心理准备，才能进入工作，并且工作效率还很低；能观察到的是，这些人经常迟到、早退，工作时总是哈欠连天，表现出疲态。

6.5.1.2 去人格化

去人格化也即人格解体，对工作对象和环境采取冷漠、忽视的态度，对组织和同事都不满意，与客户关系冷淡，对工作敷衍了事，不关心他人，也不关心自己，觉得自己只是一个没有情感，在做重复机械式工作的机器人一样，例如，经常表达愤世嫉俗、尖酸刻薄的想法，对同事或客户感到厌烦。

6.5.1.3 成就感降低

倾向于消极地评价自己，对所从事工作的胜任感和从工作中获得的成就感降低，对工作产生无价值感，认为工作不但不能发挥自身才能，而且是枯燥无味的繁琐事物。

心理学家将职业倦怠的发展分为不同的阶段，由于研究的视角不同，所划分的阶段也有较大差异，分为三阶段、五阶段，也有划分为十二阶段的。在此给大家分享三阶段的划分，这是斯伯努和卡普托提出来的。

第一阶段，倦怠的迹象和症状偶尔出现，持续的时间比较短。通过休息、锻炼或娱乐，个体可以摆脱倦怠，重新获得对工作的热情与满意感。

第二阶段，倦怠的症状经常出现，持续的时间也比较长，通常的休息、锻炼或娱乐已经不能解决问题。在充足的睡眠之后，个体仍然感到疲惫，即使度过一个轻松的周末后，仍然提不起精神。

第三阶段，倦怠的症状经常出现，个体开始出现生理和心理方面的问题，通常的医学治疗和心理关怀已经不能快速解决问题。个体开始怀疑自己的胜任能力，负面情绪强烈，开始考虑换工作或辞职，甚至导致家庭矛盾或婚姻危机。

6.5.2 产生职业倦怠的原因

职业倦怠的形成，往往是由内因和外因共同引发的。职业倦怠产生的机理主要可以从以下三个视角来理解：

6.5.2.1 工作要求-资源视角

主要有工作要求与工作资源两个方面的影响因素。所谓的工作要求，指的是与工作相关的需要持续消耗体力和智力的因素，如工作噪声、工作量、时间压力等；而工作资源则指的是与个体工作相关的，对于工作目标的实现有帮助，有利于降低工作要求因素给个体产生生理或心理成本，或能够促进个体取得进步和发展的因素。例如降低噪声的所有手段，都可以看成是工作资源。常见的组织层面的工作资源包括工作控制、潜在的晋升机会、决策参与以及任务多样性，社会层面的工作资源通常来自同事或家人的支持。

与工作要求相关的因素会给个体造成持续的生理和心理成本，从而造成个体生理和心理上的疲惫状态，而个体从组织和社会中获取到的各类工作资源能够有效缓解这一问题并推动个体积极成长，当个体所能获得的工作资源长期无法满足工作要求时，就会产生职业倦怠感。对于不同的职业，由于其工作要求不同，相应需要的工作资源也有差异，从而导致职业倦怠的因素也有所不同。普遍认为，个体在工作资源不足、工作要求过高的情况下会消耗精力，产生倦怠心理，进而影响工作绩效。

6.5.2.2 认知视角

从认知视角看，个体的价值观、组织公平感、需求、心理控制源等是影响职业倦怠的关键因素。个体与组织在价值观与目标上是否匹配，对个体的职业倦怠有较大的影响，匹配程度越低，个体越容易产生职业倦怠，并且产生较高水平的倦怠；个体所感受到的组织公平感越低，职业倦怠水平越高；当个体的薪资、职位与其需求不匹配时，也会产生倦怠感，匹配程度越低，倦怠水平越高。同时，对于已经认识到自己存在职业倦怠问题的个体，其职业倦怠水平会明显低于还没有意识到这一问题的个体。

6.5.2.3 胜任能力视角

胜任能力是决定个体是否职业倦怠的重要因素。个体自我胜任感高低是决定其是否会形成职业倦怠的主因。个体具备越强的工作胜任感，越有利于形成强烈的工作动机；但是，如果与预期目标偏离太大，则有可能发生倦怠感，这样工作动机就会被淡化。

以上是心理学家从不同的视角对职业倦怠形成机理的研究，但在现实中，并不一定只是其中一种要素在起作用，可能是多种要素交织在一起产生影响。同时，研究发现，引起职业倦怠的因素还包括单一枯燥的工作内容、过度或不恰当的考核、不和谐的同事关系、不明确的工作目标等。

案例 魏雨的职业倦怠感

魏雨所在的公司有 2 000 多人，他在技术研发部，主要从事设计相关的工作。他日常会有烦躁不安的感觉，工作没有热情，感到筋疲力尽。他说：技术人员不仅要设计项目，还要进行各种工作沟通、考虑项目工期等各方面的问题。同时，他还需要经常加班，顾不上家里的事情，基本依靠老人照顾各种家务事和孩子，时间久了家人有所抱怨，并偶尔为此争吵。公司业务需要跟随市场发展，技术也需要不断迭代，公司对员工工作技能、知识要求较高，自己还得找时间"充电"。公司对技术人员的考核也比较严格，与各种指标挂钩。现在魏雨对工作完全没有热情了，但是要养家糊口，不得不继续干下去，但感觉工作没什么意义，也没有价值。

6.5.3 职业倦怠测评

6.5.3.1 MBI-GS 量表

MBI-GS 量表，即 Maslach Burnout Inventory-General Survey（马氏工作倦怠量表通用版），是一种常用的职业动力测量工具，旨在评估个体在工作场所中的倦怠程度、抑郁情绪和离职倾向。

该量表由美国社会心理学家马斯拉奇（Maslach）和杰克森（Jaskson）联合开发，共有三个版本——服务版、教育版、通用版。服务版适用于咨询员、社会工作者、医生、警察等服务行业的工作者；教育版适用于教师、学校心理学家等教育行业的工作者；通用版是 1996 年推出的，它淡化了服务者和服务对象的关系，从而适用于更为广泛的工作人群。MBI-GS 量表在面世之后得到了广泛的应用与检验，已经被证明具有良好的内部一致性信度、再测信度、结构效度、构想效度。

本书在此推荐的测评量表是通用版的，适用于 16 岁以上从事各个行业的所有人群。原量表共有 16 个测量题项，后经国内研究者的修订变为 15 个题项。每个题项均有 7 个选项，即 0~6 选项，各选项的程度如表 6-6 所示。

表 6-6　0~6 选项的程度区分

选项	程度
0	从未有过
1	极少数时候（一年中有几次或更少）
2	少数时候（一个月一次或更少）
3	稍多时候（一个月中有几次）
4	多数时候（一个星期一次）
5	几乎每天（一个星期中有几次）
6	每天

6.5.3.2　MBI-GS 测评结果解释

MBI-GS 测评选项的六种程度分别对应 0~6 分，如"从未有过"计 0 分，"每天"计 6 分。

测评完成后，将得分相加除以 15，求出平均分，再用平均分乘以 20，得分在 50 分以下，工作状态良好；得分在 50~75 分，存在一定程度的职业倦怠，需进行自我心理调节；得分在 75~100 分，职业倦怠比较严重，建议离开工作岗位一段时间进行调整，或与员工进行谈话，调整状态；得分在 100 分以上，职业倦怠非常严重，建议咨询心理医生或辞职，停止工作，或更换工作岗位或环境。

MBI-GS 量表

同时，MBI-GS 量表的测评结果解释主要围绕情绪衰竭、玩世不恭和低职业效能三个维度进行。每个维度包含多个题项，通常将该维度题项所有条目的得分相加后，除以条目的数量，得到该维度的平均分。

其中，情绪衰竭维度评估的是个体在工作中是否感到疲劳、精力透支和乏力。该维度的得分越高，表示个体在工作中消耗的情绪资源越多，感到越疲惫和无力。玩世不恭维度衡量的是个体对工作的消极情绪和冷漠程度。该维度的得分越高，表示个体对工作越冷淡、越不投入。低职业效能维度评估的是个体对自己在工作中的能力和成就感的评价。该维度的得分越高表示个体对自己的工作能力和成就感评价越低（注意：若低职业效能维度是反向计分，即得分高表示成就感低）。

6.5.4　改善职业倦怠

职业倦怠对个体自身的危害已经得到了大量研究的证实，包括对个体工作态度、身心健康和工作绩效等诸多方面的影响。生理上，产生倦怠的个体可能会出现疲倦，无法摆脱的持续性感冒、频繁的头痛和肠胃不适或是失眠气短等不良反应。而在行为上，产生倦怠的个体可能会变得易怒、敏感或是经常感到挫败。

改善职业倦怠的方法包括增强自我效能感、建立社会支持网络、优化工作环境、改进管理机制、开展体育活动和培养业余爱好，见图 6-8。

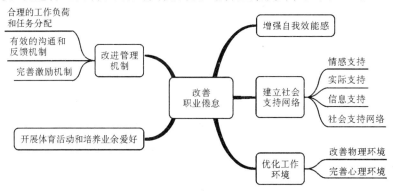

图 6-8　改善职业倦怠的方法

6.5.4.1 增强自我效能感

一方面，高自我效能感的人通常具有更好的应对策略，能够更有效地处理工作中的压力和挑战，从而减少情感耗竭和身体疲劳；研究表明，高自我效能感与较低的职业倦怠水平相关联，因为自我效能感强的个体在面对困难时更可能采取积极的应对方式，而不是逃避或放弃。另一方面，自我效能感强的人更容易在工作中感受到成就感，因为他们相信自己能够胜任工作并取得成功。成就感的提升可以抵消职业倦怠中的个人成就感低下；研究发现，自我效能感与工作满意度和成就感正相关，增强自我效能感可以提高个体的工作满意度，进而减少职业倦怠。此外，高自我效能感的人通常对工作更有热情和投入，较少表现出对工作对象的冷漠和疏离；自我效能感能够帮助个体保持积极的工作态度，减少对工作的负面情绪和冷漠感，从而降低职业倦怠中的去人格化维度。

本书第5.3.3节有提升自我效能感的具体方法，可以参考。

6.5.4.2 建立社会支持网络

社会支持网络可以通过提供情感支持、实际支持、信息支持、增强归属感和认同感等多种方式，有效地改善职业倦怠。

（1）情感支持，是指通过同事、朋友和家人等人际关系提供的关怀、理解和鼓励。它可以帮助个体在面对工作压力和挑战时感到被理解和支持，从而减少情感耗竭。

（2）实际支持，包括实际的帮助和资源，例如工作上的协助、任务分担和问题解决。它可以减轻个体的工作负担，提升工作效率，减少因工作过载带来的倦怠感。

（3）信息支持，是指通过社会网络获得有用的信息、建议和反馈。这可以帮助个体更好地应对工作中的问题和挑战，提高工作成就和满意度。

（4）社会支持网络，能够增强个体的归属感和认同感，使其在工作环境中感到自己是团队的一部分。这种归属感能够提升工作的积极性和满意度，减少因孤立感而产生的倦怠。

6.5.4.3 优化工作环境

改善物理和心理工作环境，可以显著提高个体的工作满意度和心理健康，从而减少职业倦怠的发生。

（1）改善物理环境。物理环境可以从两个方面优化，一是舒适的办公环境，包括良好的照明、合适的温度、舒适的工作空间和设备可以减少个体的身体疲劳和不适，提高工作效率和满意度；二是安静和私密性改善，一个安静且提供私密性的工作环境可以减少干扰和压力，使个体能够更专注和放松。

（2）完善心理环境。一是积极的工作氛围，一个支持性的、尊重的和积极的工作氛围能够增强个体的归属感和满意度，减少情感耗竭和去人格化；二是减少职场冲突，通过有效的沟通和冲突管理机制，可以减少职场冲突和负面情绪，提升个体的心理健康。

6.5.4.4　改进管理机制

合理分配工作负荷，建立有效的沟通和反馈机制等，可以提高工作效率和满意度，提升工作成就感，从而减少职业倦怠。

（1）合理的工作负荷和任务分配。一是工作负荷管理，合理分配工作任务，避免个体长期超负荷工作，能够减少身体和心理的疲劳，降低职业倦怠风险；二是清晰的职责分工，明确的工作职责和合理的任务分配可以减少个体的角色冲突和降低模糊感，提高工作效率和满意度。

（2）有效的沟通和反馈机制。首先，建立开放的沟通渠道，使个体能够随时表达自己的意见和困扰，有助于及时解决问题，减少负面情绪的积累；其次，及时的、建设性的反馈可以增强个体的成就感和工作动机，减少因工作成就感低而导致的倦怠。

（3）完善激励机制。一是内在动机提升，内在动机来源于个人对工作的兴趣和满足感，而不是外部奖励，可通过认可、表扬等方式来增强个体的内在动机；二是外在动机支持，通过奖金、晋升和福利等外在激励手段，可以激发员工的工作积极性和努力程度；三是通过提供职业发展和成长的机会，如培训、晋升和项目主持，使个体在职业生涯中不断获得成就感。

6.5.4.5　开展体育活动和培养业余爱好

首先，体育活动一方面可以增加社交机会，增强与同事的互动；另一方面可以增强体质，身体的健康状态直接影响心理健康和工作表现。其次，培养兴趣爱好能够激发个人的创造力和想象力，使个体有机会与志同道合的人交流和分享，增强归属感和社会支持，提升幸福感和生活满意度，进而改善工作状态。

☃ 案例　李玥的职业倦怠及改善对策

李玥是 M 科技公司客服部的副经理，已经工作了八年。起初他对工作充满了激情和热情，由于他的努力，工作不到两年就提拔到了主管岗位，后又提拔到部门副职的岗位。但一年多来，他经常感觉到精力枯竭，无论是身体上还是情感上，他每天下班回家后感到极度疲惫，周末休息后也无法彻底恢复。

李玥发现自己工作效率显著下降，以前能在短时间内完成的任务，现在需要更长时间才能完成，且错误率增加；他对公司的态度变得消极，经常抱怨工作环境和管理层决策，对同事的耐心也明显减少；他开始怀疑自己的能力，认为自己无法胜任当前的职位，对未来的职业发展也感到迷茫和不安。

长此以往，李玥的工作质量和效率下降，影响了团队的整体绩效。项目进度因此受到延误，公司客户的满意度也有所下降；由于他的负面情绪和抱怨增加，同事们开始避开他，团队协作变得困难，团队氛围受到破坏。

同时，李玥自己也频繁感到疲劳和压力，出现了失眠、头疼等健康问题，甚至因压力过大而需要请病假；他对工作的投入度降低，无法积极参与公司的培训和发展计划，职业成长停滞不前。

幸运的是，M 科技公司每年都会聘请外部的心理咨询顾问对公司员工开展心理健康诊断，李玥主动报名参与了诊断。心理咨询顾问听他描述了现状后，给他做了 MBI-GS 量表测评，得分在 83 分，表明他的职业倦怠比较严重。同时，情绪衰竭、玩世不恭、低职业效能三个维度的得分也超过了平均值。

心理咨询顾问经过与李玥的谈话发现，他的职业倦怠来自压力过大并且缺乏工作成就感而产生的。他感到自己的职责并不清晰，他从主管提拔到部门副职以后，他感到自己的职责变化不大，他不清楚自己的权力和责

任范围。同时，他不确定应该向谁汇报工作或请求资源。有时，当他向部门正职胡经理汇报工作时，得到的答复是，你直接给林总（分管他所在部门的公司副总）汇报一下吧。但当他找林总时，林总又老是问他给胡经理通过气没有。此外，在部门内，他与胡经理并没有明确的分工，他不知道哪些事情该过问，哪些事情不该过问，但是季度考核时，部门所有的问题他都会被连带扣分。

心理咨询师结合李玥的具体情况，首先建议李玥休年假半个月。同时向人力资源部提出改善李玥职业倦怠的对策如下：一是明确职责与角色定位，制定详细的岗位职责说明书，确保李玥清楚自己的工作内容，明确他作为部门副职的具体职责、权力和责任范围；二是完善汇报与沟通机制，明确一般情况下，李玥直接向胡经理汇报工作，当胡经理请假或出差时，李玥可直接向林总汇报；三是在部门内明确胡经理与李玥的分工；四是调整季度考核机制，确保对李玥的考核是基于他个人职责的完成情况以及他分管工作的完成情况，而不是部门所有问题的连带扣分，同时提供及时的反收银员，帮助李玥了解自己的工作表现和改进方向。

通过干预及以上措施的实施，一年后，李玥的精力有所恢复，工作后的疲惫感减轻，周末能够有效休息；他的工作效率和质量有所提高，错误率减少，项目进度恢复正常；对工作的态度变得积极，对公司和同事的抱怨减少，团队合作更顺畅。最重要的是李玥的健康状况有所改善，失眠和头疼等问题基本消失了。

6.5.5　数字化对职业倦怠的影响

数字化技术的发展改变了工作环境，也改变了个体的工作体验与行为，职业倦怠面临新的特点。

6.5.5.1　技术压力

数字化转型对胜任能力提出了严峻的挑战。首先，要求个体具备适应数字化变革的技能和能力，如信息分析、数据处理、人工智能等方面的技术；其次，数字化工具在运用上需要不断地进行优化和更新，使得职场人员需要及时掌握新工具及其应用的方法；对于在职场上比较资深的个体来说，原本具有较强的胜任能力，但面临数字化转型，没有来得及更新技术与方法，胜任能力感就会下降，如果在一段时间内一直不能提升能力，倦怠感就会逐渐产生，失去对工作的热情。

6.5.5.2 工作与生活边界模糊

数字化工具，如智能手机和电子邮件，使得工作与个人生活之间的界限变得模糊。个体经常需要在非工作时间处理工作相关事务，这可能导致工作压力和生活压力的叠加，增加职业倦怠的风险。工作与生活的界限模糊还可能导致员工的生活质量下降，他们可能没有足够的时间陪伴家人、进行兴趣爱好或进行体育锻炼等活动，而这些活动却有助于缓解工作压力和提升幸福感。生活质量的下降会进一步加剧职业倦怠感。

6.5.5.3 信息过载

数字化工具使得信息获取变得前所未有地容易，但这也导致了信息过载。个体需要处理大量的信息和数据，个体可能同时需要处理来自多个沟通工具的信息，如电子邮件、微信（群）、QQ（群）等。处理多项任务的做法，要求个体在各个任务之间来回切换，这种工作方式会增加个体的心理负担，浪费时间，使个体感到压力从而进一步产生疲惫、劳累的感觉。有研究显示，在一项任务进行过程中转换到新任务，使两个任务的完成时间都增加25%。微软公司进行的一项研究发现，人们被邮件分心后，平均需要15分钟才能回到重要项目的工作中。

此外，多任务处理会导致"决策疲劳"。科学家发现了一种被称为"决策疲劳"的现象——当个体的大脑疲惫不堪，精神能量耗尽时，就会出现这种现象。"决策疲劳"致使个体在工作之余几乎没有精力从事其他的活动。连续长时间工作后，大脑可能会出现认知超载、同情心疲乏和倦怠。

可喜的是，数字化对于职业倦怠不全是负面的影响。在数字化时代，工作设计变得更加灵活和个性化，组织可以设计更多有趣和有意义的工作内容，以提高个体的工作满意度和动力，从而减少职业倦怠。同时，在数字化时代，个体可以更容易地获取心理健康资源，如在线心理咨询、情绪管理应用程序和心理健康论坛，这些资源可以帮助个体更好地理解和应对职业倦怠，从而减轻其负面影响。

7

EAP 在职业心理管理中的应用

EAP 在职业心理领域的应用十分广泛且深入。它不仅致力于维护员工的心理健康，更从职业发展、工作效率和组织文化建设等多个角度出发，全方位地促进员工的成长与进步。通过这种全方位的服务，EAP 有效地提高了员工的工作满意度和工作绩效，同时也显著提升了他们的生活质量。在职业心理辅导方面，EAP 发挥着不可或缺的作用，它深入了解员工内心的需求和困扰，帮助他们更好地面对职业挑战，实现自我价值。

7.1 EAP 概述

7.1.1 EAP 发展历程

EAP（employee assistance program），即员工帮助计划，起源于 20 世纪初的美国，当时的企业开始注意到员工酗酒问题对个体和组织绩效的负面影响。随着对酒精依赖问题的认识逐渐深入，人们开始意识到这是一种疾病，而非精神或道德问题。因此，一些企业开始聘请专家帮助员工解决酗酒问题，建立了职业酒精依赖项目（occupational alcoholism program，OAP），这被视为 EAP 的雏形。

1907 年，美国加州的太平洋天然气电力公司实施了第一个正式的员工援助计划，旨在帮助那些因酗酒问题而影响工作的员工。这一阶段的 EAP 主要集中在处理酒精和药物滥用问题上。

7.1.1.1 初步发展

在 20 世纪四五十年代，OAP 逐渐在企业中得到推广和应用。随着对酗酒问题背后社会、心理因素的深入认识，企业开始意识到需要更全面地帮助员工解决与绩效相关的个人问题。因此，OAP 逐渐扩大服务范围，内容也更加丰富。

7.1.1.2 扩展服务范围

进入 20 世纪六七十年代，美国社会经历了急剧的变动，酗酒、吸毒、滥用药物等问题日益严重，家庭暴力、离婚、精神抑郁等也逐渐成为影响员工工作表现的重要因素。因此，许多 OAP 开始转型为 EAP，服务对象从员工本人扩展到员工本人及员工家属。

20 世纪 60 年代，美国成立了职业健康促进协会（Occupational Health Promotion Associates），推动了 EAP 的发展。20 世纪 70 年代，EAP 的理念和实践开始得到更广泛的认可。随着社会的发展，EAP 的服务范围逐步扩展，涵盖了更多的心理和情感问题，如抑郁、焦虑、压力管理、婚姻和家庭问题等。

此外，EAP 开始提供危机干预、法律咨询和财务咨询等服务，以满足员工的多样化需求。这一阶段，EAP 逐渐从单一问题解决向综合性员工福利计划转变。

7.1.1.3 机构化与专业化

从 20 世纪 80 年代开始，EAP 逐渐发展成为一种专业化的服务。随着心理健康意识的提高和管理思想的革新，EAP 开始关注员工的压力管理、全面健康生活形态、工作生活质量等问题。同时，EAP 也被引入欧洲、加拿大、澳大利亚等国家和地区，实现了国际化发展。

进入 20 世纪 90 年代，EAP 的运作模式逐渐制度化和专业化，许多企业和机构开始正式设立 EAP 部门或聘请专业 EAP 服务提供商。EAP 服务的提供者包括内部专业团队和外部 EAP 供应商，后者通常为多家企业提供服务。此时，EAP 逐渐成为企业员工福利和人力资源管理的重要组成部分，重视心理健康和员工满意度对企业绩效的影响。

7.1.1.4 数字化转型

随着数字化时代的到来，EAP 也迎来了新的发展机遇。数字化技术为 EAP 提供了更加高效、便捷的服务手段。例如，通过人工智能、大数据等技术，EAP 可以更加精准地识别员工的心理和行为问题，为他们提供更加个性化的解决方案。数字化 EAP 利用互联网和移动技术，提供更便捷、灵活的服务，如在线咨询、心理健康应用程序、虚拟培训课程等。同时，EAP 的评价体系也更加科学，能够实时监测服务效果，不断优化服务内容。

7.1.2 EAP 的内容与价值

EAP 是一种由雇主提供的福利和服务项目，旨在帮助员工解决可能影响其工作表现和个体福祉的问题。EAP 是一种专业的、系统的和保密的支持服务，它通过一系列的评估、干预和后续服务来帮助个体处理与工作相关的个人问题，包括但不限于心理健康问题、家庭冲突、物质滥用、压力管理、职业发展挑战、法律和财务问题等。EAP 的核心目标是通过改善员工的个人福祉，从而提高其工作绩效和组织的整体效率，其内容与价值如图 7-1 所示。

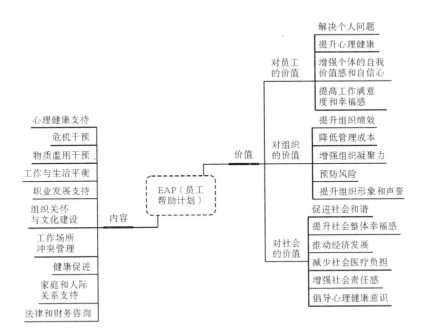

图 7-1　EAP 的内容与价值

7.1.2.1　EAP 的主要内容

EAP 涵盖多个方面的内容，旨在全面支持员工的心理健康、工作效率和整体生活质量，主要包括以下十个方面：

（1）心理健康支持。EAP 提出的心理健康支持包括两个方面，一是提供面对面的心理咨询，帮助个体处理压力、焦虑、抑郁等心理健康问题；二是心理治疗，为患有严重心理健康问题的个体提供专业的心理治疗服务。

（2）危机干预。EAP 在员工面临自杀风险、暴力行为、创伤后应激障碍（PTSD）、精神障碍急性发作、重大生活事件、工作场所危机、突发性疾病或意外等紧急心理危机时能够提供及时的支持和干预。例如，对有自杀倾向的个体进行心理评估，提供紧急心理干预，必要时联系医疗专业人士或紧急服务。

（3）物质滥用干预。EAP 针对个体或群体因非医疗目的而过度使用或依赖某种物质（如酒精、处方药等），通过干预措施，帮助个体减少或完全停止对有害物质的依赖和使用，促进个体的全面康复。

（4）工作与生活平衡。EAP 帮助员工找到工作与生活的平衡，提高生活质量和工作满意度。例如，提供时间管理技巧培训，帮助员工更有效地平衡工作和个人生活；家庭支持，提供育儿、照顾老人等方面的咨询和支持。

（5）职业发展支持。EAP 提供职业规划和发展建议，帮助个体实现职业目标。例如，为个体提供职业生涯规划服务，帮助其明确职业目标，制订发展计划，提高工作积极性和满意度；提供各类职业技能培训课程，帮助个体提升工作能力和竞争力，适应职场发展的需要。

（6）组织关怀与文化建设。展现出对员工福祉的关心，并将这种关怀融入企业文化中，以促进一个支持性、健康和高效的工作环境。例如，通过EAP 服务营造和谐、积极、健康的组织氛围，增强员工的归属感和凝聚力；帮助管理层处理员工关系问题，消除可能影响个体绩效的各方面因素，提升组织的管理效能。

（7）工作场所冲突管理。EAP 帮助解决工作场所的冲突，促进团队合作和沟通。例如，提供冲突预防和解决技巧的培训，帮助个体有效沟通、倾听和表达自己的观点；通过团队建设活动和领导力发展项目，增强团队合作，减少冲突的发生。

（8）健康促进。EAP 通过健康教育和活动，促进员工的身体和心理健康。例如，提供定期的健康检查服务，或者健康生活方式教育，通过健康教育课程，鼓励个体采取健康的生活方式，如合理饮食、规律运动。

（9）家庭和人际关系支持。EAP 提供家庭和人际关系辅导，帮助员工改善家庭和社交关系。一是家庭关系咨询，针对个体在家庭生活中遇到的问题，提供家庭关系咨询和调解服务，帮助解决家庭矛盾，维护家庭和谐；二是子女教育支持，为员工提供子女教育方面的咨询和帮助，解决员工在子女教育方面的困扰。

（10）法律和财务咨询。EAP 可以提供法律咨询和财务指导，帮助个体解决法律纠纷和财务压力。例如，为一名面临离婚问题的员工提供法律咨询，帮助她理解离婚程序和可能的财务影响。

7.1.2.2　EAP 的价值

（1）对员工的价值。EAP 对员工个体的价值体现在四个方面，一是解决个人问题，EAP 为员工提供职业咨询、心理咨询服务等，帮助员工解决工作和生活中的各种问题，如压力管理、职业规划、家庭关系等。二是提升心理健康，EAP 通过心理健康培训、心理测评等方式，帮助员工提升自我认知和情绪管理能力，塑造积极健康的心态，促进身心健康。三是增强个体的自我价值感和自信心，EAP 通过提供个性化的服务和支持，帮助员工解决生活中的困扰，提升自我价值感和自信心，使其更加珍惜和热爱自己的工作。四是提高工作满意度和幸福感，EAP 的实施使个体感受到组织的关爱和支持，从而提高工作满意度和幸福感，增强对组织的忠诚度和归属感。

（2）对组织的价值。一是提升组织绩效，EAP 通过帮助员工解决个人和职业问题，使个体能够更专注于工作，从而提高工作效率和质量。这直接促进了组织绩效的提升。二是降低管理成本，员工心理健康问题往往导致缺勤、离职等现象，增加组织的人力资源成本，EAP 通过提供专业的心理咨询服务，帮助员工解决这些问题，从而减少了相关成本。三是增强组织凝聚力，EAP 通过团队建设活动、心理健康培训等方式，促进员工之间的沟通和交流，增强团队意识和协作精神，有助于构建积极向上的企业文化。四是预防风险，EAP 服务通过面向全员开展心理健康宣传、培训等方式，提高个体心理危机的应对能力，降低危机事件发生时的影响，从而预防风险。五是提升组织形象和声誉，关注员工心理健康和福祉的组织往往能够赢得社会的认可和尊重。EAP 的实施展示了组织对员工的关爱和支持，有助于提升其社会形象和声誉。

（3）对社会的价值。一是促进社会和谐，减少社会问题，通过解决个体的心理和情感问题，EAP 帮助减少家庭暴力、犯罪等社会问题。二是提升社会幸福感，心理健康的个体构成了健康的社会，EAP 的普及提升了社会整体的幸福感。三是推动经济发展，提高生产力，通过提升组织和员工的生产力，EAP 促进经济发展和社会进步。四是减少社会医疗负担，通过预防和干预心理问题，EAP 减少了社会医疗资源的占用和负担。五是增强社会责任感，推动企业社会责任，通过实施 EAP，组织展现出对员工和社会的责任感。六是倡导心理健康意识，EAP 在社会层面上提高了人们对心理健康的重视，倡导了积极的心理健康意识。

☒ 案例 BM 公司的 EAP 项目与效果

BM 是一家国内知名的科技公司，员工遍布全国各地。由于工作压力大、竞争激烈，BM 公司高度重视员工的心理健康和整体福利。因此，BM 公司引入了一项全面的 EAP，旨在支持员工的心理健康，提升员工的工作满意度和生产力。

EAP 实施内容如下：

心理咨询和支持：BM 公司提供全天候的心理咨询服务，员工可以通过电话、在线聊天或面对面咨询获取专业心理支持。此外，还为员工及其家庭成员提供短期的心理治疗服务。

危机干预：BM 公司配备了紧急心理危机干预团队，帮助员工应对突发的心理危机，如自杀风险、严重焦虑等；设立了 24 小时紧急热线，员工在任何时候遇到危机都可以寻求帮助。

工作生活平衡：BM 公司为员工提供时间管理、压力管理和工作生活平衡的培训课程；提供灵活工作时间和远程办公选项，帮助员工更好地平衡工作和生活。

职业发展支持：BM 公司为员工提供职业规划咨询和职业技能培训，帮助员工提升职业竞争力；设立了职业辅导项目，帮助员工制订职业发展计划。

健康促进：BM 公司推行健康生活方式项目，如健身计划、营养指导和戒烟计划；定期组织健康讲座和体检，关注员工的身体健康。

BM 公司实施 EAP 的结果和影响如下：

员工满意度和生产力提升：通过 EAP 的支持，员工的满意度显著提升，工作积极性和生产力也有所提高；根据内部调查数据，EAP 实施后，员工的工作满意度提升了 20%，生产力提高了 15%。

员工健康状况改善：通过心理咨询和健康促进项目，员工的心理和身体健康状况均有改善；EAP 实施后，员工的心理问题报告率降低了 30%，健康体检结果显示员工的整体健康水平提高。

减少了员工流动率：EAP 的支持增强了员工的归属感和忠诚度，员工流动率显著下降；根据公司统计，EAP 实施后，员工流动率降低了 25%。

提升了公司形象：BM 的 EAP 项目在行业内树立了标杆，提升了公司的社会形象和雇主品牌；公司因其卓越的员工关怀项目，多次获得"最佳雇主"称号。

7.1.3　EAP 对职业心理发展的作用

EAP 不仅关注员工的心理健康，还致力于解决员工在社会、心理、管理及健康等多方面的问题，从而提升员工的工作满意度、工作绩效及生活质量。对于职业心理辅导而言，EAP 的作用与价值主要体现在以下几个方面：

7.1.3.1　提供专业的心理支持

EAP 通过专业的心理咨询师为员工提供个性化的心理辅导，帮助个体解决职业活动中遇到的各种心理困扰，如职业压力、职业焦虑、职业倦怠等。这种专业支持有助于个体调整心态，增强职业适应能力。例如，某员工因工作压力过大而出现焦虑情绪，EAP 的心理咨询师就可以为其提供一对一的咨询服务，通过认知行为疗法帮助其调整心态，增强了对工作的适应能力。

7.1.3.2　促进职业认知发展

EAP 服务包括职业心理健康教育和培训，帮助员工了解职业心理健康知识，提升自我认知，明确职业目标，合理规划职业生涯。这种教育有助于员工形成积极的职业态度，提高职业满意度和忠诚度。例如，某公司通过 EAP 组织了一个关于职业生涯管理的讲座，员工通过参与讲座，明确了自己的职业目标，并学会了如何合理规划职业生涯，从而形成了更加积极的职业态度。

7.1.3.3　增强职业情感稳定性

EAP 通过情绪管理和压力应对技巧的培训，帮助员工有效管理职业中的负面情绪，增强心理韧性。这有助于员工在面对职业挑战时保持稳定的情绪状态，提高工作积极性和效率。例如，某员工在面对项目截止日期的压力时，参加了 EAP 提供的情绪管理课程，学会了如何通过冥想和放松技巧来缓解压力，保持了稳定的情绪状态，提高了工作积极性和效率。

7.1.3.4 优化职业意志品质

EAP 服务鼓励员工面对困难时保持坚忍不拔的意志品质，通过目标设定、自我激励等方法，提升个体的自我控制力和抗挫能力。这种品质对于个体在职业道路上持续成长至关重要。例如，某公司在 EAP 中引入了目标设定和自我激励的培训，员工通过参与培训，学会了如何设定具体、可衡量的职业目标，并通过自我激励来保持对目标的持续追求，提升了自我控制力和抗挫能力。

7.1.3.5 提升组织整体效能

EAP 不仅关注员工的心理健康，还致力于改善组织环境和氛围，提升组织的整体效能。通过减少员工心理健康问题带来的缺勤、低效率和离职等负面影响，EAP 有助于降低企业成本，提高生产效率和竞争力。例如，某公司通过实施 EAP，建立了更加开放、包容的组织文化，员工之间的沟通和合作得到了加强。同时，EAP 还提供了针对管理层的领导力培训，增强了管理层的员工关怀能力。这些措施共同减少了员工心理健康问题带来的缺勤、低效率和离职等负面影响，降低了企业成本，提高了生产效率和竞争力。

通常开展了 EAP 的组织，在个体的职业心理方面具有以下特点：一是更高的心理健康水平，员工更好地管理工作压力和情绪，提高了整体的心理健康水平，进而提升工作表现和生活质量。二是更高的职业满意度：员工对职业的满意度和工作积极性较高，能够更好地适应职业变化和挑战。三是更强的职业适应性：员工的适应性和弹性更高，他们在面对职业变化时更加从容和自信。四是更低的职业倦怠率：员工能够持续保持高效的工作状态和积极的职业态度。五是更好的职业发展规划：员工能够制定合理的职业发展目标和路径，提升职业成就感和职业生涯的长期发展潜力。

7.2　EAP 模式选择

7.2.1　传统的 EAP 模式

传统的 EAP 模式包括外部模式、内部模式、组合模式及联合模式，如图 7-2 所示。

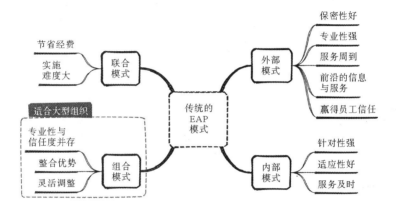

图 7-2　传统的 EAP 模式

7.2.1.1　外部模式

组织将 EAP 外包给外部具有心理或咨询等专业背景的机构，由这些机构提供员工援助计划服务。优点包括保密性好、专业性强、服务周到、前沿的信息与服务、赢得员工信任方面。

（1）保密性好。外部机构在 EAP 实施中扮演着至关重要的角色，其中一个显著的优势就是其专业的保密措施和流程。这些机构深知员工信息的敏感性，因此采用了先进的加密技术和严格的数据管理政策，确保员工在寻求帮助时，其个人信息和咨询内容得到充分的保护，不会泄露给第三方，从而为个体提供了一个安全、无忧的咨询环境。

（2）专业性强。外部机构通常拥有专业的心理咨询师团队，他们具备丰

261

富的服务经验和深厚的专业知识，能够为个体提供高质量的心理咨询服务。无论是面对工作压力、人际关系还是其他心理困扰，这些咨询师都能够运用专业的技能和工具，帮助个体找到问题的根源，并提供有效的解决方案。

（3）服务周到。为了满足员工不同时间段的需求，外部机构通常能够提供全天候的服务。无论是工作日还是周末，甚至是深夜，员工都可以通过电话、邮件或在线平台等方式，随时获得心理咨询师的帮助和支持。这种灵活的服务模式，确保了员工在需要时能够及时得到帮助。

（4）前沿的信息与服务。外部机构在心理咨询领域保持着敏锐的洞察力，能够及时获取最新的心理咨询技术和方法。他们不断学习和研究，将最新的科研成果和临床实践经验应用于服务中，为组织和个体提供更前沿、更有效的心理健康服务。这种持续的创新和进步，使得员工能够享受到最优质的心理咨询服务。

（5）赢得员工信任。由于外部机构的独立性和专业性，它们往往能够更容易赢得员工的信任。员工在寻求心理帮助时，往往希望找到一个能够保护自己隐私、提供专业建议的机构。外部机构正是凭借其专业的形象和独立的地位，成功建立了与员工之间的信任关系，使得员工更愿意敞开心扉，寻求帮助。这种信任关系的建立，对于 EAP 的成功实施和员工的心理健康都具有重要意义。

7.2.1.2　内部模式

组织自行设置 EAP 实施的专职部门，聘请具有心理、咨询、辅导等专业背景的人员来策划和实施该项目。其优点包括针对性强、适应性好、服务及时。

（1）针对性强。内部 EAP 模式的一大优势在于其强烈的针对性。由于内部 EAP 人员直接置身于组织文化之中，他们对组织独特的运营模式、价值观以及员工的具体工作和生活环境有着深入的了解。这使得他们能够更准确地识别员工的心理需求和困扰，进而提供与组织实际情况高度契合、更加个性化的服务。无论是针对工作压力、职业发展还是人际关系等问题，内部 EAP 都能给出更加贴合组织需求的解决方案。

（2）适应性好。内部 EAP 模式的另一个显著特点是其良好的适应性。由于内部 EAP 人员与组织员工日常接触频繁，他们能够实时感知员工需求的变化和组织文化的演进。这使得内部 EAP 能够迅速调整服务内容、方式和策略，以更好地满足员工的需求和组织的期望。这种灵活性不仅提升了 EAP 的服务质量，也增强了员工对 EAP 的认同感和信任度。

（3）服务及时。内部 EAP 模式在响应员工需求方面也具有显著优势。当员工面临心理困扰或需要心理支持时，内部 EAP 人员能够迅速做出反应，提供及时的心理援助。这种即时性对于缓解员工的心理压力、防止问题恶化具有重要意义。同时，内部 EAP 人员还能在日常工作中主动发现员工的潜在问题，并提供预防性的心理辅导，从而为组织营造一个更加健康、积极的工作环境。

7.2.1.3 组合模式

将内部与外部模式结合起来，部分职责由内部 EAP 人员完成，其他职责由签约的外部 EAP 专业人士完成。优点是专业性与信任度并存、整合优势、灵活调整。

（1）专业性与信任度并存。EAP 的组合模式巧妙地融合了内部与外部资源，因此既能保证工作人员的专业性，又能赢得员工的信任。内部联系人熟悉组织文化和员工需求，能够提供贴合实际的援助；而外部专家则拥有深厚的专业知识和丰富的经验，能够为员工提供高质量的心理咨询服务。这种组合使得 EAP 在员工心中树立了专业且可信赖的形象。

（2）整合优势。组合模式的另一大优势是整合了内外部的资源和优势。组织内的联系人作为桥梁，能够深入了解员工需求，协助推进 EAP 项目；而外部专家则提供专业的心理咨询服务和技术支持。这种合作模式使得 EAP 能够充分利用内外部资源，提供更加全面、专业的服务，满足员工多样化的需求。

（3）灵活调整。组合模式还具备灵活调整的特点。根据组织的实际需求和外部环境的变化，可以灵活调整内外部资源的分配。例如，在员工需求高峰期，可以增加外部专家的支持；在组织内部资源紧张时，可以依靠外部机构来提供必要的援助。这种灵活性使得 EAP 能够更好地适应组织的需求变化，为员工提供持续、有效的支持。

7.2.1.4 联合模式

若干组织联合成立一个专门为其员工提 EAP 服务的机构,该中心专门配置了专职人员。优点是节省经费,但实施难度大。

(1)节省经费。EAP 的联合模式具有显著的经济效益。通过多家组织联合成立服务机构,可以实现资源的共享和成本的分摊。这种合作模式不仅避免了单个组织在建立 EAP 体系时的高额投入,还能够在日常运营中通过规模效应降低服务成本。例如,多家组织可以共同承担心理咨询师的薪酬、培训费用以及宣传推广等开支,从而减轻每个组织的经济负担。

(2)实施难度大。然而,EAP 联合模式的实施也面临一定的挑战。由于多家组织的参与,可能在人员配置、权限划分、薪酬支付等方面引发争端。不同组织可能有不同的期望和目标,这可能导致在决策和服务提供上出现分歧。此外,我国许多组织对 EAP 的了解还不够深入,明确需求的组织较少。这使得在推广和实施 EAP 联合模式时,难以形成足够的规模和影响力。因此,在实施 EAP 联合模式时,需要充分沟通、协商,并建立明确的合作机制和规则,以确保各方能够共同为员工的心理健康提供支持。同时,也需要加强对 EAP 的宣传和推广,提高更多组织对 EAP 的认知和需求。

根据以上对四种模式的分析,组织在选择 EAP 模式时,应根据自身的实际情况和需求进行权衡。小型组织可能更适合采用外部模式,以降低成本并确保服务的专业性;大型组织则可以考虑组合模式,以充分利用内外部资源,提供更全面、灵活的服务。无论选择哪种模式,都应确保 EAP 服务的有效性和可持续性,以促进个体的心理健康和组织的长远发展。

7.2.2 数字化时代 EAP 模式的新选择

在数字化时代,EAP 模式的选择更加多样化和灵活。首先,技术赋能,对传统 EAP 模式进行数字化升级,引入在线咨询服务、自助资源库、大数据分析等技术手段,提升了服务的效率和质量;其次,流程优化,通过数字化工具优化 EAP 服务的流程,如在线预约、自动随访、效果评估等,减少人工干预,提高整体关怀效率;最后,还可以持续迭代,根据数字化平台的数据反馈和用户评价,持续优化 EAP 服务的内容和形式,确保服务的针对性和有效性，如图 7-3 所示。

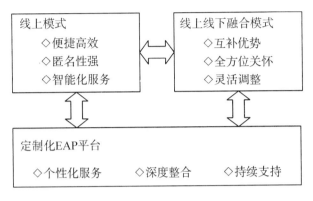

图 7-3　数字化时代 EAP 模式的新选择

7.2.2.1　线上模式

完全通过互联网或移动应用等线上平台提供 EAP 服务，员工可以随时随地访问并获得心理健康支持、咨询和资源，无须面对面交流，具有便捷高效、匿名性强、智能化服务的优点。

（1）便捷高效。员工只需通过手机、电脑等终端设备，便能随时随地访问 EAP 服务，无须预约或面对面咨询，这极大地节省了时间，提高了服务的便捷性和效率。无论是家中、办公室还是出差途中，员工都能轻松获取所需的帮助和支持。

（2）匿名性强。线上平台通常提供匿名交流功能，这使得个体在寻求帮助时更具安全感。匿名性避免了面对面交谈可能带来的尴尬和压力，让员工在寻求心理咨询或其他帮助时更加自在和放心。这种匿名保护机制鼓励了更多员工主动寻求帮助，从而促进了员工整体的心理健康和工作满意度。

（3）智能化服务。结合先进的 AI 技术，EAP 线上平台能够根据个体的需求和情况，提供个性化的资源推荐。通过智能分析员工的输入和行为，平台能够匹配最适合的心理顾问或相关资源，确保每位员工都能获得最贴切、最有效的帮助。这种智能化服务不仅提升了 EAP 的效果，也使得员工感受到更加个性化和贴心的关怀。

7.2.2.2 线上线下融合模式

将线上平台与线下服务相结合提供 EAP 服务，既提供线上咨询、自助资源等便捷服务，又保留面对面交流、深度辅导等线下关怀方式，旨在充分发挥两者优势，为员工提供全方位、个性化的心理健康支持，具有互补优势、全方位关怀、灵活调整的优点。

（1）互补优势。这种模式实现了线上与线下服务的互补。线上服务以其便捷性和即时性，让员工能够随时随地获取所需的信息和支持。线下服务则强调面对面交流和深度理解，通过专业的咨询师和心理健康专家，为员工提供更加深入和个性化的帮助。两者相结合，能够充分发挥各自的优势，为员工提供更加全面和有效的 EAP 服务。

（2）全方位关怀。线上线下融合模式实现了对员工的全方位关怀。通过线上平台的数据收集和分析，可以精准识别个体的心理状态，提前预警潜在问题。而线下活动则可以进行深入的干预和辅导，帮助员工解决具体的心理困扰。这种预防性和治疗性的心理健康管理，让员工感受到更加全面和贴心的关怀。

（3）灵活调整。线上线下融合模式具有较高的灵活性，根据个体的实际需求和组织的发展情况，可以灵活调整线上线下服务的比例和方式。这种灵活性确保了 EAP 服务的有效性和可持续性，让员工在不同阶段和需求下都能得到适当的帮助和支持。

7.2.2.3 定制化 EAP 平台

定制化 EAP 平台是指根据组织的特定需求、员工群体特征以及组织文化等因素，量身打造的一种高度个性化的 EAP 服务平台。该平台通过整合线上咨询、自助资源、数据分析、个性化推荐等多种功能，结合组织的实际情况，为员工提供全方位、精准化的心理健康支持。

（1）个性化服务。不同于通用的 EAP 平台，定制化平台根据组织的特定需求和员工群体的独特特征进行开发。这意味着平台提供的服务内容和形式更加贴近组织的文化和员工的实际需求，从而确保 EAP 服务的高度相关性和有效性。

（2）深度整合。EAP 平台将与组织内部的其他关键系统，如 HR 系统、

OA 系统等，进行无缝对接和深度整合。这种整合不仅实现了数据的共享，还使得各系统之间的流程更加协同和高效。员工在使用 EAP 平台时，可以轻松地与其他系统交互，无须重复输入信息或进行繁琐的操作，从而极大地提升了整体的运营效率。

（3）持续支持。定制化 EAP 平台还能提供持续的技术支持和运营维护服务。这意味着平台在上线后，不是一个孤立的存在，而是会持续得到专业团队的支持和优化。无论是技术的更新、功能的扩展还是问题的解决，平台都会得到及时的关注和处理，确保其稳定运行并持续优化，以满足组织和员工不断变化的需求。

随着云计算、大数据、AI 等技术的不断发展，EAP 的数字化趋势将更加明显，未来 EAP 服务将更加智能化、个性化和高效化。

7.3 如何实施 EAP

对于一个从来没有实施过 EAP 的组织来说，建议按照下面第 7.3.1 节至第 7.3.5 节的过程分步实施。

7.3.1 前期准备与认知

7.3.1.1 在实施 EAP 时可能遇到的问题

对于一个从来没有实施过 EAP 的组织来说，在引入和实施 EAP 的过程中可能会遇到以下一些问题：

（1）认知不足与理解偏差。首先是对 EAP 价值的认知不足，许多组织可能尚未充分认识到 EAP 在提升员工福祉、增强组织凝聚力、提高工作效率等方面的潜在价值；其次是对 EAP 内容的理解偏差，部分组织可能将 EAP 简单地等同于心理咨询或员工辅导，而忽视了其综合性的福利计划特点，包括职业发展规划、家庭关系协调、健康管理等多个方面。

（2）高层支持与资源投入问题。如果高层管理者对 EAP 的认知不足或持怀疑态度，可能导致项目在推行过程中缺乏必要的支持和资源投入；同时，由于 EAP 需要一定的预算、人力和时间投入，组织在资源分配上可能会面临挑战，特别是在资源有限的情况下。

（3）员工接受度与参与度问题。一方面，受中国传统文化影响，员工对于心理问题的态度比较内敛，羞于表达或谈及与心理相关的问题，再加上 EAP 尚未普及，面对心理关爱这样的新事物，员工可能不了解 EAP 的具体内容和意义，可能会存在抵触情绪，导致对项目的接受度和参与度不高；另一方面，如果在引入 EAP 时，直接照搬国外的运作模式，而没有考虑到本地文化和组织实际情况的差异，这可能导致 EAP 无法有效获得员工的理解与参与。

（4）服务供应商选择问题。首先是服务供应商的专业性，选择一个具备专业资质和丰富经验的 EAP 服务供应商对于项目的成功实施至关重要。然而，市场上服务供应商的质量参差不齐，组织在选择过程中可能会面临困难。其次，服务内容与需求的匹配度，组织需要确保所选服务供应商提供的服务内容能够满足员工的实际需求，否则可能导致项目效果不佳。

（5）实施过程中的挑战。一是隐私保护问题，EAP 涉及员工的个人隐私和心理问题，因此隐私保护至关重要。组织需要确保 EAP 实施过程中员工的隐私得到充分保护，避免信息泄露等风险。二是专业人才缺乏，实施有效的 EAP 需要具备相应专业知识的人才。如果没有这样的专业人才，组织可能难以有效管理和运营 EAP。三是效果评估与持续改进，EAP 的效果评估是一个长期且复杂的过程，需要收集和分析大量数据。组织需要建立有效的评估机制，并根据评估结果对 EAP 进行持续改进和优化。

（6）与现有管理体系的融合。EAP 需要与组织的现有管理体系相融合，以确保其顺利实施和有效运作。然而，在融合过程中可能会遇到一些挑战和障碍。

7.3.1.2　EAP 前期准备的关键成功因素

从以上的分析可以发现，实施 EAP 的关键成功因素在于有明确的目标和预期成果、专业的团队等，如图 7-4 所示。

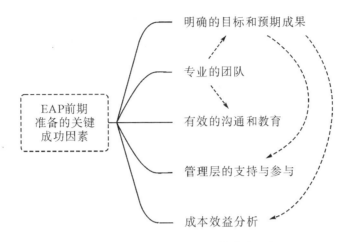

图 7-4　EAP 前期准备的关键成功因素

（1）明确的目标和预期成果。组织需要深入理解和界定 EAP 的目的以及期望达到的具体成果。这些目标和成果可以是多方面的，例如，提高员工的心理健康水平，帮助他们建立积极的工作与生活平衡；提升工作效率，通过解决员工在工作中遇到的心理障碍，使他们能够更加专注和高效地完成任务；减少工作相关的压力，为员工提供一个更加支持和理解的工作环境；提升员工的工作幸福感，通过增强员工的归属感、满足感和成就感，进一步激发他们的工作热情和创造力。此外，还可能包括提升团队协作能力、增强组织文化认同感、优化员工沟通与关系管理等目标。明确这些目标和预期成果，有助于组织更有针对性地设计和实施 EAP，确保其能够有效满足员工需求，进而推动组织的整体发展和成功。

（2）专业的团队。专业的团队是 EAP 前期准备工作中不可或缺的一环。这不仅包括组织内部具备 EAP 相关知识与实践能力的专业人员，他们熟悉企业文化、员工需求及内部资源，能够针对性地设计符合企业实际情况的 EAP方案；同时也涵盖外部专业的心理健康服务提供者，他们拥有丰富的专业知识和经验，能为员工提供更加专业、深入的心理健康支持与辅导。在实施EAP 之初，组织应首要明确负责实施 EAP 的核心部门，通常这一角色由人力资源部、工会或党群工作部承担，这些部门在企业中扮演着连接员工与管理层的重要桥梁。此外，为了确保 EAP 的有效执行，组织还需配备专业人员全程负责该项工作，从方案设计、宣传推广到具体实施与后期跟踪，每一环节都需要专业人员的精心策划与细致执行，以确保 EAP 能够真正惠及每一位员工，促进企业的整体和谐与发

（3）有效的沟通和教育。为了确保所有员工都能充分了解 EAP 的存在、使用方法以及它能提供的帮助，组织需要通过多种渠道进行广泛宣传。这些渠道可以包括内部会议、OA 办公系统、企业订阅号等，以确保信息的全面覆盖。在宣传过程中，组织需要详细解释 EAP 如何帮助员工解决工作和生活中的各种问题，以及如何利用这些资源来改善个人的职业生活状态。通过这样的沟通和教育，员工将更加信任并愿意使用 EAP，从而充分发挥其在提升员工福祉和企业绩效方面的潜力。

（4）管理层的支持与参与。推广 EAP 的成功在很大程度上取决于管理层的积极参与和支持。领导层不仅应该在言辞上公开支持 EAP，更需要在日常工作中通过实际行动体现对员工福祉的深切重视。这种重视可以体现在为员工创造积极的工作环境，鼓励员工寻求帮助，并提供必要的资源支持。此外，管理层还可以通过亲自参与 EAP 的相关活动，或者公开分享他们个人使用 EAP 服务的经历和收获，来进一步鼓励员工积极利用这些服务。管理层的亲身示范和积极态度将对 EAP 的推广和实施产生深远的正面影响。

（5）成本效益分析。在实施 EAP 之初，进行详尽的成本效益分析至关重要，这不仅能够清晰地展示出 EAP 投资所带来的回报，还有助于增强组织对 EAP 投资的信心。通过深入分析 EAP 实施所需的成本与预期带来的效益，组织可以更加明确 EAP 的价值，从而做出更加明智的决策。同时，这一分析过程也确保了组织资源的有效利用，为 EAP 的顺利实施和长期发展奠定了坚实的基础。

7.3.2 需求评估

需求评估的目的是了解员工的具体需求，以便设计出能够有效满足这些需求的 EAP 方案。

7.3.2.1 常用评估方法

常用的需要评估方法包括管理者观察、员工调查、访谈与焦点小组、现

有数据分析、专业评估工具等。近年来，标准化测试工具被广泛用于收集数据，如 Workplace Outcome Suite 等。

（1）管理者观察。管理者通过观察员工在日常工作中的表现、态度以及行为变化，识别可能存在的心理健康问题或困扰。管理者通过细致观察员工在日常工作中的表现、态度以及行为变化，能够敏锐地识别出可能存在的心理健康问题或困扰。这一过程中，管理者需要特别关注员工的工作效率、情绪状态、缺勤率等关键指标的变化，这些指标往往能反映出员工的心理状态和工作满意度。尤为重要的是，当管理者发现某部分员工占用了其大部分时间和精力时，应深入剖析这一现象背后的原因，积极考虑这些问题是否与 EAP 相关。

（2）员工调查。采用匿名调查的方式可以直接深入地收集员工关于心理健康、工作压力、焦虑、孤独感、家庭困扰等多方面的信息。为了确保调查的全面性和有效性，需要设计科学合理的问卷，确保问题能够全面覆盖 EAP 可能涉及的各个领域。同时，必须严格保证问卷的匿名性和保密性，让员工在没有任何顾虑的情况下真实反映自己的情况和感受。电子问卷是一种便捷高效的调查方式，可以通过企业内网、电子邮件等渠道进行发放和收集，既节省了时间，又提高了调查的参与度和准确性。

（3）访谈与焦点小组。一对一的访谈或组织焦点小组，可以更深入地了解员工的心理健康状况及其具体需求。为了确保评估的全面性和准确性，需要选择不同层级、不同部门的员工代表进行访谈或参与焦点小组，这样可以确保样本的多样性和代表性。访谈和讨论的内容应紧密围绕 EAP 的相关主题，比如工作压力、心理健康、工作与生活平衡等，鼓励员工分享他们的个人经历、真实感受以及具体需求，从而为 EAP 的制定和实施提供有力的依据。

（4）现有数据分析。利用组织已有的 HR 数据进行统计分析，是识别 EAP 需求的重要途径。具体而言，需要系统地收集并分析员工的缺勤率、离职率、工作效率以及绩效评分等关键数据，通过深入挖掘这些数据，可以揭示出与 EAP 可能相关的问题领域，如员工心理健康问题、工作压力过大等。同时，为了更全面地了解 EAP 需求，还可以结合行业基准数据和市场趋势进行比较分析，从而更准确地定位组织在 EAP 方面的具体需求和改进方向。这种基于数据的评估方法，有助于确保 EAP 的实施更加精准、有效。

（5）专业评估工具。借助专业的心理健康评估工具或量表，对员工进行心理健康状况评估，如本书前面几章提到的测评量表。需要选择经过验证、符合组织实际情况的评估工具或量表，确保评估结果的准确性和可靠性。评估过程应由专业人员进行指导和解释，确保员工理解评估结果的意义。

需要注意的是，在实际的使用中，可以结合多种评估方法，从多个角度全面了解员工的需求和问题。避免单一方法的局限性，从而提高评估结果的全面性和准确性。同时，EAP 需求并非一成不变，组织应定期进行需求评估，及时了解员工需求的变化情况。这有助于组织根据员工需求调整 EAP 内容和策略，确保 EAP 的持续有效性。

> **案例　C 银行的 EPA 需求评估**
>
> C 银行拥有员工 2 000 余人。随着业务的扩展，员工的心理健康问题日益受到关注。为了提升员工的心理健康水平，C 银行决定实施 EPA。在开始实施 EAP 前，在全行范围内开展了全面的需求评估。
>
> 本次 EPA 需求评估旨在全面了解 C 银行员工的心理健康状况，识别存在的主要心理问题及其成因，为制定和实施 EPA 方案提供科学依据。
>
> 在评估过程中，C 银行使用了两种方法：一是员工调查的方法，通过匿名问卷调查的方式直接收集了员工关于心理健康、工作压力、焦虑、孤独感、家庭困扰等方面的信息。问卷内容全面覆盖了 EPA 可能涉及的各个领域，确保了数据的广泛性和代表性。二是访谈，在实施问卷调查之前，对 C 银行 15 名员工进行了个案访谈。通过访谈，深入了解了员工的心理状态、工作体验和生活困扰，为问卷设计提供了重要参考。
>
> 通过对收集到的数据，进行了详细的统计分析，包括对不同年龄段、不同职务、不同岗位员工的心理健康状况进行了比较分析，找出了存在的共性和差异性问题。
>
> 调查结果显示，C 银行员工总体心理健康水平较高，但存在中度焦虑和抑郁问题。这表明员工在工作和生活中承受了一定的心理压力。

工作压力与满意度：不同岗位员工的工作压力和满意度存在差异。业务推动岗位的员工由于直接面对业务发展压力，工作满意度相对较低；而业务支持岗位的员工由于工作内容相对轻松，工作满意度较高。

生活心理状况：员工与家人沟通水平总体一般，社会支持较少。这表明员工在应对生活事件时可能缺乏足够的外部支持，增加了心理压力。

不合理信念：部分员工存在不合理信念，如过分追求完美、对失败过度自责等，这些信念在一定程度上影响了员工的心理健康。

需求评估结果：一是加强心理健康服务。针对中度焦虑和抑郁问题，需要加强心理健康服务，提供专业的心理咨询和辅导。特别针对业务推动岗位的员工和县级分行的员工，应提供更多的心理支持。

二是优化业绩指标，合理设置工作任务和业绩指标，避免给员工带来过大的工作压力。

三是增强社会支持，鼓励员工与家人和同事加强沟通，建立良好的社会支持网络。同时，组织丰富多彩的员工活动，增强团队凝聚力和归属感。

四是开展心理健康教育，通过讲座、培训等方式普及心理健康知识，帮助员工树立正确的心理健康观念，学会自我调节和管理压力的方法。

7.3.2.2 不同群体员工的需求差异

在进行 EAP 的需求评估时，通常会发现不同群体的员工在需求上存在显著差异，见图 7-5。

（1）年龄差异。新员工的主要需求是快速适应新环境，建立稳定的人际关系网络，以及掌握工作技能。他们可能面临较大的心理压力，如对新工作的不确定性和融入新团队的挑战；年轻员工通常注重个人成长、职业发展和自我实现。由于成长于信息爆炸的时代，他们更善于利用互联网工具学习新知识，对灵活性和创新性有较高要求。同时，他们可能更注重工作与生活的平衡，追求高质量的生活品质；中年员工随着职业发展的稳定，中年员工更多地关注家庭生活和职业晋升。他们可能面临子女教育、家庭财务规划等问题，同时也在职场上寻求更多的尊重和认可；老员工或即将退休员工更关注退休后的生活保障和安排，以及职业生涯的总结与回顾。他们可能希望公司能提供关于退休规划、健康保障、慢性疾病管理和生活质量等方面的支持。

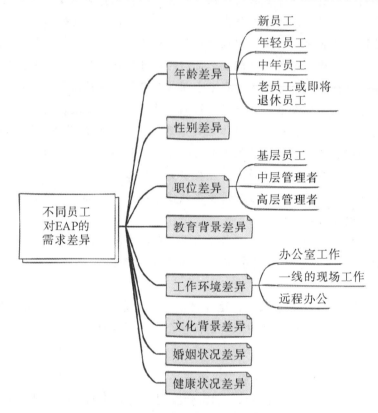

图 7-5　不同员工对 EAP 的需求差异

（2）性别差异。女性员工往往倾向于寻求更多情感上的支持，以缓解职场与生活中的压力，特别是在育儿咨询和职场性别平等方面有着迫切的需求，她们也关注职业发展的机会和路径。相对而言，男性员工则更侧重于职业发展路径的明确指导，致力于提升职业技能，同时，面对快节奏和高要求的工作环境，他们尤为重视工作压力的有效管理和身体健康的维护，包括心理健康和身体健康的双重关注。

（3）职位差异。基层员工通常更注重基本的生活保障和工作安全，对生理和安全需求较为敏感，他们可能更关注工作满意度、工作环境改善和基本生活需求；中层管理者在职业发展上处于关键阶段，他们既需要关注自身能力的提升，也要承担团队管理的责任。因此，中层管理人员可能更关注团队管理、沟通技巧和职业发展。高层管理者更关注战略决策、企业发展和个人声誉，他们可能需要更高层次的心理健康支持，如应对高压环境、处理复杂人际关系等。

（4）教育背景差异。高学历员工通常对知识和技能的提升有较高要求，他们可能更倾向于参加各种培训和学习课程，以保持竞争力。同时，他们对 EAP 计划中各项服务提供人员的专业资格和工作经验也有较高要求。低学历员工可能更关注基本的生活需求和技能培训，他们可能更需要实用的工作技能培训和心理健康支持，以帮助他们在职场中立足。

（5）工作环境差异。在办公室工作的员工通常面临较大的工作压力和人际关系挑战，他们可能需要更多的压力管理和沟通技巧培训；一线员工（如工厂工人、销售人员等）的工作环境可能更为复杂多变，他们可能更需要安全培训、健康管理和情绪支持等方面的服务；随着远程办公的普及，远程工作者可能面临孤独感、时间管理和工作效率等问题，他们可能需要更多的社交支持和远程工作技巧培训。

（6）文化背景差异。本地员工深受本土文化熏陶，其 EAP 需求往往聚焦于与本地社会习俗紧密相关的问题，例如，如何平衡工作与家庭关系、如何积极参与社区活动以融入本地社会等。而对于外籍员工而言，他们则可能面临更多的文化适应挑战，包括如何克服语言障碍、增进跨文化沟通能力，以及如何有效调整自身行为以符合新环境的文化规范，从而在异国他乡找到归属感。

（7）婚姻状况差异。单身员工通常将更多的精力投入到个人职业发展中，他们渴望提升职业技能、拓展职业道路，并热衷于参加各类社交活动以拓宽人脉圈。因此，EAP 可以为他们提供职业规划指导、职业技能培训以及社交活动支持。相反，已婚员工则更多地关注家庭和谐与子女教育，他们可能寻求如何在工作与家庭之间找到平衡的方法，同时也关心财务规划与家庭资产管理。因此，EAP 服务应涵盖家庭关系辅导、子女教育咨询以及财务规划指导等内容，以满足已婚员工的特定需求。

（8）健康状况差异。健康员工倾向于关注预防保健措施和健康生活方式的建立，他们希望通过 EAP 获取健康管理知识、体检服务及营养指导等，以维持良好的身体状态；相反，患有慢性疾病或身体残障的员工，其需求则更侧重于医疗资源的对接、专业康复服务的获取，以及在现有健康状况下的职业适应策略，确保他们能在工作中继续发挥价值，获得必要的支持与尊重。

可见，在进行需求评估时，组织需要考虑这些差异，以确保 EAP 计划能够满足不同群体的具体需求。通过个性化的服务和支持，EAP 计划可以更有效地提高员工的整体福祉和工作绩效。

7.3.2.3 明确 EAP 职能职责

首先在组织导面明确 EAP 的职能职责，通常 EAP 管理岗位可以设置在人力资源管理、工会或党群工作部。EAP 管理岗位的职责如下：

（1）组织 EAP 需求分析：组织开展 EAP 需求分析，包括组织层面的需求和员工个人层面的需求，为制定 EAP 服务方案提供依据。

（2）EAP 项目策划：负责 EAP 项目的整体策划，包括项目目标设定、服务内容规划、实施方案制定等，确保项目符合组织需求和员工心理健康需求。

（3）服务落地：组织协调 EAP 各项具体服务落地，如心理咨询、讲座培训、心理调查等，确保服务的及时性和有效性。

（4）项目管控：管理项目进度、质量、成本等，确保项目按计划顺利进行，并对项目执行过程中的问题进行及时跟踪和解决。

（5）资源调配：负责整合调配项目所需资源，包括人力资源、物资资源等，确保项目顺利实施。

（6）供应商管理：负责管理外部供应商和专业机构，确保供应商提供高质量的服务和支持。

（7）培训组织：组织 EAP 相关的培训和教育，提升员工的心理健康意识和自我调适能力。

（8）项目总结：定期对项目工作情况进行阶段性总结与汇报，分析项目成效和存在的问题，提出改进措施。

（9）报告撰写：撰写与 EAP 相关的调查报告、评估报告、总结报告等，为组织决策提供依据。

7.3.3 EAP 服务规划书的编制

基于需求评估的结果，组织设计具体的 EAP 方案。在设计方案之前，首先要选择适合于组织实际情况的 EAP 模型（参见本书第 7.2 节），再明确 EAP 设计的原则、具体的服务内容、实施方式、时间表和预算等。

7.3.3.1 EAP 服务规划书编制应遵循的原则

为了确保 EAP 服务规划书能够有效地满足员工的需求，提升员工的心理健康和工作效能，同时确保方案能够落地实施，编制 EAP 服务规划书通常需要遵循以下原则：

（1）目标和需求明确的原则。首先，EAP 服务规划书编制必须在对员工的需求进行详细分析的基础上进行，以确保该方案能够有针对性地解决员工所面临的实际问题。这包括深入了解员工的心理健康状况、工作压力来源、职业倦怠程度以及他们在工作与生活中遇到的其他具体挑战。同时，要明确 EAP 方案所要实现的阶段性目标，如短期内缓解员工压力、提升工作积极性，长期则致力于增强员工的心理韧性，促进个人与组织的共同成长与发展，确保 EAP 方案能够有计划、有步骤地推进，并最终实现预期效果。

（2）可行性原则。在编制 EAP 服务规划书时，一是要考量现实条件，充分考虑组织的现实条件，包括组织的财务状况、人力资源、技术支持等，确保方案在现有资源下能够顺利实施；二是与员工需求匹配，EAP 方案应贴合员工的实际需求，了解员工对 EAP 的认知程度和接受度，确保提供的服务内容和形式能够满足员工的期望和需求；三是资源整合，充分利用组织内外的资源来支持 EAP 的实施。这包括整合内部的党组织、相关部门等资源，以及引入外部专业机构的支持和合作。

（3）系统性原则。系统性原则要求在编制 EAP 服务规划书时，必须采取一种全面、连贯、有序的方法，以确保 EAP 的各个环节相互关联、相互支持，形成一个有机的整体。它强调从个体、团队到组织的全方位覆盖，旨在通过综合性的方法来提升员工的心理健康和组织绩效。一是整体规划，EAP 方案的设计应基于对整个组织的全面了解，包括员工结构、组织文化、工作环境等多方面因素。二是个体、团队与组织的联动。EAP 通过提供个性化的心理咨询、培训等服务，帮助员工解决个人层面的心理健康问题；通过团队建设活动、团队心理辅导等方式，提升团队的凝聚力和协作能力；通过宣传、培训等手段，将 EAP 理念融入组织文化中，将 EAP 与组织文化融合，提高员工对 EAP 的认同感和参与度。

（4）效益性原则。该原则强调，在一定的资源投入下，应追求最大化的产出效益，或者在较少的投入下也能实现显著的成效。在 EAP 服务规划书编制时，应充分考量组织的财务状况和年度预算规划，确保方案的长期可持续性与经济可行性。同时，EAP 服务的引入不仅要彰显组织对员工的人文关怀与福祉重视，更需着眼于解决员工的心理与行为问题，进而提升员工的工作绩效与整体满意度，增强其对组织的忠诚度，最终为组织带来更为丰厚的效益回报。

7.3.3.2　EAP 服务规划书的主要内容

EAP 服务规划书的编制涉及两个方面，一是由组织内的 EAP 服务规划书，二是组织聘请的外部 EAP 专业服务机构提供的 EAP 服务规划书。不管选择了哪一种 EAP 模式，组织内部都需要编制 EAP 服务规划书，明确 EAP 的目标、内外部职能分工、预算、实施与评估等工作。具体内容如下：

（1）EAP 目标。从长期、中期、短期等不同的时间阶段来分析与描述要达到的目标，也可以从组织、员工等不同的角度来对目标展开分析，具体的情形要根据组织情况及员工需要确定。

（2）EAP 宣传计划。EAP 宣传计划是确保 EAP 成功实施的关键一步，尤其对于那些尚未实施过 EAP 的组织而言，其重要性不言而喻。鉴于国内多数人对心理健康话题的敏感性，一个周密的宣传计划能够有效提升员工对 EAP 的认同度，为后续活动的顺利开展奠定坚实基础。

宣传工作的核心目的在于消除员工对心理咨询的排斥感，引导他们发现并正视生活和工作中遇到的心理问题，进而主动寻求或接受心理帮助，有效解决心理问题。为实现这一目标，宣传计划需包含多样化的宣传手段。例如，通过举办专题讲座、发放宣传册等方式，向员工普及 EAP 的基础知识，包括 EAP 的定义、服务方式及其积极作用，从而激发员工对 EAP 的需求。

同时，宣传计划还应结合具体、易接受的 EAP 服务，如心理健康测试、职业生涯规划等，让员工亲身体验 EAP 带来的实际效益。这种亲身体验不仅能增强员工对 EAP 效果的直观感受，还能进一步提升他们对 EAP 的兴趣，从而极大地增强宣传效果，为 EAP 在组织内的成功实施奠定坚实基础。

> **📚 案例 F 公司的 EAP 宣传**
>
> F 公司拥有 1 000 多名员工，但大部分管理层及员工对 EAP 缺乏系统性的了解。为了提高员工对 EAP 的理性认知和接受程度，并高效推进 EAP，该公司在推行 EAP 的前期精心策划并实施了一系列全面且富有创意的宣传工作。
>
> 一是采用线上线下相结合的方式，全方位进行推广工作。线下活动丰富多彩，包括设计独特的 EAP 专用 logo 和宣传海报，这些设计充分融合了 F 公司的企业文化元素，使得 EAP 与公司的整体形象相得益彰。公司还特别设立了"F 公司 EAP 宣传日"，通过举办 EAP 启动大会和知识宣讲会等活动，进一步增进员工对 EAP 的深入了解。此外，公司还编印了 EAP 半月刊（内部刊物），定期发布 EAP 相关的新闻、动态和实用信息，为全公司营造浓厚的 EAP 氛围。
>
> 二是线上活动同样精彩纷呈。F 公司充分利用自身的线上平台（App），开设了趣味心理健康知识小课堂和心理小测试等员工自助板块，让员工在轻松愉快的氛围中学习心理健康知识。同时，通过公司内网定期推送 EAP 模范案例及活动预告，激发员工的参与热情。此外，公司还利用微信群和微信公众号等社交平台，推送 EAP 相关的小贴士、故事分享和员工互动内容，增强员工的参与感和归属感。
>
> 三是为了更方便员工获取 EAP 的帮助，F 公司特别印制了 EAP 执行手册，详细列出了 EAP 的各项服务内容、联系方式和操作流程等信息。同时，公司还设计了一个卡通助手形象，作为员工与心理专家之间的桥梁。这个卡通形象平易近人、可爱可亲，让员工更愿意敞开心扉、吐露心声，从而更容易地进行心理咨询和解决心理问题。
>
> 通过这些全面而富有创意的宣传活动，F 公司成功地提高了员工对 EAP 的理性认知和接受程度，为 EAP 的顺利开展奠定了坚实的基础。

（3）EAP 实施内容。EAP 实施内容要基于对需求的评估。同时，对于选择不同模式的组织来说，EAP 实施的内容也有所不同，对于选择了外部模式、组织模式及联系模式的组织来说，EAP 的实施内容主要以外部机构提供的计划为基础，制订 EAP 的实施内容（可参考表 7-1）。

表 7-1　EAP 实施内容

序号	EAP 活动内容	范围	服务方（平台）	服务时间

（4）成本预算。在制定 EAP 成本预算时，组织需要综合考虑多种因素，确保预算既能满足服务需求，又能够有效控制成本。由于 EAP 的特殊性，在成本预算时往往面临一些挑战。

一是心理问题的定量评估难度，由于 EAP 涉及较多的是员工的心理健康问题或对突发状况的干预与支持，这些问题往往难以进行定量判断。员工的心理状态和需求具有高度的个体差异性，这使得对 EAP 的成本和效用进行准确评估变得复杂。

二是成本与使用频率的关系，EAP 的成本与其提供的服务时间及次数有直接关系，这意味着，如果员工使用 EAP 的频率增加，可能会导致成本上升。这种情况下，如何平衡服务提供与成本控制成为一大挑战。

三是固定成本与变动成本的管理，在固定成本不变的情况下，如何有效管理变动成本，以适应不同规模和需求的企业，是另一个难点。这包括如何根据组织的具体情况调整 EAP 的成本结构，以实现成本效益最大化。

四是长期投资回报率（ROI）的评估，虽然 EAP 旨在通过提高员工的工作效率和减少医疗费用等方式带来长期的经济效益，但如何准确评估这些长期效益仍然是一个挑战。

7.3.4　EAP 实施保障

在实施 EAP 时，为了保障其有效运行，通常需要建立一系列制度。这些制度旨在确保 EAP 服务的专业性、保密性、系统性和持续性，从而为员工提供全面、及时的心理支持。其中，文化保障是基础，制度保障是手段，见图 7-6。

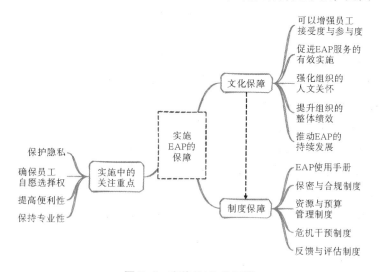

图 7-6　实施 EAP 的保障

7.3.4.1　文化保障

EAP 文化保障对于 EAP 实施的重要性不容忽视。它直接关系到 EAP 能否在组织内部有效落地，发挥其在提升员工心理健康、增强组织凝聚力、提高工作绩效等方面的积极作用。

（1）可以增强员工接受度与参与度。EAP 文化保障通过在企业内部营造一种支持、理解和积极参与 EAP 的良好氛围，能够显著提升员工对 EAP 的接受度和参与度。当员工感受到组织对心理健康的重视，并认为寻求 EAP 帮助是积极、正面的行为时，他们更愿意主动利用 EAP 资源来解决个人问题，从而提高工作效率和生活质量。

（2）促进 EAP 服务的有效实施。强大的 EAP 文化可以确保 EAP 服务的有效实施，它要求组织从高层到基层都充分认识到 EAP 的价值，并在政策、资源、流程等方面给予充分支持。这种全面的支持体系有助于 EAP 服务提供者更好地开展工作，确保 EAP 服务能够覆盖到所有需要的员工，并真正解决他们的问题。

（3）强化组织的人文关怀。EAP 文化保障体现了组织对员工的人文关怀，通过实施 EAP，组织不仅关注员工的工作表现，还关心他们的身心健康和个人福祉。这种以人为本的管理理念有助于增强员工的归属感和忠诚度，提高员工的工作满意度和幸福感。同时，它也有助于塑造企业的良好形象，吸引更多优秀人才加入。

（4）提升组织的整体绩效。EAP 文化保障的最终目的是提升组织的整体绩效，通过解决员工的心理问题，EAP 有助于提高员工的工作效率和创造力，减少因心理问题导致的工作失误和离职率。同时，一个健康、积极的组织氛围也有助于激发员工的积极性和创新精神，为企业创造更多的价值。

（5）推动 EAP 的持续发展。EAP 文化保障还有助于推动 EAP 组织的持续发展。随着员工对 EAP 认识的加深和需求的增加，企业需要不断完善 EAP 服务体系，提高服务质量。而一个强大的 EAP 文化可以确保企业在这方面投入足够的资源和精力，从而推动 EAP 的不断进步和发展。

7.3.4.2　EAP 实施的保障制度建立

制度保障 EAP 实施具有重要作用，可以确保 EAP 服务符合当地法律和行业标准，减少法律风险，保障员工的权益；确保 EAP 服务的质量和专业性，通过标准化的流程和评估机制，提高服务的有效性；增强员工对 EAP 服务的信任，提高他们参与和使用 EAP 服务的意愿；还可以为 EAP 服务提供必要的资源和支持，确保服务能够持续提供并得到改进；可以定期检查 EAP 服务的实施情况，并根据反馈进行调整和改进，确保服务不断优化。此外，制度保障有助于提升员工对组织的满意度，因为员工感受到组织对他们福祉的重视和承诺。

（1）EAP 使用手册。根据所采用的 EAP 模式对 EAP 工作的具体内容、工作方法及服务标准等做出详细的说明，指导员工如何使用 EAP 服务，包括预约方式、咨询流程、反馈机制等。工作手册应随着 EAP 在组织中的发展而做相应的修改与完善。

EAP 使用手册的
内容框架

（2）保密与合规制度。制定 EAP 专业服务者职业道德规范与保密制度。对 EAP 专业服务人员职业道德，职业伦理进行规范，规定员工信息和咨询记录的管理和存储方式，严格保护员工的个人隐私，并对侵犯隐私的行为规定相应的处罚。此外，还应包括 EAP 合规管理，确保所有 EAP 活动符合组织内部和外部的合规要求。

（3）资源与预算管理制度。制定 EAP 的预算编制和管理制度，确保资源合理分配和使用；明确 EAP 服务提供商的选择标准和合作流程，确保高质量的服务。

（4）危机干预制度。制定紧急情况下的联络机制和责任人，确保在心理危机发生时能够迅速反应；规定危机干预的具体步骤和措施，确保在危机发生时能够有效处理。

（5）反馈与评估制度。建立员工反馈渠道，如匿名意见箱、在线反馈表等，收集员工对 EAP 服务的意见和建议；制定 EAP 服务效果评估的标准和方法，定期进行效果评估和改进。

7.3.4.3 EAP 实施中的关注重点

（1）保护隐私。EAP 的出发点是解决员工在工作生活中出现的心理问题，而这些问题基本上都属于员工的隐私，所以，EAP 在实施过程中必须要注意保护隐私，否则员工在接受帮助时心存顾虑，EAP 就很难取得成功。因此，必须在实际操作的各个环节中注重严格保护员工隐私：

一是确保所有咨询信息严格保密，不会泄露给任何第三方，除非存在明显危害自身或单位、社会倾向的严重心理问题，需依据心理咨询师守则要求进行处理；二是建立匿名咨询机制，允许员工在不透露个人身份的情况下进行初步咨询或评估，减轻其心理压力和担忧；三是加强对 EAP 工作人员的专业培训，确保他们充分理解并遵守隐私保护原则，包括但不限于数据加密、安全存储及访问权限管理；四是明确告知员工 EAP 服务的隐私政策，通过透明化的操作增强员工的信任感，确保他们在充分了解并同意的基础上参与 EAP。

（2）确保员工自愿选择权。EAP 是组织为员工提供的一种服务，员工作为消费者，有权选择是否接受这种服务。尊重员工的意愿是确保 EAP 计划被有效接受和利用的关键。可以通过以下措施来强化这一点：

一是通过广泛而深入的宣传和推广活动，让员工充分了解 EAP 的内容、目的、运作方式以及它能为他们带来的益处，从而激发他们自愿参与的兴趣和动力；二是明确告知员工，参与 EAP 是完全自愿的，他们有权在任何时候选择开始或结束服务，而不会因此受到任何负面影响或歧视；三是建立一个开放、无压力的环境，鼓励员工主动寻求 EAP 的帮助，并让他们知道，无论是咨询还是参与相关活动，都是出于他们自己的意愿和需要；四是定期评估 EAP 的自愿参与率，以及员工对 EAP 的满意度和反馈，根据评估结果及时调整宣传策略和服务内容，以更好地满足员工的需求和期望。

（3）提高便利性。心理问题本身就是容易被忽略的问题，EAP 服务的使用率和效果取决于它的便利性。一是可以采取线上线下结合的方式，对于员工出现的工作与生活中较为简单与常见的心理困扰，可以在小程序或 App 由员工自助解决，对于不容易疏导的心理问题，由外部专业人士帮助解决。二是优化 EAP 服务的接入流程，确保员工能够方便快捷地获取服务，比如设置一键预约、快速咨询通道等，减少等待时间和操作复杂度。三是提供多样化的咨询方式，除了传统的面对面咨询，还可以增加电话咨询、视频咨询等远程服务形式，以适应不同员工的需求和偏好。四是考虑在不同工作地点或时间段提供 EAP 服务，以增加服务的可达性和灵活性。五是持续收集员工的反馈和建议，对 EAP 服务的便利性进行定期评估和改进，确保服务能够真正满足员工的需求，提升他们的使用体验。

（4）保持专业性。EAP 服务涉及心理学、社会学等多个领域，需要具备专业知识和技能的人员来提供。为确保 EAP 服务的专业性和有效性，可以采取以下措施：

一是内部团队要配备具有专业能力与丰富经验的人员，他们应具备相关的心理学、社会学等背景，并接受过专业的 EAP 培训，以确保能够为员工提供高质量的服务；二是选择具有专业资质和丰富经验的 EAP 服务机构进行合作，这些机构应具备相关的执业证书、行业认证等，以证明其在 EAP 领域的专业性和实力；三是定期对 EAP 服务人员进行专业培训和考核，确保他们不断更新专业知识，提升服务技能，以更好地满足员工的需求；四是建立严格的服务质量监控机制，对 EAP 服务的过程和结果进行定期评估，确保服务符合专业标准，并及时调整和改进服务内容；五是鼓励内部的 EAP 服务人员参与行业交流和学术研究，以保持对最新专业动态的了解，并将最新的研究成果和方法应用于实践中，不断提升 EAP 服务的专业水平。

7.3.5 EAP 评估与持续改进

EAP 评估对于组织而言具有多重价值。它不仅能够帮助组织识别出 EAP 实施过程中的问题和不足之处，为后续的改进提供明确的方向和有力依据，还能让组织全面了解 EAP 在各个方面的实施成效，以及哪些领域需要更多的资源投入以进一步优化。同时，通过对评估结果的深入分析与反馈，组织可以有效提升员工对 EAP 的认知与理解，深入了解员工对 EAP 服务的满意度情况，并据此不断提升服务质量，确保 EAP 更加贴近员工需求。此外，EAP 评估结果还为管理层提供了宝贵的决策支持，使他们能够全面了解 EAP 的整体状况，为制定更加科学合理的 EAP 规划奠定坚实基础。

EAP 评估的旨在全面了解和优化 EAP 项目的实施效果，以满足组织和员工的需求。主要评估内容如图 7-7 所示。

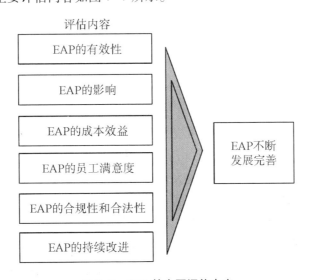

图 7-7 EAP 的主要评估内容

7.3.5.1 评估 EAP 的有效性

一是 EAP 服务的使用情况，通过详细分析员工对 EAP 服务的利用程度，如咨询次数、参与各类活动的人数等，来深入了解员工对 EAP 的接受度和实际利用率，从而判断 EAP 在组织中的普及程度和受欢迎程度；二是 EAP 在解决员工心理健康问题及其他困扰方面的实际成效，这包括评估问题解决的成功率，即EAP 成功帮助员工解决问题的比例，以及员工对 EAP 服务解决其问题的满意度，以此全面衡量 EAP 在提升员工福祉和心理健康方面的实际效果。

7.3.5.2 评估 EAP 的影响

首先，要评估 EAP 对员工心理健康的改善情况，这包括员工心理压力是否有所减轻，以及焦虑和抑郁症状是否得到改善。收集员工的心理健康数据，对比 EAP 实施前后的变化，可以量化 EAP 对员工心理健康的积极影响。其次，要评估 EAP 对员工工作绩效的影响，这涉及员工生产力的提高、缺勤率和离职率的降低等方面。对比 EAP 实施前后的工作绩效指标，可以了解 EAP 在提升员工工作效率和稳定性方面的具体成效。

7.3.5.3 评估 EAP 的成本效益

细致地比较 EAP 的实施成本与其所带来的各种效益，如减少的医疗费用、显著提高的生产力等，可以全面评估 EAP 的经济效益。进一步计算 EAP 的投资回报率，深入了解其投入与产出比，有助于确保资源的合理使用，从而为企业创造更大的价值。

7.3.5.4 评估 EAP 的员工满意度

进行问卷调查或深入访谈，可以系统地收集员工对 EAP 服务的满意度和宝贵意见，从而深入了解员工的真实需求和期望。同时，积极收集员工对EAP 的反馈和改进建议，不仅能够发现计划中的不足之处，还能为 EAP 的进一步优化和升级提供重要的参考依据。

7.3.5.5 评估 EAP 的合规性合法性

评估 EAP 是否符合相关法律法规的要求，以确保其合规性和合法性。同时，还应特别关注 EAP 在保护员工隐私方面的措施，确保员工的个人信息得到充分的安全和保密保障。这一系列的合规性评估，可以为 EAP 的长期稳定运行奠定坚实的基础。

7.3.5.6 评估 EAP 的持续改进

通过评估发现 EAP 服务中的不足之处，并针对性地提出改进建议，以不断提升服务质量。同时，还应评估 EAP 在创新服务和发展新项目方面的进展，确保其能够紧跟时代步伐，满足员工和组织的多元化需求。持续改进和创新，可以使 EAP 成为组织发展的重要支撑力量。

> **案例 H 公司的 EAP 评估**
>
> H 公司是一家电子类生产制造企业，现有员工 650 余人，该公司从 2021 年开始实施 EAP，经过 2 年的 EAP 实践，该公司做了一次比较全面的评估，包括专项评估与整体效果评估。
>
> 专项评估，一是对心理沙龙的效果评估。H 公司在 2 年的时间内开展了 4 个主题的心理沙龙，分别是心灵成长沙龙、情绪管理与自我认知沙龙、人际关系探索沙龙、压力释放与身心放松沙龙。针对 4 个主题的心理沙龙，H 公司从对专家的满意度、活动内容的满意度以及总体满意度三个方面分别进行评估。结果如表 7-2 所示。
>
> **表 7-2 员工对心理沙龙的满意度评价**
>
> | 沙龙主题 | 对专家的满意度 | 活动内容的满意度 | 总体满意度 |
> |---|---|---|---|
> | 心灵成长沙龙 | 4.50 | 4.61 | 4.53 |
> | 情绪管理与自我认知沙龙 | 4.73 | 4.68 | 4.62 |
> | 人际关系探索沙龙 | 4.58 | 4.75 | 4.66 |
> | 压力释放与身心放松沙龙 | 4.48 | 4.59 | 4.50 |
>
> 注：满分是 5 分。
>
> 二是对 EAP 讲座的评估。H 公司在 2 年时间内，开展了 5 个讲座，其中线上讲座 3 个，线下讲座 2 个，分别是职场心理韧性提升、工作与生活平衡策略、职场沟通技巧、应对职业倦怠的心理学策略、亲子关系与家庭教育。针对 5 个讲座，H 公司分别从对专家的满意度、讲座内容的满意度以及总体满意度三个方面分别进行评估。结果如表 7-3 所示。

表 7-3　员工对 EAP 讲座的满意度评价

讲座主题	对专家的满意度	讲座内容的满意度	总体满意度	讲座地点
职场心理韧性提升	4.48	4.59	4.52	线上
工作与生活平衡策略	4.60	4.54	4.55	线上
职场沟通技巧	4.73	4.80	4.76	线下
应对职业倦怠的心理学策略	4.65	4.69	4.67	线下
亲子关系与家庭教育	4.81	4.74	4.76	线上

注：满分是 5 分。

　　三是心理咨询的评估。对心理咨询的评分成两个方面，首先是对心理咨过程的感觉进行评估，分别从预约便利性、咨询关系（心理咨询师的态度、同理心、尊重和接纳程度）、咨询技能（心理咨询师的倾听能力、引导技巧）、总体满意度四个方面开展了调查，结果如图 7-8 所示。对预约便利性满意的人数比较少只有 21 人，对咨询关系、咨询技能的满意度以及总体满意度的人数均过半，但还有 10% 左右的人表示不满意。

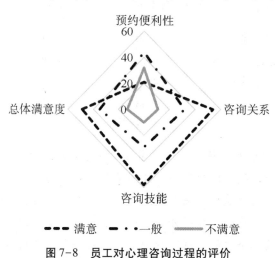

图 7-8　员工对心理咨询过程的评价

H 公司对接受心理咨询后，员工的感受进行了调查，主要是从问题解决、情绪改善、建立信心、认清自我、总体需求满足五个方面开展了调查，结果如图 7-9 所示。超过半数的员工对于以上五个方面表示满意，其中，对于情绪改善满意人数最多；仍然有超过 10% 的员工对于问题解决、建立信心、认清自我、总体需求满足表示不满意，其中，对于问题解决不满意的员工占比达 16.5%。

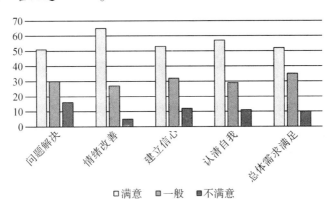

图 7-9　接受心理咨询后员工的感受

在 EAP 整体效果评估时，H 公司主要从员工对 EAP 的了解程度、参与意愿、对 EAP 的评价、人员流失、绩效提升等方面开展了评估。

在员工对 EAP 的了解程度方面，H 公司有 62.40% 的员工了解 EAP 项目，但还有 12.10% 的员工不了解 EAP 项目，如图 7-10 所示。

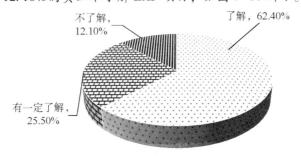

图 7-10　员工对 EAP 的了解情况

在员工对 EAP 的参与意愿方面，57.62% 的员工表示愿意参与，只有 8.05% 的员工表示不愿意参与，见图 7-11。

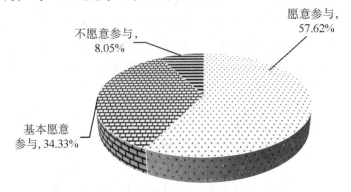

图 7-11　员工对 EAP 的参与意愿

在对 EAP 的评价方面，认为 EAP 很有必要及有必要的人员占 60.91%，但 11.04% 的人员表示开展 EAP 完成没有必要，见图 7-12。

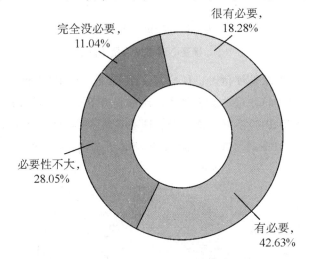

图 7-12　员工对 EAP 的评价

在分析 EAP 引入后，公司的人员流失情况时，发现总体趋势是下降的，见图 7-13。由于 H 公司以往的人员流失主要集中在工作压力与工作强度比较大的生产部门、销售部门以及相关业务部门，在分析时，主要针对这些部门进行分析。

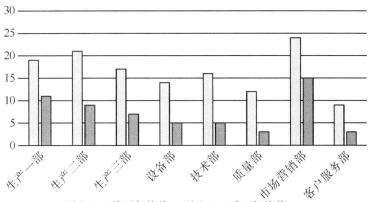

□ 引入EAP前两年均值 ■ 引入EAP后两年均值

图 7-13 H 公司在引入 EAP 前后两年的人员流失对比

在评估 EAP 对绩效的影响时，同样是将 EAP 引入前后两年的绩效数据进行比较，一是对部门绩效的分析，在引入 EAP 后，均有所提升，但是在对每个员工的绩效数据进行分析时，发现员工的绩效数据并不完整，只有近两年的数据，缺少 EAP 引入前的数据。

经过以上对 EAP 的评估，H 公司决定从以下五个方面进行改进：一是深化 EAP 的宣传教育。将继续通过组织内部培训、专题讲座、互动沙龙等多种形式，增强员工对 EAP 服务的认知与理解，积极营造开放包容的企业文化氛围，鼓励员工在遇到问题时，能够主动寻求 EAP 的帮助和支持。二是强化心理咨询师对企业的了解。公司加强与心理咨询师的沟通与合作，通过定期交流、案例分享等方式，让他们更深入地了解企业所处行业的特性、企业文化以及员工群体的独特特点，从而提供更加贴近员工实际、更具针对性的心理健康服务。三是丰富 EAP 服务形式，提升服务便利性。除传统的心理咨询服务外，EAP 还将积极拓展其他形式的心理健康支持，如开设心理工作坊、提供线上自助资服务等，以满足员工多样化、个性化的心理健康需求，让 EAP 服务更加便捷、高效。四是建立健全反馈机制，持续优化服务。公司缩短收集员工对 EAP 服务反馈的周期，确保能够及时了解员工的需求和意见。同时，公司根据评估结果不断优化 EAP 服务的内容和流程，确保服务质量和效果持续提升。五是强化员工绩效考核数据的运用与管理。公司将更加重视员工绩效考核数据的收集与分析工作，以便在评估员工绩效时能够进行更加科学、客观的比对和衡量，为 EAP 服务的个性化定制和效果评估提供有力支持。

7.4　AI 技术在 EAP 中的应用

7.4.1　AI 技术应用于 EAP 的优势

　　AI 技术利用人工智能、大数据分析和机器学习算法，通过非接触式的实时视频数据采集、语音情绪识别、面帧心理情绪识别、人脸情绪识别、眼动情绪识别等多维度、多模态的心理情绪特征分析，检测可能存在的心理问题，如抑郁、焦虑、压力等，实现对员工心理状态的实时监测和精准评估。AI 应用于 EAP 有七大优势，如图 7-14 所示。

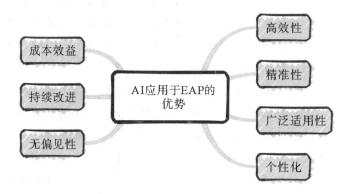

图 7-14　AI 应用于 EAP 有七大优势

7.4.1.1 高效性

AI 技术能够自动处理和分析海量数据，显著减少人为参与，从而大幅提高心理健康筛查效率。相较于传统方法，AI 技术能够以更快的速度进行大规模筛查，不仅节省了宝贵的时间和资源，还使得筛查过程更加迅速、便捷，为及时识别和干预提供了有力支持。

7.4.1.2 精准性

AI 技术运用于 EAP 能够整合和分析多种数据源（如问卷反馈、语音记录、生物特征数据等），为员工提供更全面和精准的心理与行为评估。通过利用机器学习模型，AI 能够识别心理健康问题的特征和模式，从而显著提高评估的准确性和可靠性，为 EAP 提供更有力的支持。

7.4.1.3 广泛适用性

AI 心理筛查技术不仅可以在工作场所得到有效应用，还可以在医疗机构、教育领域以及公共卫生等多个场景中发挥其独特作用。更重要的是，AI 支持远程心理健康评估，使得个体无论身处何地都能方便地获取到专业的心理健康服务，极大地提高了 EAP 的可及性和便捷性。

7.4.1.4 个性化

AI 技术能够根据每个个体的独特数据，提供量身定制的评估和建议，使得 EAP 援助措施更具针对性和个性化。同时，AI 能够进行持续的数据收集和分析，动态监测个体的心理健康变化，从而及时发现并有效应对潜在问题，为员工提供更及时、更精准的心理健康支持。

7.4.1.5 成本效益

AI 技术通过自动化和高效的评估流程，大幅减少了人工成本，显著提升了心理健康筛查的成本效益。此外，AI 技术还能够实现心理健康问题的早期识别，这使得组织能够及时采取预防性措施，有效减少未来可能因心理问题而产生的治疗成本和间接损失。

7.4.1.6 持续改进

AI 模型具备持续学习和更新的能力，能够不断改进评估的准确性和效果，这意味着随时间的推移和数据的积累，AI 系统会变得更加精准和有效。同时，根据评估结果和用户反馈，AI 系统和筛查流程可以得到进一步优化，从而提升整体的服务质量和用户体验。

7.4.1.7 无偏见性

AI技术基于数据和算法进行评估，从而显著减少了人为偏见和主观判断可能带来的误差。这种基于客观数据的评估方式，不仅提高了评估的准确性，还通过提供标准化和一致性的评估方法，确保了不同个体和群体之间的评估结果具有可比性，为EAP的公正性和有效性提供了有力保障。

7.4.2 AI技术在EAP中的应用场景

AI技术在EAP中的应用涵盖了心理健康筛查、心理危机预警、个性化干预方案、实时跟踪与反馈、心理陪伴与咨询、自助心理健康资源、辅助心理教育与培训多个方面，见图7-15。这些应用不仅提高了EAP服务的效率和效果，还为员工提供了更加全面、个性化和便捷的心理健康支持。

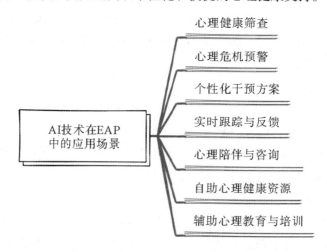

图7-15　AI技术在EAP中的应用场景

7.4.2.1 心理健康筛查

AI心理筛查技术可以作为EAP服务的核心入口，它不仅能够定期或根据特定需求不定期地对员工进行心理健康筛查，还通过先进的实时视频数据采集与情绪识别分析技术，高效且精准地识别出可能面临心理挑战的员工。这一过程不仅为组织提供及时、准确的员工心理画像，还助力EAP团队更加主动地识别潜在的心理风险，从而能够迅速采取个性化的干预措施，为员工提供必要的支持与帮助，营造一个更加健康、积极的工作环境。

7.4.2.2 心理危机预警

通过对员工心理状态的实时监测和深度数据分析，AI 技术能够敏锐地捕捉到潜在的心理危机信号，及时向管理者提供预警信息，从而有效预防危机事件的发生。同时，Ai 还会结合定期心理测试获取的个体与团体标准数据，进行更为精准的心理危机预警分析，为 EAP 团队提供有针对性的干预建议，确保员工心理健康，维护企业的和谐稳定。

7.4.2.3 个性化干预方案

AI 技术不仅能够准确识别员工的心理问题，更能凭借其强大的数据分析能力，根据每位员工的个体差异，量身定制个性化的干预方案。通过对员工心理特征的深入分析与理解，AI 技术能够为企业 EAP 团队提供科学、精准的定制化建议，从而更有效地帮助员工应对各种心理困扰，促进其心理健康与职业发展。

7.4.2.4 实时跟踪与反馈

AI 技术能够持续、实时地跟踪员工的心理变化轨迹，为 EAP 团队制定和调整干预措施提供坚实的数据支持。与此同时，借助高效的反馈机制，员工可以及时了解自身的心理健康状况，这不仅增强了他们的自我认知能力，还促进了自我调节能力的提升，使员工能够更加主动地关注并维护自身的心理健康。

7.4.2.5 AI 心理陪伴与咨询服务

AI 心理陪伴与咨询服务是 AI 在 EAP 中的创新应用之一。AI 数字人能够24 小时不间断地为员工提供心理陪伴和专业的咨询服务，极大地增强了员工获取心理支持的便利性和即时性。借助先进的机器学习和自然语言处理技术，AI 数字人不仅能准确识别员工的情绪状态和需求，还能根据每位员工的独特情况，提供个性化的心理支持和建议。此外，生成式人工智能还具备出色的倾听、情感映射和共情能力，能够为员工提供深层次的情感慰藉和安慰，帮助他们更好地应对各种心理挑战，提升整体的心理健康水平。

7.4.2.6 自助心理健康资源

自助心理健康资源是 AI 在 EAP 中为员工提供的宝贵财富。首先，AI 平台搭载了全面的心理健康知识库，涵盖了丰富的心理健康文章、视频、音频等内容，旨在帮助员工深入了解心理健康知识，提升自我调适和应对能力。其次，借助 AI 技术精心开发的自我评估工具，员工可以轻松便捷地评估自身的心理健康状况，及时察觉潜在问题并主动寻求帮助。最后，AI 平台还为员工提供了专业的放松和冥想音频资源，助力员工有效缓解压力、改善情绪状态，进一步维护和提升心理健康水平。

7.4.2.7　辅助心理教育与培训

AI 平台不仅提供在线心理教育课程，涵盖心理健康知识、应对压力的技巧和方法，还借助虚拟现实（VR）和增强现实（AR）等先进技术，为员工带来互动式的学习体验。这种创新的教学方式极大地增强了员工的学习兴趣和参与度，使他们在轻松愉快的氛围中掌握心理健康知识，提升自我调适和应对能力，从而更好地维护个人心理健康，促进职业发展。

参考文献

陈敏灵，王孝孝，2019. 职业倦怠：内涵、测量与形成机理 [J]. 外国经济与管理，41（8）：86-99.

程延园，程雅馨，何勤，2022. 智能化工作场域中人机关系对任务绩效的影响：基于自我概念的解释 [J]. 科技管理研究，42（19）：207-216.

高扬，李华明，王雅萱，2011. 基于 16PF 的民航飞行员人格特征及心理健康研究 [J]. 中国安全科学学报，21（4）：13-19.

柯特曼，辛尼斯基，奥康娜，2017. 如何才能不焦虑 [M]. 李春花，译. 北京：北京联合出版公司.

罗杰，皮特里，2018. 工作不焦虑 [M]. 武汝廉，译. 北京：人民邮电出版社.

吕娜，吴湘繁，2023. 数字化时代职场技术压力的研究述评 [J]. 决策与信息（4）：48-56.

刘善仕，刘树兵，刘小浪. 平台劳动者：分类、权益与治理 [M]. 北京：中国法治出版社.

孟慧，王佳颖，吕建国，2021. 职业心理学 [M]. 大连：东北财经大学出版社.

乔拉米卡利，2017. 共情力：你压力大是因为没有共情力 [M]. 耿沫，译. 北京：北京联合出版公司.

阮荣彬，陈莞，2022. 职场孤独感与员工离职倾向关系的元分析 [J]. 中国健康心理学杂志，30（9）：1331-1336.

卫武，黄昌洋，张琴，2019. 消极情绪对组织公民行为和反生产行为的影响：自我控制视角 [J]. 管理评论，31（12）：146-158.

张光磊, 程欢, 李铭泽, 2019. 非工作时间电子沟通对员工主动性行为影响研究 [J]. 管理评论, 31 (3): 12.

ANAND P, MISHRA S, 2019. Linking core self-evaluation and emotional exhaustion with workplace loneliness: does high LMX make the consequence worse? [J]. International journal of human resources management (2): 2124-2149.

ARYA R, et al, 2022. Big five personality traits prediction using brain signals [J]. International Journal of Fuzzy System Applications: 1-10.

ANAJUNÇA SILVA, CAROLINA VIOLANTE, et al, 2023. The role of personal and job resources for telework's affective and behavioral outcomes [J]. Kybernetes, 53 (10): 3754-3773.

CAI L, LIU X Q, 2022. Identifying big five personality traits based on facial behavior analysis [J]. Frontiers in Public Health (10): 11.

DHIR S, MOHAPATRA M, et al, 2023. The effect of workplace loneliness on employee wellbeing: role of organizational support and resilience [J/OL]. Global Business Review. https://doi.org/10.1177/09721509231174738.

FELSTEAD A, HENSEKE G, 2017. Assessing the growth of remote working and its consequences for effort, well-being and work-life balance [J]. Social Science Electronic Publishing, 32 (3): 195-212.

HILLIARD A, et al, 2022. Measuring personality through images: validating a forced-choice image-based assessment of the big five personality traits [J]. Journal of intelligence, 10 (1): 12.

KHAIRUNNISA K, et al, 2021. Personality analysis profile trainer with DISC Method as a determinant of psychological test for selection of candidates for trainers at al azhar-depok mas [J]. Scientific Journal of Reflection, 4 (3): 616-622.

MAGDA L. et al, 2013. The utilization of a career conversation framework based on Schein's career anchors model [J]. SA Journal of Human Resource Management, 11 (1): 1-10.

MEREU A, 2021. Big five personality traits prediction with AI [J]. European psychiatry: S445 - S446.

OOSTHUIZEN R, et al, 2014. Investigating the relationship between employees'
    career anchors and their psychosocial employability attributes in a financial compa-
    ny [J]. SA Journal of Human Resource Management, 12 (1): 1-10.

STEELE R G, HALL J A, CHRISTOFFERSON J L, 2020. Conceptualizing digital
    stress in adolescents and young adults: toward the development of an empirically
    based model [J]. Clinical child and family psychology review, 23 (1): 15-26.

后　记

本书成稿之时，正是 AI 进一步广泛且深刻影响我们的工作与生活之时。我无数次地思考，在职场上，人类与 AI 的本质差异在哪里。从本书的视角看，人类具有复杂的自我认知体系，能够深入理解自己的职业人格、价值观和偏好，并据此做出职业选择。同时，人类在面对职场挑战时，能够调整心态、管理情绪，展现出适应性和韧性。相比之下，AI 虽然能够处理大量数据并做出精准预测，但缺乏真正的自我认知和情感体验。AI 无法像人类一样理解自己与他人的内心世界，也无法在情感层面进行心态调整和情绪管理。因此，在职场上，人类的自我认知与心态、情绪管理能力是 AI 无法替代的独特优势。

在数智化时代，做自己擅长而喜欢的工作比以往任何时候都更重要，因为只有这样，你才不惧被 AI 替代，你才能在职业道路上保持持久的热情和动力，持续发掘自己的潜力，实现个人价值的最大化。当你全身心投入到你热爱且擅长的工作中，你会更容易创新、更高效地解决问题，从而在竞争激烈的职场中脱颖而出。同时，这种投入也会让你不断学习和成长，使你在面对 AI 等新技术的挑战时，始终保持领先地位。因此，了解自己的职业人格、职业价值观以及职业偏好尤为重要。

数字技术的快速发展和变革已经成为现代社会的常态，技术压力是未来职场路上重要的挑战之一，除了专业技能的提升，职业心态的调整和职业情绪的管理同样是我们成长道路上的重要课程。保持积极的心态，学会有效地管理情绪，不仅能够帮助我们更好地应对工作中的压力和挑战，还能促进我们的个人成长和职业发展。

在撰写此书的过程中，我深刻体会到，无论是自我认知的提升，还是心态与情绪的管理，都离不开持续的学习和实践。因此，我希望这本书不仅能为读者提供理论上的指导，更能让大家在实际工作中指导应用和激发思考。

最后，我想与读者共勉：在数智化时代，我们每个人都有无限的可能和机会，愿我们都能勇敢地面对挑战，不断地学习和成长，以更加自信和坚定的步伐走向职场成功的彼岸。

共勉前行，未来可期！

文革

2024 年 9 月